图书在版编目（CIP）数据

"红星"：世界是如何知道毛泽东的？/（日）石川祯浩著；袁广泉译. —北京：北京大学出版社，2021.6

（海外中国史研究）

ISBN 978-7-301-31902-4

Ⅰ.①红… Ⅱ.①石… ②袁… Ⅲ.①毛泽东（1893—1976）- 人物研究 Ⅳ.① A756

中国版本图书馆 CIP 数据核字（2020）第 247976 号

书　　名	"红星"——世界是如何知道毛泽东的？ "HONGXING"——SHIJIE SHI RUHE ZHIDAO MAO ZEDONG DE?
著作责任者	[日] 石川祯浩 著　袁广泉 译
责任编辑	张 晗
标准书号	ISBN 978-7-301-31902-4
出版发行	北京大学出版社
地　　址	北京市海淀区成府路 205 号　100871
网　　址	http://www.pup.cn　新浪微博 @ 北京大学出版社
电子邮箱	编辑部 wsz@pup.cn　总编室 zpup@pup.cn
电　　话	邮购部 010-62752015　发行部 010-62750672 编辑部 010-62750577
印 刷 者	北京中科印刷有限公司
经 销 者	新华书店 650 毫米 ×980 毫米　A5　9.125 印张　213 千字 2021 年 6 月第 1 版　2024 年 11 月第 6 次印刷
定　　价	64.00 元

未经许可，不得以任何方式复制或抄袭本书之部分或全部内容。
版权所有，侵权必究
举报电话：010-62752024　电子邮箱：fd@pup.cn
图书如有印装质量问题，请与出版部联系，电话：010-62756370

世界是如何知道毛泽东的?

[日] 石川祯浩 著
袁广泉 译

北京大学出版社
PEKING UNIVERSITY PRESS

目　录

序章——毛泽东照片之谜 001

第一章　不为人知的革命家 012
　　1. 毛泽东其人 012
　　2. 中国政界报刊的毛泽东传——中国最早的毛泽东传 016
　　3. 20 世纪 30 年代初国内外名人录中的毛泽东........................023
　　4. 共产国际 030
　　5. 共产国际对毛泽东知之几何 037

第二章　肖像与真实人物——外界对毛泽东的印象 044
　　1. 欧美人眼中的毛泽东——左翼杂志上"其貌不扬"的
　　　 毛泽东 044
　　2. 共产国际讣告"毛泽东病逝" 050
　　3. 毛泽东肖像的出现 054
　　4. 俄国人爱伦堡眼中的毛泽东——国外第一篇毛泽东传记 060
　　5. 手拿雨伞的革命家 064

第三章　国际共产主义运动舞台上不见身影的著名革命家 072

1. 王明对毛泽东的扶助——第一部毛泽东著作集的出版 072
2. 哈马丹的毛泽东传 078
3. 《毛泽东传略》——出自中国共产党党员之手的第一部毛泽东评传 084
4. 莫斯科的毛泽东传——中共高级干部也是《社会新闻》读者 090
5. 回国后的高自立 098

第四章　"胖子毛泽东"照片之谜 103

1. "胖子毛泽东"的出现——山本实彦著《"支那"》 103
2. 从朱德肖像入手 106
3. 刊载"胖子毛泽东"的是谁 112
4. 波多野乾一的中国共产党研究成就 119
5. 外务省情报部要隐藏什么 126
6. "胖子"到底是谁？ 134

第五章　斯诺前往"红色中国" 140

1. 绝佳的采访时机 140
2. 同行者和支持者——海德姆、史沫特莱、冯雪峰、刘鼎 146
3. 未能送达的礼物——刘鼎和"鲁迅的火腿" 153
4. 董健吾和韦尔斯 158
5. 《红星照耀中国》是否经过毛泽东审查？ 162

第六章　"红星"终于升起——名著的诞生及其后 171

　　1.《红星照耀中国》的诞生 171

　　2. 赞扬与批判 179

　　3.《红星照耀中国》英文版的修改 188

　　4. 中文版《红星照耀中国》——《西行漫记》和斯诺 190

　　5.《红星照耀中国》在新中国——被隐匿的名著 199

　　6. "文化大革命"后重译《红星照耀中国》——董乐山译本与
　　　　吴亮平译本 206

第七章　《红星照耀中国》在苏联和日本 213

　　1.《红星照耀中国》在苏联 213

　　2.《红星照耀中国》在战前和战时的日本 220

　　3.《红星照耀中国》在战后日本 228

结　语 233

【附录1】《现代史料》所收文章与《文化日报》《社会新闻》的
　　　　　　对应关系表 240

【附录2】 毛泽东——略传 252

参考文献 259

图片出处 272

索　引 276

中文版后记 283

序章——毛泽东照片之谜

政府刊行公报，是公布法律、政令等的程序之一，所以，任何国家的政府公报都十分枯燥，读来味如嚼蜡。反过来说，公报的内容、语言不可带有丝毫诙谐幽默，否则就是轻慢。然而，在如此严肃的政府公报上，偶尔也能看到莫名其妙、奇怪诡谲的消息。战前日本政府公报附录刊登的"毛泽东"照片，就是其中一例。

战前的日本政府公报曾有副刊（附录），称《周报》，每周出版一次。1937年8月的《周报》载有如下照片（图1），注明其为"中华苏维埃人民共和国中央政府*主席毛泽东"。

这就是毛泽东？分明是个阔佬，或者某家公司的老板嘛。不会是哪个一贯中规中矩的书呆子开了个笨拙的玩笑吧？

载于《周报》第44期（8月18日）的这张照片，是一篇文章的插图；该文报道中国共产党及其所领导军队的最新动向，标题为《谈中国的共产党军队》（《"支那"共産軍を語る》），作者是"外务省情报部"。既然出自外务省，显然不是开玩笑。"情报部"之名，让人不由得联想到专

---

* 当为"中华苏维埃共和国临时中央政府"。——译者注

图 1 《周报》载"毛泽东"照片

门刺探、收集外国机密情报的间谍组织,但外务省1921年设立的这个机构,当时主要进行对内和对外宣传,并非间谍组织。不过,既然要对外宣传日本的外交形象、对内介绍国际动向,责任所在,收集外国情报自然也不遗余力。

当时,一个月前发生的卢沟桥事变已经演变为战争,战火已延烧到上海,并且越来越呈现出全面战争的趋势。在局势如此紧张的时候,负责准确把握和分析外国情报、国际局势的日本政府外务省属下的宣传机构,竟然在政府刊物发表文章,指称貌似阔佬的人是"毛泽东"。战前的日本人曾自诩对中国研究精透、世界第一,甚至比中国人还明白中国事,但却如此令人大跌眼镜。假如照片登在消遣性的三流杂志上,或许还可以说是失误,是开玩笑;但其载体虽称为"附录",实际上却无疑是政府公报,其后果自然不同。放在现在,不仅会被媒体冷嘲热讽、笑掉大牙,而且也会被国民群起而攻之:专门收集外国情报的专家，竟然如此草率！

然而，当时日本人几乎都不知道毛泽东的容貌是怎样的，所以没有人觉得这张照片上胖乎乎的"毛泽东"有什么不妥。我们现在看到这张照片之所以能笑出来，完全是因为毛泽东后来成了中国革命闻名于世的伟大领袖，他的照片、画像也随处可见。也就是说，我们不过是作为后人在嘲笑前人而已。

实际上，在当时，许多中国人也不知道毛泽东是何许人，对中国共产党（下文或略称"中共""共产党"），绝大多数人也接触不到真实信息。因为，当时的国民党政权（南京国民政府）把共产党视作眼中钉，不仅加以严酷镇压，而且严密封锁对共产党的报道和介绍。共产党被骂作"共匪""赤匪"，亦即十恶不赦的土匪集团；毛泽东也被称作"匪首"。有人据此判断他是土匪头目，但他做过什么、长什么模样，都无从知晓。

共产党领导的部队即红军的最高指挥官、毛泽东的盟友，是大名鼎鼎的朱德。"朱毛"原是二人姓氏的合称，却被传为某个"义匪"的名字，甚至被用来代称红军。人们对朱德也是一头雾水。《谈中国的共产党军队》一文也附有朱德的照片（图 2），与 1937 年时朱德本人的照片（图 3）比较可知，二者明显不同。《周报》的照片是否朱德，下文将作分析；但观其相貌，该照片的主人似乎强悍而又凶狠，俨然弗兰肯斯坦造出的怪物。

如上所述，我们在《周报》上看到毛泽东、朱德的照片，马上就看出不是他们本人而觉得可笑，是因为毛、朱后来逐渐为世人所知，并且赢得了政权。众所周知，他们所领导的共产党在卢沟桥事变后与蒋介石领导的国民党携手合作，打赢了抗日战争；而后又在与国民党的内战中取得胜利，建立了中华人民共和国；毛泽东的画像至今仍悬

图 2 《周报》载"朱德"照片　　图 3　1937 年的朱德

挂在北京的天安门城楼上。那么,是谁最早向世界介绍了毛泽东的生平和容貌?是谁拍了他的照片并将其传播到全世界?无须赘言,那就是美国记者埃德加·斯诺(Edgar Snow, 1905—1972,图 4)和他的著作《红星照耀中国》(*Red Star over China*, 1937 & 1938)。[1]

1936 年夏,为采访笼罩在迷雾中的共产党及其领导人,斯诺从西安出发,进入了"红色中国",即陕西省北部的革命根据地。他幸运地获准采访三个月,其间为毛泽东等共产党领导人拍摄了许多照片,并当面聆听毛泽东讲述他自己半生的经历。这次采访的成果,包括毛泽东

---

[1] 《红星照耀中国》分别有多种英文版、中文版;如本书后半部分所述,其内容、结构互有差异。本书引用,如无特别说明,均来自如下版本。英文版:Edgar Snow, *Red Star over China*, first revised and enlarged edition, New York: Grove Press, 1968;中文版:《西行漫记(原名:红星照耀中国)》,董乐山译,生活·读书·新知三联书店,1979 年。

图 4　在陕北采访时的斯诺

自述生平在内,于 1937 年秋在英国、翌年初在美国出版后,立刻成为畅销书。这就是《红星照耀中国》。这部杰出的采访报告,第一次向世人展现了共产党领导人的形象,转述了毛泽东的自述和"长征"故事、共产党根据地人们的生活现状,出版后即为全世界读者带来了强烈震撼。

现在,中国自不必说,世界各国已出版的毛泽东传记不胜枚举。其中不乏细致准确的研究,也有瞎编乱造的,可谓良莠不齐、泥沙俱下。但是,无论对毛泽东是称赞还是诽谤,有关他出生和成长的记述,无不来自斯诺的《红星照耀中国》。因立场不同,有的作者对记述加以扩展、发挥,有的则不惜肆意歪曲,此类衍生本在不断引用、传播的过程中,又难免被添油加醋;但细心观察可知,其源头都是《红星照耀中国》。因为,在接受斯诺采访后,毛泽东再也没有向其他人完整讲述过他的经历。1939 年 5 月,毛泽东曾对萧三"翻古",即谈起往事。萧三肯定做过记录,其中一部分或许写进他后来执笔的毛泽东传。[2] 不过,毛泽东断断续续的回忆,萧三却从未公开发表,这点与斯诺不同。唯一收录毛泽东口述自传的是《红星照耀中国》,这也是该书的可贵之处。

斯诺在采访中为毛泽东拍摄的照片,发表后也震惊了全世界,成为传世之作。现在,毛泽东最为全世界熟知的形象,无疑是挂在天安门城楼上的那幅画像;[3] 但那是他成为国家领导人之后的画像,最早问世的则是图5、图6所示两张照片,都是斯诺在陕北根据地采访时拍摄的。

图5　斯诺拍摄的毛泽东①　　　图6　斯诺拍摄的毛泽东②

---

[2]　王政明《萧三传》,北京图书馆出版社,1996年,第282—289页。萧三曾做记录一事,见于其回忆录《窑洞城——献给党的六十周年诞辰》,《时代的报告》,1981年第2期。另,萧三因撰有《毛泽东同志的青少年时代和初期革命活动》等毛泽东传记而闻名;他与毛泽东是老相识,毛泽东对他讲述自己的生平,并不奇怪。

[3]　关于悬挂在天安门上的毛泽东肖像,较为重要的国外研究论著有 Wu Hung(巫鸿),*Remaking Beijing: Tiananmen Square and the Creation of a Politic Space*, Chicago: The University of Chicago Press, 2005(《重建北京:天安门广场和一个政治空间的创造》)。

尤其是头戴八角帽的一张（图6），面容消瘦、精明强干，作为毛泽东年轻时期的照片，现在仍经常被印制在各种纪念品如护身符、贴纸上，中国人应该都看到过。也就是说，我们之所以对年轻的毛泽东有印象，都是因为斯诺在陕北的采访。

本书将要介绍的，是毛泽东在《红星照耀中国》刊行前尚不为世人所熟知的时期，人们对他的印象及对其生平的描述，以及这些描述等因《红星照耀中国》出版而被彻底颠覆的过程。

当然，毛泽东本人在《红星照耀中国》出版前后并没有什么改变。但《红星照耀中国》的出版，无疑彻底改变了外界对他的观感，就好像时代宠儿一觉醒来突然名扬天下。然而，在斯诺介绍毛泽东以前，人们如何认识毛泽东却鲜为人知，也没有相关研究加以探讨。

当然，现在要为毛泽东作传，已经具备条件，诸如他曾经在何时、何地做了什么，都已经有十分详尽的文献可查。比如中共中央文献研究室编《毛泽东年谱》，仅斯诺赴陕北采访的1936年（毛泽东时年43岁）夏以前，就有长达550页的记述，可谓事无巨细，极尽周详。根据该年谱记述，我们不仅可以知道他23岁（1916年）那年曾向朋友借阅过杂志，而且还可查到他朋友的姓名（萧子升，即萧瑜）、杂志名称（《甲寅》）、期号（第11、12期）、借阅日期（2月19日）等；求学时回家省亲的日期也一清二楚。[4] 到底是中国！到底是中国的毛泽东研究！精细如此，令人叹为观止。但是，在毛泽东被视作伟大革命家以前，他曾被如何报道，有过怎样的传记、肖像等，该年谱却几乎没

---

[4] 中共中央文献研究室编《毛泽东年谱（1893—1949）》，修订本，上卷，中央文献出版社，2013年，第22—23页。

有提及。当然,如 1937 年日本政府公报曾刊载莫名其妙的"毛泽东"照片等,此类琐事就更不在该年谱视野之内了。

本书前半部分将依据当时的大量出版物、肖像资料等,探讨毛泽东是如何从迷雾中走进世人视野的;借用名著《红星照耀中国》的书名来说,就是他在人们印象中是如何成为冉冉升起的"红星"的。这些出版物等所呈现的毛泽东,恐怕连中国的读者和学者——甚至毛泽东本人——也见所未见、闻所未闻。

对本书作者而言,斯诺是令人仰止的巍峨高山,对他深怀崇敬之情;因此,模仿他的名著为本书取名,未免有狐假虎威之感,不无惶恐。本书就算是对他的致敬和纪念吧,还请读者原谅。假如本书能够发掘连他也未必了解的毛泽东的早年传记、呈现其所反映的毛泽东形象,并描述其如何形成、改变和传播(或未能传播),则熟知毛泽东的斯诺,甚至毛泽东本人或许也不会责备本书作者,甚至会说"当时怎么还有这事啊"。

最重要的是,明确当年人们如何认识毛泽东,以及这种认识的形成和传播过程,能够使我们重新认识如下史实。即我们现在知道的有关毛泽东(乃至其他历史人物)的各种信息、知识和形象,准确也好,扭曲甚或错误也罢,都是历史演变的产物。所谓历史产物,意味着是在过去某一历史阶段,依据该时代的特殊认识(或误解),经过加工、整理甚至改造、窜改而成。本书假如能使读者重新认识到毛泽东形象形成的历史特性,则作者将比得到斯诺的赞许还要高兴。

本书后半部分,将聚焦曾对毛泽东形象的形成起到决定性作用的斯诺对陕北的采访,及《红星照耀中国》出版后世界各地的反响,并对《红星照耀中国》的英、汉、俄、日等各种版本加以探讨。尽管《红星照耀中国》本身闻名于世，但斯诺采访陕北的过程如何，实际上却极少为人所知，在不少人的印象中，他前往陕北是为探险，甚至也有学者以为斯诺是只身勇闯陕北。

而关于《红星照耀中国》的影响，也有人认为，这部对理解中国革命曾经不可或缺的必读名著，现在已经没有价值。更有人对其极力诋毁，宣称斯诺上了毛泽东和中共的当尚不自知，完全成了中共宣传工作的棋子。其代表即风靡一时的张戎著《毛：不为人知的故事》(Jung Chang & Jon Halliday, *Mao: The Unknown Story*, 2005 下文或略作《故事》）一书。关于《故事》所述是否信实，美国现代中国研究大家黎安友（Andrew Nathan）曾撰书评，用翡翠和塑料做比喻，道破其违背史实、耸人听闻。[5] 然而，媒体的娱乐性宣传来势汹汹，湮没了学者求实求真的评说，致使该书仍在全世界拥有众多信徒。既然《故事》将矛头指向斯诺，诬称他身为记者而沦为中共宣传工作的走卒，则本书探究《红星照耀中国》，也就必须考察此类说法是否失当；而如果确属失当，那么，被歪曲、隐瞒的斯诺采访陕北的经过和背景，也就必须通过史学方法认真地加以拨乱反正，并进而明确应该以怎样的态度、通过怎样的视角来阅读《红星照耀中国》。

回想起来，许多人曾经讨论《红星照耀中国》的记述是否真实，但却似乎没有人严肃探讨过不同国家、不同体制在不同时代对待该书的态度如何。本书将通过比对英文原著，再现该书的成书过程、斯诺的立场和思想在不同时期的变化，并介绍该书出版时所受到的并非全

---

[5] Andrew Nathan, "Jade and Plastic", *The London Review of Books*, Vol. 27, No. 22, 17 November 2005.

是赞许的评价；还将深入探究这部名著在与之关系密切的中国、苏联、日本曾受到怎样的对待和评价，进而介绍，该书在各国翻译和出版的过程如实反映了该国情况的变化。通过这样的探讨，许多读者或许对如下史实会感到意外和费解：在中华人民共和国曾长期难觅此书踪迹，而其俄文完整译本最终未能出版。

一本书竟然有如此戏剧般的遭遇，恰恰因为该书是名著，其影响力之大，足以改变读者和参与采访、出版、翻译的许多人的命运。名著一旦问世，其影响即不再受著者撰述意图的束缚，但能够反映不同时代、不同国家、不同体制变化的名著，也属于凤毛麟角。而《红星照耀中国》就属于此类名著。总之，本书后半部分并不打算介绍斯诺如何描述毛泽东本人，而是讲述《红星照耀中国》这部书是如何被创作、被修改、被翻译的，或者说是如何出现，又如何走上名著殿堂的。

关于《红星照耀中国》等一系列著作的作者斯诺，英文已有数种研究性传记出版，而中文读物、纪念文集更是不可胜数。[6] 其中尤其拔类超群的，是汉密尔顿和托马斯分别在涉猎散存美国各地的斯诺档案，并对相关人士反复采访后写成的《埃德加·斯诺传》，以及《冒险

---

[6] 中文出版物主要有：裘克安编集《斯诺在中国》，生活·读书·新知三联书店，1982年；刘力群主编《纪念埃德加·斯诺》，新华出版社，1984年；武际良《斯诺与中国》，中国社会出版社，2005年；孙华主编《斯诺研究丛书》，第1、2卷，北京大学出版社、湖南师范大学出版社，2011—2012年；丁晓平《埃德加·斯诺》，中国青年出版社，2013年；武际良《埃德加·斯诺》，解放军出版社，2015年；吴明《〈西行漫记〉版本评介》，《北京党史》，1993年第4期；张小鼎《〈西行漫记〉在中国——〈红星照耀中国〉几个重要中译本的流传和影响》，《出版史料》，2006年第1期。其中，《斯诺研究丛书》第2卷（孙华、王芳《埃德加·斯诺研究》）研究质量颇高，其《导论》对了解斯诺研究的现状、动向很有助益。

的岁月：埃德加·斯诺在中国》。[7]本书有关斯诺的记述，不少以这两部书为据。然而，对于《红星照耀中国》英文版以外的各种现象，以及接受采访的中国共产党方面的情况，这两部书明显缺乏理解；而本书将在必要时对其加以补述。

此外，鉴于近年来阅读《红星照耀中国》的读者越来越少，有必要对这部名著的内容、结构先做简要介绍。不过，本书篇幅有限，勉强概括极易弄巧成拙，故仅在论述过程中、视需要随时做最低限度的叙述，还望读者谅解。下面让我们踏上时空旅程，首先探寻年轻时不为人知的毛泽东是一个怎样的人物。

---

[7] John M. Hamilton, *Edgar Snow: A Biography*, Indiana University Press, 1988（中译本有两种：柯为民、萧耀先等译《埃德加·斯诺传》，辽宁大学出版社，1990年；沈蓁等译《埃德加·斯诺传》，学苑出版社，1990年）；Bernard Thomas, *Season of High Adventure: Edgar Snow in China*, University of California Press, 1996（中译本：吴乃华等译《冒险的岁月——埃德加·斯诺在中国》，世界知识出版社，1999年）。

第一章　不为人知的革命家

1. 毛泽东其人

先来介绍本书主人公毛泽东的生平。凭他在中国的名望和影响，其生平似乎没有必要再做赘述。不过，如果对其生平没有最起码的了解，就无从把握人们对年轻毛泽东所持印象的关键之处，也就难以理解其何以有趣。让我们先来了解毛泽东 1949 年（中华人民共和国成立之年）以前的经历；但 1937 年《红星照耀中国》出版以后的经历，则仅做略述，以避冗繁。[8]

毛泽东，字润之，1893 年 12 月 26 日生于湖南省湘潭县韶山的农户之家，父毛贻昌，母文素勤。泽东有胞弟二人，即泽民、泽覃，后来也都加入共产党，但因从事革命活动而牺牲。父贻昌头脑灵活，勤勉持家，善于经营，逐渐由贫而富，终成小有财产的富农。泽东受管教极严，自幼即帮父亲记账、干农活，同时涉猎群书，从而对中国的

---

[8] 下文所涉毛泽东传略，主要根据中共中央文献研究室编《毛泽东传》（6 册），中央文献出版社，2013 年。

落后、衰败开始抱有强烈的危机意识。为了满足旺盛的求知欲望，1910年，泽东离开乡里入读新式学校，辛亥革命时曾投身军旅，后转入长沙的湖南省立第一师范学校。毛泽东本有变革中国之志，于是在求学期间积极参加湖南的政治运动和新文化运动等。1917年，宣传和推动新文化运动的主要杂志《新青年》曾刊载毛泽东的文章。

1919年五四运动爆发后，毛泽东曾游历北京、上海，以增广见闻，其间曾在北京大学图书馆做图书管理员。后逐渐倾心社会主义思想，并结识陈独秀，加入共产党。1921年7月，中国共产党第一次全国代表大会在上海召开，毛泽东作为湖南代表参会，成为中国共产党最早的正式党员之一。当时代表全国仅五十余名党员的这次大会，就是现今拥有党员约九千万人的世界最大政党开始其曲折征程的起点。

共产党曲折历程的第一步，是与孙中山领导的中国国民党合作。因为，当时共产国际给中国共产党的指示是，在经济十分落后的中国，实现社会主义为时尚早，应先协助国民党完成民族革命。此即所谓"第一次国共合作"（1924—1927）。毛泽东也在上海、广州等地积极参与国民党的工作，并任该党候补中央执行委员、中央宣传部代理部长等要职。1925年孙中山去世后，国民革命军（总司令蒋介石）自翌年至1927年实施北伐，其间毛泽东则领导农民运动；他后来被视为农民运动领袖，其背景在此。他曾于1927年发表《湖南农民运动考察报告》，立场鲜明地赞扬1926年至翌年为呼应北伐而在湖南、湖北兴起的带有"过火"倾向的农民运动，成为他该时期的代表作。

1927年4月，蒋介石发动反共的"四一二政变"等，导致国共合作瞬间崩溃，两党因此形成敌对关系。中国共产党接受共产国际指示，撤销了陈独秀等人的领导职务，并开始采取在各地发动武装起义的方针。其后，国共两党展开了长达约十年的内战，蒋介石等人的南京国民政府对共产党进行残酷镇压，并试图实现全国统一；而共产党则予以坚决而激烈的抵抗。毛泽东于1927年秋率领共产党的起义部队进入湘赣两省交界处的山区（井冈山），翌年朱德也率部前来，两支部队兵合一处，以武装割据方式建立了革命根据地；为此所进行的战争，即所谓毛泽东的农村游击战。

共产党及其所领导的军队（红军）在以赣南为核心建立的根据地不断扩大，于1931年11月在瑞金建立了中华苏维埃共和国临时中央政府，毛泽东就任政府主席。但在共产党中央因在上海受到镇压被迫转移到根据地后，通过革命实践成功建立根据地的毛泽东，却逐渐被排挤出中央。另一方面，曾数次进攻根据地的蒋介石也改变策略，进一步加强了"围剿"；红军力不能支，于1934年秋决定放弃江西根据地，开始了被称为"长征"的大规模战略转移。长征途中，共产党中央为总结军事失败的原因和教训，在贵州省遵义召开会议（遵义会议）。毛泽东开始重新掌握领导权。其后，他发挥军事指挥才能，数度挽救濒临危机的长征部队，率领红军到达陕西省北部。后世评价他挽救了红军、挽救了党。毛泽东就是在长征结束后不久接受斯诺采访的。

西安事变及日本开始全面侵华战争（抗日战争）后，共产党改善了和国民党的关系，实现了第二次国共合作，并将其根据地改编为国民政府特别行政区（边区），红军也被编入国民革命军序列（八路军），开赴前线与日军作战。毛泽东撰写了《论持久战》，对中国抗日战争的前景做了展望；而在国民党对共产党愈发敌视，加强封锁时，则强调共产党的独立性予以抵制。与此同时，在党内则开展"整风"运动，以巩固共产党在思想、组织上的统一,并在此过程中确立了其超越周恩来等其他领导人的最高领袖地位。1943年3月,党内承认毛泽东在中央书记处拥有处理日常事务的最终决定权;同年5月,此前一直指导中共工作的共产国际决定解散后,毛泽东的领导权达到顶峰;1945年召开的共产党第七次代表大会通过党章,规定"毛泽东思想"为党的指导思想。

　　日本投降后,毛泽东曾与蒋介石就成立联合政府举行会谈。但国共两党间的矛盾根深蒂固,1946年再度正式爆发内战,毛泽东指挥的人民解放军取得最终胜利,将国民党政权驱逐到台湾一隅。1949年10月,中华人民共和国宣告成立,定都北京;时任中共中央主席的毛泽东就任中央人民政府主席,成为"新中国"航船的舵手。多说一句,在该年年底以国家领导人身份访问苏联之前,毛泽东从未踏出国门半步;这在同时代中国的知识分子、政治家乃至中共领导人中,几乎是绝无仅有的。此外,除求学时曾学习过一点英语外,毛泽东基本上不懂任何外语。[9]

　　再看毛泽东的家庭。毛一生四度结婚。第一次(1907年)是父母决定的,对方是附近乡下年长数岁的罗一秀(病逝于1910年)。第二次是在1920年,娶恩师杨昌济之女(杨开慧,逝于1930年)。后来,毛泽东将开慧安顿在老家,自己则与红军一同转战各地农村,1928年与根据地的女活动家(贺子珍,逝于1984年)结婚。这是第三次婚姻。长征结束后,贺子珍与毛关系破裂,赴苏联养病,毛遂于1938年与来

---

[9] 据身边工作人员透露,毛泽东在成为国家领导人之后,曾经学习过英语。林克《我所知道的毛泽东——林克谈话录》,中央文献出版社,2000年。

延安投身革命的女演员（江青，逝于 1991 年）结婚。这次婚姻曾遭到党内许多干部反对，是在毛的坚持下才实现的。众所周知，江青后来非议不断，特别因在"文化大革命"中的行为而恶名远扬，甚至有人为毛当时没有听从反对声音而痛惜。毛泽东的子女，除夭折外，与杨开慧育有三子，分别是岸英（1922—1950）、岸青（1923—2007）、岸龙（1927—1931）；与贺子珍生有李敏（女，1936 年生），与江青生有李讷（女，1940 年生）。斯诺 1936 年夏赴陕北采访时，与毛一同出面接待的，是毛的第三位妻子贺子珍。

关于毛泽东的家庭，已有许多相关书籍出版，足以满足人们的好奇心。这些书连毛的堂兄表弟、侄子外甥、妻子的家人都有详尽记述，令人叹为观止。不过，其中虽有些较可信，但道听途说的也不在少数。这方面的情况，中国有不少学者更清楚，无须本书作者赘言。当然，这些书籍的出版，也是因为毛已经是伟大领袖。而在斯诺采访陕北以前，有关毛泽东家人的唯一记述，只有如下一篇文字。即 1930 年杨开慧被杀害时，湖南的报纸曾以"毛泽东之妻昨日枪决，莫不称快"为题进行报道。[10]

2. 中国政界报刊的毛泽东传——中国最早的毛泽东传

20 世纪 30 年代初，共产党及其所领导的军队转战于湘赣闽等省农村。此时，对许多中国人而言，毛泽东是只闻其名、难见其面的神秘人物；但仇视共产党的中国国民党的领导人，对毛泽东却并不陌生。如前文所介绍，在 1924 年国共实现合作后约三年间，毛泽东与其

---

[10] 湖南《国民日报》，1930 年 11 月 15 日。

他中共党员一样,都曾加入国民党。

20世纪20年代的国共合作,采取了共产党员加入国民党的异乎常规的方式(党内合作)。其背景是,当时共产党成立不久,比孙中山领导的老牌政党国民党弱小得多。而且,孙中山对本党和他提出的思想(三民主义)充满信心,他判断共产党员加入国民党后,也会承认三民主义的优越性,进而放弃"不符合中国国情"的马克思主义。[11]的确,要在当时的中国开展所谓社会主义革命,绝大多数人都认为是异想天开。因此,国际共产主义组织共产国际指示中共,应协助国民党开展民族革命。对此,不久前为追求社会主义革命而成立的中共的党员们自然大为不满,但既然是共产国际的指示,也就只好遵守。

共产党员加入国民党后,不少人因其特有的行动能力而崭露头角,被提拔到核心岗位。毛泽东在国共合作时期曾历任国民党的候补中央执行委员、中央宣传部代理部长(部长是汪精卫)等职,即其一例。另一例则是周恩来。周被任命为当时设于广州郊外的国民党军官学校(黄埔军校)的政治部主任,而校长就是蒋介石。也就是说,在国共合作时期,毛、周都曾在国民党要人周围工作,与他们频繁接触。因此,对国民党首脑们来说,1927年国共分裂后在农村开展武装割据的"共匪",其领导人如毛、周等,都是曾经并肩战斗的同事和同志。毛泽东最早的传记文字出自国民党人之手,也就不足为奇。

据研究,中国已发表的最早的毛泽东传记,是上海《文化日报》1932年7月15日刊载、署名"孙席珍"的《共党主席——毛泽东》一

---

[11] 杨奎松《国民党的"联共"与"反共"》,社会科学文献出版社,2008年,第2—11页。

018 — "红星"——世界是如何知道毛泽东的？

图7 《文化日报》载《共党主席——毛泽东》

文（图 7）。所谓"共党",显然指共产党;毛当时任共产党建立的中华苏维埃共和国临时中央政府主席。该文仅约 1500 字,分"'湖南王'的尊容""几个特点""从小就露头角""自以为能够领导群众"等七小节。文称毛是湖南湘潭人,现年三十七八岁（照此算来应生于 1894、1895 年）,"他的家庭地位是一个富农……中等身材,不胖也不瘦,脑袋很大,所以智力很充足。头发长得像监牢里犯人,往往三四个月不剪,脚是常年不洗,不穿西装而穿长衫,但他的长衫像乡下剃头司务穿的那样常常是被油渍占据着,说话是一口湖南土音"云云,对毛的为人、性格做了清晰描述。

该文还这样介绍毛泽东:长沙因有了毛泽东这位风云人物而不再平静;毛泽东对于大凡报纸等有字的东西什么都拿来读;他自认是民众领袖,且这种自负比谁都强烈。还提到毛在国共合作时期的工作情景、与同事的交谈等,自然也提及具体地名和同事姓名。该文尽管较短,但在当时的确相当客观,是一篇很好的传记文字。尤其是,该文称毛泽东因在国民革命时期主持农民运动讲习所、"以全力来做农民运动",结果,曾经的"湖南王"又得到了"农民王"的绰号。考虑到当时把"共匪"与常人一样描述会触犯禁忌,如此评说毛泽东,无疑需要很大的勇气。

从行文看,该文作者似在国共合作时期与毛泽东十分熟悉。署名作者"孙席珍"确有其人,是一位文学家。孙席珍（1906—1984）,浙江省绍兴人,很早即发表诗作,在北京大学求学时已小有名气,1926 年加入共产党,投身国民革命。参加过北伐战争和南昌起义,后留学日本。1930 年回国后在几所大学执教,同时支援左翼作家联盟（左联）的活动。1934 年被捕,翌年被释放。其后也与共产党保持合作关系,同时在大学讲授中国文学，并从事文化活动，直至去世。

假如署名不虚，那么，这篇值得纪念的毛泽东传的作者，就是左翼文化名人孙席珍。而且，孙既然曾作为共产党员参加过国民革命，传中写入有关毛的见闻、交谈等，也就不难理解。但是，实际上并非如此简单，有几处疑点难以解释。特别要注意的是刊载《共党主席——毛泽东》的报纸《文化日报》。该报创刊于 1932 年 6 月，日报，横四开，每期出四版，是常见的所谓"小报"体例，但好像绝非普通的商业报纸。[12]

再看《文化日报》文章的内容。该报每期都刊登政治评论、八卦之类的评传，而且以揭露内幕为主。显然，这样的文章，只有熟谙内幕者才能写得出来。比如，《共党主席——毛泽东》见报的次日，该报有《邵力子与共产党》一文（署名"元林"），称共产党建党时，国民党元老邵力子也是成员之一；再次日则有《风流才子周佛海》（署名"定生"），揶揄中共早期党员周佛海善于见风使舵。与共产党从前的瓜葛被如此冷嘲热讽，邵力子和周佛海恐怕都不会高兴。每期都刊载此类政治小道消息的《文化日报》创刊后仅三个月、出至第 90 期，即于 9 月 18 日停刊；而于 10 月 4 日创刊的后续刊物、具有同样倾向的杂志（三日刊），就是专家们才有所了解的《社会新闻》。

《社会新闻》（图 8）是一份政论杂志，由国民党内坚定效忠蒋介石的蓝衣社或实为谍报组织的中央执行委员会调查统计局（简称"中

---

[12] 祝均宙《上海小报的历史沿革（中）》，《新闻研究资料》，1988 年第 3 期。另，《长江日报》2013 年 12 月 25 日曾刊发《武汉发现最早毛泽东个人传记 / 出版于 1932 年 将"最早"推前 5 年》一文，报道某收藏家"发现"了《文化日报》载毛传；但祝均宙此文早就指出《文化日报》载有毛传。

统")创办,用以攻击党内反蒋派和共产党等。[13]虽说是政论杂志,但所刊文章多对国民党反蒋派领袖、共产党人士加以批评,而没有一篇牵涉到蒋介石。此外,共产党原最高领导人、1935年被捕的瞿秋白,被杀害前曾留下一封颇有争议的遗书《多余的话》,最早将其公之于众的,就是《社会新闻》。这样的独家报道,没有国民党谍报部门背景是做不到的。由此也可知该杂志的性质不同一般。

图8 《社会新闻》

《文化日报》就是这份背景特殊的政界杂志的前身。《社会新闻》的每篇文章、杂志都有署名,但和《文化日报》一样,大部分都是笔名,据此难以推断作者是谁,然而,不知何故,只有《共党主席——毛泽东》一篇的署名"孙席珍"用了真名。而这并非这篇传记的唯一疑点。《文化日报》和《社会新闻》刊载的类似政治家评传、革命家秘闻,后来被收入《现代史料》丛书,刊行该丛书的是海天出版社(上海)。

---

[13] 关于《社会新闻》的派系属性也有不同的说法,如属于"CC系"等。有关记述见于王奇生《党员、党权与党争——1924—1949年中国国民党的组织形态》(修订增补本),华文出版社,2010年,第272页。

但是，该出版社不仅此前不闻其名，在20世纪30年代也只刊行过《现代史料》这一套丛书。该丛书共出版四集。第一集出版于1933年2月，所收文章均为《文化日报》所刊载；第二集以后收录的，则多录自《社会新闻》。[14]

《现代史料》和《社会新闻》极少有人知晓，《文化日报》是稀见报刊，在中国国内也难得一见，故我借此机会将丛书与报刊的对应关系列表（附录1）。由该表所反映的对应关系推测，海天出版社与《社会新闻》社很可能是同一个组织。

《共党主席——毛泽东》一文，收于《现代史料》第一集，篇名改作《毛泽东》。奇怪的是，作者署名不再是"孙席珍"，而是"王唯廉"。也就是说，文章没变，作者却换了别人。《文化日报》刊载的披露政治家、革命家秘闻的文章，不少都署名"王唯廉"，似为笔名，真名则不得而知。《现代史料》收录的"王唯廉"的其他文章——如《汪精卫反共记》《"朱毛"的起源》《南昌暴动外史》等——在《文化日报》上也曾署名"王唯廉"，只有这篇毛泽东传记的署名，由"孙席珍"改成了"王唯廉"。

鉴于"王唯廉"的文章记述的人物（陈独秀、朱德等）、事项（南昌暴动、武汉政府等），与真实人物孙席珍青年时期的经历多有重合，因此，要说"王唯廉"是孙席珍的笔名，也不无道理；用善意的笔触描述毛泽东，也可以解释为出自他左翼知识分子的立场。果真如此，逻辑上就只能说，不知何故，曾为共产党员的孙席珍在1932年至1934年间，曾为国民党蒋介石派的宣传活动效力过。但即便如此，他为什

---

[14] 海天出版社编辑《现代史料》，海天出版社，1933—1935年。

么用真名发表毛泽东传，依然不得其解。

实际上，孙席珍作为文化人士，在文学界名气颇高，所以既有他人为其立传，他自己也有自传传世。[15] 但是，无论是他人的评传还是自传，都只字未提他曾写过毛泽东传，或者曾与《文化日报》《现代史料》有过关系。当然，在履历上，曾经参加国民党的宣传工作是不体面的，甚至是致命的污点。所以，只字不提，可视为孙席珍有意隐瞒，但也可能原本就没有这码事。假如事属后者，上述毛泽东传就是别人冒用"孙席珍"之名所写——在民国的八卦文坛上，借用别人名义发表文章并不罕见；曾为国民党效过力等说法，就是对已经过世的孙席珍的诽谤。总之，"孙席珍""王唯廉"署名之谜暂且无解，继续揣测亦属无益。

附带说，《社会新闻》虽然是八卦杂志，但如上所述，文章都出自熟悉内幕者之手。或正因如此，除外国的中国（中共）观察家外，中共党员好像也经常阅读，他们所写的毛泽东传，似乎也曾参考过这些文章。关于此点，下文将另做介绍。

3. 20 世纪 30 年代初国内外名人录中的毛泽东

毛泽东因在国共合作时期曾是国民党的核心干部之一，且颇为活跃，后来成为共产党开展农村革命的领袖之后，国民党方面的杂志仍偶尔介绍他的情况；而且，有的评传——如上述署名"孙席珍"的《共党主席——毛泽东》——不见得持反共立场，而是较为客观，

---

[15] 传记有王姝《孙席珍评传》，浙江大学出版社，2013 年；回忆录有孙席珍遗著、吕苹整理《悠悠往事》，百花文艺出版社，1992 年。

甚或带有人情味。不过，当时的报刊到底在国民党控制之下，那些可能为共产党做宣传的报道，一般都在严厉禁止之列。《文化日报》《社会新闻》的文章，现在看来其内容比较接近事实，但在当时却是真伪难辨。尤其对身处中国以外的外国人而言，毛泽东完全是谜一样的人物。

毛泽东的名字首次出现在日本外务省的记录中，是在1926年年底。当时国共合作尚未破裂，广州刊行的革命宣传册被日本驻上海总领事收集、翻译并送交东京；其中就有毛泽东的《农村教育问题》一文，是当时任广州农民运动讲习所所长的毛泽东讲课时，听课者所做的笔记。[16] 不过，该文并非日本方面为了解毛泽东而特意收集，而是偶然夹杂在得到的资料中。而在国共合作破裂、中共转向农村发动革命之后，毛泽东等中共领导人的消息就更难获取，也更加含糊。

为了解当时相关消息如何难以获取，又如何贫乏，让我们来观察日本当时出版的人名录是怎样记述毛泽东的。日本的每日新闻社（大阪）于1929年发行的《"支那"人士录》对毛泽东的记述如下：

> **毛泽东** Mao Tse-tung 湖南人，1924年任国民党候补中央执行委员，1925年连任，1927年7月因是共产党员而被除名，1928年进入湘、粤交界地带发动骚乱。〔年号原为民国纪年，已改为西历〕

---

[16] 《機密第一〇七五号　黄埔軍官学校の講義など筆記の訳文等送付の件》（1926年12月28日）,《各国一般軍事軍備及軍費関係雑纂／"支那"ノ部　第二巻》; 分类项目 5-1-1-0-21（参照号码 B07090039100）。该讲课笔记，收于《广州农民运动讲习所资料选编》（人民出版社，1987年）等，标题作《农村教育》（冯文江笔记）。

这部人名录的编者是泽村幸夫和植田捷雄,都是以"中国通"即中国问题专家而知名的记者,但其所掌握的信息也仅此而已。记述如此简略,要据此了解毛泽东,几乎是不可能的。显然,毛泽东在当时还没有被看作多么重要的人物。

但是,三年后,情况发生了显著变化。外务省情报部(即后来在政府公报上刊登胖子"毛泽东"照片的机构)编纂、于上述《共党主席——毛泽东》在中国见诸报端的1932年底发行的《现代中华民国·"满洲国"人名鉴》之"毛泽东"项的记述如下:

> **毛泽东**(Mao Tse-tung) 现居江西省瑞金 湖南省湘潭县人,<u>1892年生</u>
> 履历:<u>曾留学法国,苦修经济学,回国后</u>加入共产党。国民党与共产党合作后加入国民党,被推为国民党第一次及<u>第二次</u>全国代表大会候补中央执行委员,任<u>武汉国民政府农民部长</u>。作为农民运动权威,在湖南省农民中培植起巨大潜在势力。国共分离后,与瞿秋白、苏兆征等<u>会于九江</u>,所谓八七紧急会议后立即回到湖南煽动农民暴动,与朱德结盟组织红军第四军,任政治委员。尔来极力扩充红军,致力于扩大和巩固"苏维埃"区,1930年占领长沙时,作为<u>革命军事委员会主席</u>任最高指挥,1931年中华"苏维埃"共和国临时政府成立后任现职(政府主席)。(下划线为笔者所加)

与三年前的《"支那"人士录》相比,这段记述的确充实得多。这三年间,共产党扩大了农村根据地,建立了独立政权;而毛泽东则成为该政权的最高领导人,所以比以前受到更多关注。不过,如下划线部分所示，该记述并不准确，问题依然不少。生年误作"1892年"，而说他曾留学法国则是捏造。毛泽东的学历和任职经历，《共党主席——毛泽东》写得很清楚，即毕业于长沙的湖南第一师范、曾任共产党的农民部长——而非武汉国民政府的农民部长；但《人名鉴》这段记述的执笔者似乎并未阅读该传，看不到参考的痕迹。当然，政府的宣传部门，不一定把掌握的信息全盘托出，不符合宣传目的、政府不愿公开的信息，往往会秘而不宣。但就这部《人名鉴》的性质而言，实在没有任何理由使政府忌惮公开毛泽东的生平信息。倒不如说，当时日本外务省情报部就只能收集到这些信息。

欧美方面的情况又如何？战前的上海等地设有西方列强的租界，大量外国人在此形成居住区，也有许多报纸、杂志发行；此类报社、杂志社也曾编纂同时代中国人的人名录。人名录，英文称"Who's who"。战前著名的"Who's who"，是上海的密勒氏评论报社每隔数年刊行一版的 *Who's who in China*。这部人名录，1925年出版第3版，1931年出版第4版，1933年刊行第4版补遗，但都没有收入毛泽东。毛开始出现，是在1940年刊行的第5版，即斯诺出版《红星照耀中国》使毛的生平、经历广为世人所知之后。密勒氏评论报社发行的时事评论周刊《密勒氏评论报》（*China Weekly Review*）早就对共产党的动向时有报道，1936年11月曾最早刊载斯诺采访陕北的文章，成为相关报道的先驱；但在那之前，世人恐怕无从了解共产党领导人的真实情况。

那么，中国的报刊又如何？上文曾说，同时期日本的人名录对毛泽东的记述存在谬误。实际上，即使不准确，有收录已属难得；而中文刊物则是把共产党相关人士的信息有意剔除在人名录之外。例如，

1937年开始出版的《民国名人图鉴》（南京，中国辞典馆刊），无论从收录人名数量，还是从如"图鉴"二字所示附有大量人物照片来看，都是战前中国人名录编刊的巅峰之作（令人遗憾的是，第3卷以后因抗日战争爆发而未能继续出版）；但其第2卷"毛"姓一项之下却找不到毛泽东的名字，其他共产党人也一样。编者杨家骆是著名目录学家，1930年始相继创办中国学术百科全书编辑馆、中国辞典馆，自任馆长。被称为"中国词典学第一人"[17]的杨家骆，其工作当极其认真，不可能在编纂上述《图鉴》时忘掉了毛泽东等中共领导人。最大的可能是，他获得了这些人物的信息，但因他们是共产党首领，故而将其排除在收录对象之外。从当时国民党统治下的价值观考虑，是不允许共产党存在的，书籍、刊物介绍他们的生平，更是绝对不能容忍的。

读者如果觉得不至于如此，那么，请翻阅战后在国民党统治下的台湾出版的盗版《大汉和辞典》。该辞典是日本学者诸桥辙次耗时数十年编纂而成，收词丰富、完成度极高，被称为汉字、汉语辞典的巅峰，因此在中文世界（台湾）也有许多盗版。曾几何时，有些日本年轻学者，因为囊中羞涩、买不起正版（包括索引共13册），也会罔顾版权而购买台湾盗版，悄悄置于案头。而此类盗版《大汉和辞典》，绝对看不到"毛泽东"这一词条。准确地说，日本出版的正版中原有"毛泽东"条，但在盗版中却被刻意删除。"邓小平"条、"中华人民共和国"条也同此命运。按照国民党的价值观，不允许存在的事物、现象，辞典也不可收录，收录了也必须删除。盗版也不得为共产党张目——以国民党对共产党仇视之深，不可能容忍他们统治的"民国"的名人录

---

[17] 徐苏《杨家骆目录学成就评述》，《江苏图书馆学报》，1997年第4期。

中混入"共产党"的名字。

因此,南京国民政府时期(1927—1937),中国的书店里不可能见到认真研究和记述共产党的书籍。共产党不仅根据地受到军事"围剿",信息方面也遭到严密封锁。共产党非常重视宣传自己的主义、主张,在国民政府支配地区也坚持进行宣传工作,其背景在此。重视宣传本就是共产党政治文化的重要部分。中国各地的革命纪念馆陈列的用草纸印制的传单、封面伪装成一般书籍的革命文集等,至今仍对人们讲述着共产党的宣传工作如何艰难和凶险。

只不过,20世纪30年代前半期的共产党,虽然曾以党的名义发过许多呼吁、宣言,但几乎从未公布过领导人的经历及画像、照片等。党内信息严格保密,在某种意义上也是一种政治文化,各国的共产党大都有此倾向,不独中国的共产党如此。尤其是得到绝对支持的领导人确立其地位以前,何人代表党,往往是党内的力量结构、路线及权力斗争现状的反映,大多数情况下会出于慎重而严格保密。

在江西省南部建立了根据地的共产党,当时正是如此。毛泽东是1931年成立的中华苏维埃共和国临时中央政府的主席,但他在党内的地位并不是绝对的,不过是苏区中央局八名成员之一。他的确因成功开辟农村根据地而功高望重,名义上地位很高,但并未掌握相应实权;而且,党内不少人也具有深厚的马克思主义理论修养,这些人的地位也都很高。比如,临时政府发行的纸币上印制的不是毛泽东,而多是马克思和列宁的肖像(图9)。使用纸币的农民们当然无从知晓纸币上印的是何方神圣,但对共产党而言,避免突出自己的特定领导人,体现了当时的中国共产党对外宣称的理念或曰自我定位,即中国共产党并不是要搞中国式的替天行道,而是要把人类智慧的结晶、世

图 9 根据地发行的纸币,左为列宁、右为马克思

界性的普遍真理马克思列宁主义在中国付诸实践。

正因如此,没有迹象表明,共产党在放弃根据地开始长征以前曾经筹划在根据地出版毛泽东的传记。肖像也一样。共产党在根据地开办的红色中国出版社,曾于1933年发行过用于宣传的《革命画册》,其中有一幅十分潦草的毛泽东素描画像(图10),

图 10 《革命画册》载毛泽东素描画像

这是现在能见到的毛泽东当时的唯一画像。原书未见,但据说该画册收有绘画、漫画约50幅,毛泽东的画像排在马克思、恩格斯、列宁之后,其后则有朱德、李卜克内西(Karl Liebknecht, 1871—1919,德

国共产党创始人之一）。[18]该素描出自谁手，已经无从稽考。但《革命画册》现在几乎没有存留，可知其发行量并不大，流通范围也极其有限，且后来没有重印。也就是说，共产党在踏上长征的征途时，把这部并不精致的画册——和毛泽东的画像——一同丢在了将要放弃的根据地。

4. 共产国际

国民党、国民政府严格禁止有关共产党的信息流通，共产党则对公开领导人的信息、塑造领导人的形象持消极态度。那么，是否就没有可靠的信息源头呢？先别失望，还有共产国际呢。

近年来，许多人听到"共产国际"，第一反应是满脸问号。前文于此已有涉及，此处再稍做详细探讨。共产国际，英文称作"Communist International"，略称"Comintern"，系1919年在莫斯科成立的共产主义政党的国际联合组织，其总部设在莫斯科。马克思、恩格斯曾在《共产党宣言》中呼吁"全世界无产者，联合起来！"故各国社会主义、共产主义组织自19世纪后半期已开始形成国际联合。而在第一次世界大战和俄国革命后成立的，就是以俄国共产党为核心的共产国际。从马克思时期的第一国际数起，共产国际算是第三个联盟，故有时也称作"第三国际"。

听说，近年来，有些中国年轻人认为，世界上只有中国有共产党。这种误解之所以产生，或是因为中国在实行"改革开放"后提

---

[18] 杨昊成《毛泽东图像研究》，香港：时代国际出版有限公司，2009年，第11—12页。

出了"有中国特色的社会主义";但这种认识是完全错误的。实际上,当今世界各国都有共产主义思想,各国的共产主义政党都立足于超越国家、祖国的国际主义在开展活动。中国的共产党是其中最大、最强的一个。而中国的共产党,原本也是在共产国际的强有力推动下成立的。关于中国共产党成立的经过,拙著《中国共产党成立史》(中国社会科学出版社,2006年)曾做详论,此处不再赘述。

共产国际是在拥有铁的纪律而取得革命成功的俄国共产党倡导下成立的,因此采用了集权的组织原理。各国的共产党形式上都是共产国际的支部,中国共产党在组织上当然也不例外。这样,共产国际总部对各国共产党就拥有了强大的指导权力。对此,列宁的解释是,从前的两个国际,因任凭各国政党自主合作,所以没能有效地开展工作。[19] 因此,中国也有共产国际派来的代表常驻,随时提供"建议"。这一体制,后来很长时期内一直存在。[20]

共产国际的核心是俄国共产党(布尔什维克,后来的苏联共产党)。不管怎么说,在加入共产国际的政党中,只有俄国共产党拥有革命成功的经验,因此,对其他国家的共产党而言,俄国共产党的意见、建议具有绝对权威。在这点上,中国如此,日本也不例外。而在评估、判断中国、日本等苏联以外国家的革命形势时,共产国际的理

---

[19] 列宁《关于资产阶级民主和无产阶级专政的提纲和报告(共产国际第一次代表大会,1919年3月4日)》。

[20] 关于与中国革命有关的共产国际组织之沿革,请参阅李颖:《共产国际负责中国问题的组织机构的历史演变(1920—1935)》,《中共党史研究》2008年第6期;及 И. Н. Сотникова, *Китайский сектор Коминтерна: организационные структуры, кадровая и финансовая политика, 1919-1943 гг.*(《共产国际中国部门:组织结构、人事与财政政策,1919—1943年》),Москва, 2015.

论家们的口吻往往是,基于俄国革命的经验考虑,这处于某某阶段,或与某某事件极其相似。也就是,他们试图在其他国家和地区推广俄国的成功模式——虽然有时需要若干修正。

不难想象,模仿苏联"老师"提供的模式开展工作并不容易。而每当"学生"做错事,"老师"总是回避自己的责任而责备"学生"太幼稚。比如,1927年,斯大林"老师"就曾认为中共中央不能成事,并怒斥道:

> 我不想苛求中共中央。我知道,不能对中共中央要求过高。但是,有一个简单的要求,那就是执行共产国际执委会的指示。中共中央是否执行了这些指示呢?没有,没有,因为它不理解这些指示,或者是不想执行这些指示并欺骗共产国际执委会,或者是不善于执行这些指示。这是事实。[21]

共产国际给予中国共产党的不仅有"建议""指示",中共成立后还曾长期接受共产国际的经济支持。共产党成立之初,约95%的活动经费来自共产国际等莫斯科的国际革命组织,后来仍有逾90%的活动经费需依靠共产国际援助,直到20世纪30年代中期拥有了面积足够大的农村根据地而得以自立为止。[22] 亦即,共产国际对中国共产党是

---

[21] 《斯大林给莫洛托夫和布哈林的信》(1927年7月9日),收于中共中央党史研究室第一研究部编译《共产国际、联共(布)与中国革命档案资料丛书》(4),北京图书馆出版社,1998年,第407页。

[22] 杨奎松《共产国际为中共提供财政援助情况之考察》,《社会科学论坛》,2004年第4期。

既插嘴,也出钱。不过,中国共产党虽因接受共产国际的资金支持而曾被讥讽为"卢布党",但也不可忘记国际性政党的特殊性,即按照组织规定,中国共产党是共产国际的中国支部。对于在组织、意识形态、政策等各方面都接受共产国际指导的政党,不应该仅抓住其接受经济支持这一点而加以谴责。[23]

关于共产国际作为国际组织的特性,下面再从其所使用语言方面加以观察。在世界各国开展工作的共产国际,在使用的语言问题上采取多语方针。比如,其机关杂志除刊行俄、德、法、英等语言版外,一度还出版过中文版(1930年2月以后)、西班牙语版等。当然,召开会议、撰写文件等若都使用多种语言,则过于繁复,也不现实,故实际上通用俄语和德语。俄语为公用语,自然是因为共产国际总部设于莫斯科,且俄国是其主要后盾;而德语之为公用语,则是因为德国自马克思以来即有悠久的社会主义传统。

不过,俄语和德语在当时的中国都属于弱势外语。加之,与欧洲

---

[23] 若论资金援助,国民党在国共合作时期从苏联得到的直接、间接的物资援助,要比共产党多得多。1925年6月,俄国共产党就给予中国(主要是广东)的军事援助预算进行审议,决定4月至9月的半年间提供460万卢布,合150万元(《联共(布)中央政治局中国委员会会议第3号记录》[1925年6月5日],收于中共中央党史研究室第一研究部编译《共产国际、联共(布)与中国革命档案资料丛书》[1],北京图书馆出版社,1997年,第630页)。而前一年给予中共的援助金额约为3万元,故若仅以年度比较,苏联提供给国民党用于军事建设的援助,是援助共产党的100倍。不过,若仅比较金额,则日本在第一次世界大战期间给予段祺瑞政权的借款("西原借款"),总额合中国货币约达1.5亿元,国民党每年得到外援只有300万元,实属小巫见大巫。当然,苏联的援助催生了国民革命这一巨大成果。总之,虽说都是来自外国的资金援助,但其援助效果大不相同,最终要看接受方将其如何用于实际活动,以及"援助"是加剧了中国的混乱,还是有助于开创新时代。

及其殖民地的知识分子不同，中国等东亚各国的革命家、知识分子，大多不会使用多种语言。因此往往出现如下局面，即土生土长的领导人缺乏与共产国际沟通的能力，致使在党内占据主要位置、拥有重要影响的，在早期是通晓外语者（但在传统的中华世界，他们一般处于知识分子社会的边缘），后来则是通过留学莫斯科而掌握了俄语和马克思主义理论，但却没有革命工作经验因而并不成熟的年轻人。

以中共早期领导人陈独秀为例，他年轻时曾留学日本，据说能使用日语、英语和法语。但他的外语，顶多可以读写，与人口头交流似乎力不从心。中共成立后不久的1922年年底，陈独秀曾作为中共代表赴莫斯科出席共产国际第四次大会，但在大会上代表中国发言的却不是他，而是他的年轻随员、曾在北京大学学习英语且口语流利的刘仁静。这就是因为陈独秀没有外语交际能力。在国际场合不通外语，只能成为哑巴客人；这一点，出席共产国际大会和到外国人家里做客没有区别。刘仁静在回忆参加共产国际第四次大会的情景时曾说：

> 中共代表团在世界共产党的盛会上，受到的重视不够。我们那时原抱着很大希望参加大会，可是在大会期间，陈独秀作为中国共产党的创始人和主要领导人，也和我们一样，无非是一般参加会议，共产国际领导对他既没有什么特殊礼遇，也没有安排什么个别交换意见。[24]

---

[24] 刘仁静《回忆我参加共产国际第四次代表大会的情况》，《党史研究资料》，1981年第4期。

陈独秀曾任北京大学文科学长,被称作新文化运动的旗手,在中国声名远播,可谓无人不晓;但踏出国门就没有人认识他;如果再不能使用外语与人交流,那么,他唯一能做到的,也就只有和其他参会者照张合影,为参加这次国际会议、为各国的团结留下个纪念而已(图11)。而与共产国际进行实际交涉的,或是懂英语的随员刘仁静,或是在大会期间为陈担任翻译并代为处理日常事务的瞿秋白(毕业于北京俄文专修馆)。大会闭幕后,瞿秋白接受陈独秀邀请一同回国。不久,他因学识和语言能力受到高度评价,进而受到重用,进入了中共中央。

就这样,就中国的共产党来看,早期的张太雷、瞿秋白和后来的王明等人能够掌握权力,抛开他们的外语能力和因此形成的与共产

图11 陈独秀出席共产国际第四次大会(1922年)时的合影。前排左一为陈独秀,正中为片山潜;后排左一是刘仁静,左二是瞿秋白

国际代表的密切关系，就难以解释。如果不懂理论就无法进行革命活动；同样，如果不懂外语（尤其是俄语），要在共产国际与中共的关系中占有重要位置，也是不可能的——至少在 20 世纪 30 年代以前是如此。就这点而言，早期的中国共产党，除了在组织上受到共产国际这一国际机构的限制外，还面临语言沟通的制约。

而这也意味着中国共产党时刻面临着成为共产国际代言人或曰"翻译"的危险。实际上，这种危险曾经化为现实。1926 年，时任中共中央政治局委员蔡和森就曾批判过共产国际驻华代表鲍罗廷（Mikhail Borodin，1884—1951）态度专横。他说：

> 他〔指鲍罗廷〕不考虑中央仅有三人，《向导》实际上已没有编辑等情况，就把瞿秋白调去作翻译。……鲍同志到中国已一年多了，可从来没有注意过我们党的生活，对待党完全象对待翻译供应机关一样。[25]

这个"翻译供应机关"当时的最高负责人陈独秀，如上所述，被指没有执行斯大林"老师"的"简单的要求"而被撤销职务，不久后激烈批判斯大林，退出中国共产党；脱党后的陈独秀揶揄只会重复共产国际指示的中共是"斯大林留声机"。[26]"翻译供应机关"也好，"留声机"也罢，这些嘲讽，无疑都如实反映了来自共产国际的组织性制约，以

---

[25] 蔡和森《关于中国共产党的组织和党内生活向共产国际的报告》（1926 年 2 月 10 日），《中央档案馆丛刊》，1987 年第 2—3 期。

[26] 陈独秀《告全党同志书》（1929 年 12 月 10 日），《陈独秀著作选编》第 4 卷，上海人民出版社，2009 年，第 426 页。

及如影随形的语言沟通障碍。后来，一批在莫斯科掌握了俄语和马克思主义理论的留学生们（留苏派）在党中央获得发言权，这一倾向更加明显，毛泽东等本地干部也开始受到排挤。

至此，有关共产国际的解释难免失之冗长，但目的在于请读者理解和把握共产国际对中国共产党的强烈影响。中共除向莫斯科的共产国际总部定期递交工作报告外，还频频派出青年党员、干部前往莫斯科，与总部保持联系、出席会议或留学、进修等，都是因为中共是共产国际的下级支部。20世纪30年代，中共派出代表团常驻莫斯科，这就是"中共驻共产国际代表团"。苏联解体后曾广受关注的所谓"共产国际、俄共密档"，即指由此类代表团及往来文件等形成的有关各国共产党的庞大档案资料群；有关中国共产党的文件、党员履历表等，当然也包括在内。有些文件，在中国已经遗失，但在共产国际档案中却有收藏，幸运的学者有时也能看到。

如此说来，毛泽东早年的个人资料、肖像等，虽然在中国已难以寻觅，但或许在共产国际档案中能够找到。实际上的确如此，而且是斯诺出版《红星照耀中国》以前形成的资料。

5. 共产国际对毛泽东知之几何

本书作者手头就有一份共产国际中央在20世纪30年代中期填制的毛泽东履历表（图12[27]）。该履历表此前从未公开，其下方注有填写日期和填写人签名，分别为"1935年11月27日""Kapa"。"Kapa"

---

[27] 俄罗斯国立社会政治史档案馆资料（以下简称"俄藏档案"），全宗514，目录3，案卷16，第5页。

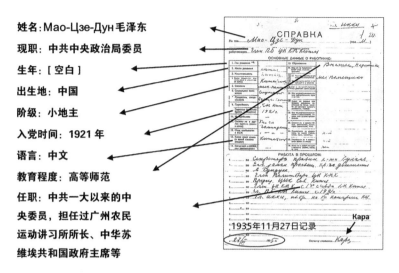

图 12　共产国际档案中的毛泽东履历表（1935 年）

读作"卡拉"，即"卡拉伊瓦诺夫"（Караиванов），他在 1935 年任共产国际最高领导人——执行委员会总书记季米特洛夫（Dimitrov）的秘书，负责人事。[28] 而 1935 年 11 月 27 日，毛泽东本人却远在中国陕北的偏僻小镇。准确地说，毛泽东率领长征部队终于抵达陕西省北部的吴起镇、长征告一段落，是在同年 10 月下旬；而 11 月下旬，则是毛指挥红军在陕北击败国民党军队、打破其阻止红军南进企图的直罗镇战役前后。因此，上述履历表，当然不是毛本人在莫斯科填写的。如前所述，直至 1949 年，毛泽东从未出访过任何外国，包括苏联。

---

[28] 本书作者解读履历表手写俄文，曾得到俄罗斯科学院远东研究所索特尼科娃（И. Н. Сотникова）研究员的协助，特此致谢。

那么，为什么这时需要由共产国际最高领导人的秘书填写毛泽东的履历表？此事与同年夏在莫斯科召开的共产国际第七次大会有关。时隔七年召开的这次世界性大会，有来自65个国家、地区的共产主义政党代表500余人参加，但却是共产国际的最后一次大会。或者，说它是提出反法西斯统一战线方针的大会，读者可能更有印象；高中、大学的历史教材一般都这样解释。

这次大会与中国关系很大，此点留待后文探讨，此处且说毛泽东。他并没有参加这次会议（会议召开时，他正率领红军走在四川省的深山里），但却因领导中国革命运动取得辉煌成就而受到高度评价，被选为共产国际执行委员会委员。当时的"长征"实际上是反"围剿"失败后的大撤退，但在莫斯科却被说成是"进军"，是为了建立新根据地，红军的兵力也被报道为多达50万人。[29]"进军"之说，或可视为开脱之词；但"50万"兵力云云，显然是不着边际。但在外界看来，当时除苏联以外，拥有如此规模部队的只有中国共产党；而指挥这支部队的，是农民出身的革命家毛泽东。所以，毛泽东备受关注并不奇怪。实际上，据参会者记述，在共产国际大会上发言的中共代表提到毛泽东的名字时，会场内各国代表们全部起立，暴风雨般的掌声和"乌拉"（万岁）的欢呼声足足持续了五分钟之久。[30]当然，"暴风雨般的掌声"和连呼"乌拉"，是社会主义文化的特色；斯大林被念到名字时，偌大的会场总会向他"起立致敬"。

---

[29]　《周和生（中国苏区代表）在共产国际第七次代表大会上的报告》（1935年7月29日），《共产国际有关中国革命的文献资料》第2辑（1929—1936），中国社会科学院近代史研究所翻译室编译，中国社会科学出版社，1982年，第367页。

[30]　《毛泽东传略》，《党的文献》，1992年第2期。

毛泽东是在国际共产主义运动的大舞台上受到热烈欢呼的中国革命的英雄，又已经是共产国际执行委员会的一员，作为共产国际的最高领导人，季米特洛夫当然需要了解毛到底是怎样的人物。而应其要求、由其秘书调查和填制的，就是上述履历表。

开场白就说到这里，让我们来看这份履历表的内容。一看便知，履历表有不少内容没有填写，随处都是空白。姓名（Мао-Цзе-Дун，毛泽东）、现职（中共中央政治局委员）没什么问题，接下来表内第一栏就没有填写。也就是说，当时的国际共产主义组织的总部，连毛泽东多大岁数都不知道。接下来的"出生地"一栏，也只填了"中国"。或许填表人认为，既然是中国革命的著名领导人，写"中国"就足够了，却也让人感到敷衍了事。但有些栏目似乎是在认真调查后填写的，如"入党时间"（1921年）、出身阶级（小地主）、受教育程度（高等师范）等，都很准确；最后一栏记述毛的主要经历，即自中共第一次全国代表大会起任各届中央委员、曾任广州农民运动讲习所所长、1931年就任中华苏维埃共和国临时中央政府主席等。毛泽东在第一次和第二次中共全国代表大会上没有被推为中央委员，所以，称他历任各届党中央委员，不能说没有问题，但大体上没有错误。

此外，"语言"栏填的是"中文"。中国人自然说中文，填"中文"没有错，但这本身没有提供任何新信息。不过，这样填写或显示共产国际认为毛泽东除中文外，不懂其他语言。如前所述，毛确实几乎不懂外语，但在莫斯科共产国际的世界里，英语且不说，不通德语、俄语是得不到关注的。换言之，以国际性革命家的标准判断，毛泽东是"不合格"的；借用现在的说法，毛算不上"国际人才"。共产国际秉持的马克思列宁主义革命理论，原本就不好理解，又是用外国文字写成、要用外国语言讨论。语言不通的人在莫斯科感受到的自卑和孤独，局外人是难以想象的。

不过，从这个角度来看毛泽东，或许也可以说，与外语半通不通、莫斯科的生活经历在其内心深深植入了语言、理论方面自卑情结的许多中共干部相比，正因为不通俄语等外语，毛泽东才能面对来自莫斯科的权威而坦然无惧。他从未踏出国门一步，因而不了解外国；但这也使对外国的崇拜无法在他心里扎根。面对莫斯科的权威，大多数知识分子都不知不觉间趋附、遵从，但只有毛泽东，从经历到内心都使他感觉不到这种权威的存在。正因如此，他才能够孕育出独具特色的革命思想。

姑且不论上述解释能否成立，共产国际的最高领导人看到这份履历表，恐怕会大失所望。内容如此简略，还不如前文提到的日本出版的人名录详尽。提到共产国际，不少人都煞有介事地说它是一个庞大的谍报组织，喜好阴谋史观的人认为，张作霖在皇姑屯被炸死以及西安事变、卢沟桥事变都是共产国际操纵的。中国之外的不少毛泽东传记作者也持此类阴谋论。[31] 在他们脑海里，共产国际就是通过特工、间谍刺探各国的机密情报，或为实施挑拨、破坏、暗杀等而在敌方阵营中安插谍报人员、劝说内奸反水的组织。

但共产国际的实际情形却是，连最高领导人有时都无从把握己方阵营重要人士的基本情况，更不用说刺探、破坏敌方阵营了。若说这样的组织竟能在背后操纵炸死张作霖，那才叫不可思议。把什么都说

---

[31] 日本取阴谋论立场者，有远藤誉《毛沢東——日本軍と共謀した男》（新潮社，2016年）等。

成是共产国际的阴谋，要么是过分抬举共产国际，要么就是间谍电影看得太多。

回头再看毛泽东。共产国际掌握的毛泽东信息如此稀少、如此粗略，令人意外。但从另一角度看，对当时的共产国际而言，最需要掌握的或许是中国革命的发展状况；只要能够很好地领导中国革命，谁在领导是次要的。极而言之，只要能保证中国革命的发展符合莫斯科的意图，则其领导人是"毛泽东"还是"王泽东"都没有关系。但有一点没有疑问，那就是莫斯科对毛泽东的了解实在不多，甚至填不满一张完整的履历表。实际上，直到1936年毛泽东告知前来采访的斯诺之后，人们才知道他生于1893年。当时中国的户籍制度尚不健全，某人何时出生，只能相信他本人的说法。

另外，共产国际档案中还有两份毛泽东的履历表。一份出自毛的妻子贺子珍之手，另一份则是由毛的胞弟毛泽民（中共干部）填写；前者成于1938年，后者成于1939年，填写地点皆为莫斯科，[32]都是应共产国际总部请求而填写的。毛的生年，在贺子珍写的履历中是1893年，准确无误；但在毛泽民笔下却误作1894年11月，或许是因新旧历换算错误。不过，毛泽民代其兄填写的履历表包含一些贺子珍也无从知悉的重要信息；如毛母名文素勤（中文名字），就是毛泽民首次证实的。毛泽东曾对斯诺说母亲的名字是"Wen Ch'i-mei"，中国出版的资料长期写作"文其美"；但实际上应为"文七妹"，即在文家姐

---

[32] 贺子珍填写的毛泽东履历收于"俄藏档案"，全宗495，目录225，案卷1，第273—274页；毛泽民填写的履历收于"俄藏档案"，全宗495，目录225，案卷1，第264—266页。两份履历表皆已收于潘佐夫著，卿文辉等译《毛泽东传》（下），中国人民大学出版社，2015年，第483—492页。

妹中排行第七。不过，留在莫斯科的这些毛泽东个人信息，直到苏联解体、相关档案开放后才为人所知，在那之前对外界是严格保密的。从这点讲，斯诺出版《红星照耀中国》也是非同寻常的大事。因为，该书不仅首次披露了共产国际直到1935年11月都尚未掌握的毛泽东的生年等许多重要信息，还完整地描述了毛泽东的前半生。

至此，我们匆匆观察了20世纪30年代前半期外界所能了解的毛泽东的基本信息状况，算是本书论述的铺垫。外界——尤其外国——对毛泽东的印象如何？曾有过哪些毛泽东的肖像和传记流传？下面让我们一一加以探讨。

第二章　肖像与真实人物——外界对毛泽东的印象

1. 欧美人眼中的毛泽东——左翼杂志上"其貌不扬"的毛泽东

前一章说过，由于国民党实施军事"围剿"和信息封锁，共产党的宣传工作遇到极大障碍，共产党本身也对宣传其领导人持消极态度；共产国际对毛泽东的个人信息也知之甚少。尽管如此，20世纪30年代前半期，在国际共产主义运动在全世界形成联合的背景下，欧美杂志已开始刊载有关毛泽东的文章、故事或传记，其中有些还附有毛泽东的肖像。

对中共以军事手段在农村激烈抵抗国民政府，国外也颇为关注。特别是红军部队在1930年7月底攻占长沙、宣布成立湖南省苏维埃政府，让全世界为之震惊。[33]占领长沙的是红军名将彭德怀指挥的部队，约一万人。在此前后，朱德、毛泽东也曾奉命攻打江西省会南昌，遭遇国民党守备部队顽强抵抗，眼见强攻不利而撤退。彭德怀部也在约一周后主动撤出长沙。虽然为时不长，但是红军毕竟有能力攻击并占领三十万人口的湖南省会，这一事件产生了强烈冲击。因此，报道中

---

[33] 红军占领长沙一事，因发生在"李立三路线"主导中共时期，故在当今中共党史上很少被提起，评价也极低；但其对外界的影响是极大的。

国问题的记者们自然开始关注共产党。

实际上,在彭德怀部占领长沙的第二年,即1931年,斯诺也曾就中国的共产主义运动写过分析文章,题名《中国共产主义的力量》(The Strength of Communism in China),发表在学术杂志《当代历史》(Current History, Vol.33, No.4, 1931)。当时是斯诺来到中国的第三年,该文算是其早期的中共研究成果;但其内容不过是由同时期各种报道拼凑而成,而且也没有提到毛泽东。实际上,文中提到的共产党人只有红军指挥官朱德、贺龙二人。要是在中国的大学里,学生捏交这样的作业,肯定不会及格。后来因采访中共而名满天下的大记者,当时还不成熟,对中共的所谓分析也不过如此。不用说,文章既没有对毛泽东等共产党领导人加以记述,也没有红军的照片、插图等。

欧美杂志刊文中最早出现毛泽东肖像的,应是1934年5月的《当今苏维埃中国全貌》(Complete Perspective of Soviet China To Date),发表在左翼杂志《今日中国》(China Today)(图13),未署名。该文使用的肖像,就是图14的素描画像。其解说是 "Mao Tsie-Tung, Chairman, Chinese Soviet Republic"(毛泽东,中华苏维埃共和国主席),的确画的是毛泽东。此像是何人所画,不得而知,但可能出自中国革命运动的某位同情者、支持者之手。因为,该年1月在纽约创刊的英文杂志《今日中国》,是由美国共产党的外围组织"中国人民的美国之友"协会(Friends of the Chinese People)编辑、发行的。[34]

---

[34] 对《今日中国》的研究,请参阅如下论文:刘小莉《二十世纪三十年代的两份英文刊物与中国苏维埃革命信息的传播》,《中共党史研究》,2009年第4期;刘小莉《〈今日中国〉与中共抗日民族统一战线思想的海外传播》,《党史研究与教学》,2011年第1期(收于刘小莉《史沫特莱与中国左翼文化》,浙江大学出版社,2012年)。不过,这些论文未曾提及该杂志所载"毛泽东"肖像,似对此并不关注。

046 —— "红星"——世界是如何知道毛泽东的?

图 13 《今日中国》封面

图 14 1934 年《今日中国》载毛泽东素描画像

许多人或许没想到，美国竟然也有共产党。实际上，战前的美国共产党不仅曾开展工人运动，在文化界、出版界一度影响巨大；并且，与中国共产党一样，也曾处于共产国际的强大影响之下。而"中国人民的美国之友"协会，就是响应该党联合起来支援中国革命的号召而组织起来的，不少支持美国共产党的旅美华侨、中国留学生也加入其中。附有"毛泽东"素描画像的上述文章标题之"苏维埃中国"（Soviet China），意为开展"苏维埃运动"（以苏维埃方式建立和扩大工农政权、最终夺取全国政权的运动；苏维埃，俄语"совет"，英语"soviet"，意指会议、议会）的中国，而非指"苏联和中国"；具体指毛泽东等人在中国内陆建立的"中华苏维埃共和国"。该文用此语显示其同情该共和国的立场。也就是说，该杂志虽然在资本主义国家的经济中心纽约编辑、发行，但其思想体系却与莫斯科一脉相承，可以说与中国共产党志同道合。只不过，该文虽附有"毛泽东"画像，但文章及杂志都没有介绍毛泽东生平的文字。

这张素描，说是毛泽东，但其貌不扬，怎么看也不像是革命家。本书开篇曾介绍日本外务省情报部公布的胖子"毛泽东"照片，美国的这张画像，荒诞程度有过之而无不及，甚至有几分像幼儿园孩童在父亲节画的"亲爱的爸爸"。作此画的人自以为画的是毛泽东，但或许其参考的照片等资料原本就严重失真，又或许此人虽有革命热情，却没有绘画禀赋。总之，唯一可以肯定的是，如果不看照片说明，没人能猜得到画的是谁；若用它来通缉毛泽东，永远也抓不到他。

说起通缉令，毛泽东的确曾被重金悬赏通缉。1935年2月，蒋介石的国民政府曾签发逮捕令，缉拿毛泽东、朱德等中共首脑，生擒者赏大洋10万元，献首级者赏大洋8万元；此外，彭德怀的赏格是大洋

8万元和5万元,周恩来则是大洋5万元和3万元。[35] 依现在来看,周恩来的赏格似乎不应低于彭德怀。可能是考虑到彭是军人,对付他更危险吧。10万元是什么概念呢?当时上海的巡警,月薪是15至20元;也就是说,假如上海某位巡警抓住了毛泽东,所得赏金相当于他五百年的收入,[36] 可以一辈子吃喝不愁。然而,如果连毛泽东的长相都不知道,一切也就无从谈起。

就在"其貌不扬"的毛泽东像出现在美国的1934年,巴黎发行的法语宣传册《今日之革命中国》(*La Chine révolutionnaire d'aujourd'hui*)

图15 《今日之革命中国》封面

(图15)中有一张更像毛泽东的照片。如书名所示,该书也是左派为宣传革命而编刊。编著者为"Van Min"和"Kang Hsin"二人,写成汉字即"王明"和"康生",都是中国共产党的重要干部。历史上的王明,曾作为留苏派的代表人物与毛泽东争夺领导权,最后落败;中华人民共和国成立后赴莫斯科疗养不归,并发表言论攻击毛泽东,因而留下恶名。康生则是中共历史上最惹人痛恨的人物。他原

---

[35] 《蒋重申前令悬赏擒斩"匪首" / 上自朱毛下至"伪政委军长" / 最低奖二万元》,《国民公报》,成都,1935年2月14日。

[36] Frederic Wakeman Jr., *Policing Shanghai, 1927-1937*, Berkeley: University of California Press, 1995, p.50. 中译本:章红等译《上海警察——1927—1937》,上海古籍出版社,2004年,第46页。

来为王明出谋划策；1937 年回国后转而支持毛泽东，受到毛的重用，在党内肃反运动中大展身手。其后一直在党内位居要职，直到 1975 年去世；但在毛泽东逝世后，康生因行为过于恶劣而受到批判，并被开除党籍。总之，康生也是个十分复杂的人物。只不过，上述对王明、康生的评价都是后来形成的，在编刊《今日之革命中国》的 1934 年，他们都是中共派驻共产国际代表团的核心成员，正在为对外宣传中国革命而呕心沥血。

《今日之革命中国》用法文出版，约 120 页，似乎是在莫斯科编辑、在巴黎印刷和发行的。或许是考虑到印成俄语在莫斯科发行，流通范围不会太广；为得到更多读者，才特意用法语印刷，并制作了精美的版面。所收介绍中国革命的文章，出自王明和康生二人之手。[37] 毛泽东和朱德的照片（图 16、17），就插在这本充满慷慨激昂的革命语言的宣传册中，但其中并未记述毛泽东和朱德的生平。

这两张照片怎样？与上述美国杂志上"其貌不扬"的画像相比，是不是真实得多？实际上这两张照片的主人，的确是如假包换的毛泽东、朱德。为了证明照片为真，我们有必要先回到宣传册的诞生地莫斯科。

---

[37] 王明的文章是 Van Min, La révolution, la guerre et l'intervention en chine et tâches du parti communiste（《中国的革命、战争、干涉及共产党的使命》）；康生的文章是 Kang Hsin, L'extension du mouvement révolutionnaire en chine non soviétique et le travail du parti communiste（《非苏维埃中国革命运动的发展和共产党的使命》）。该书另有内容相同的德文版在苏联刊行，即 Wang Ming, Kang Hsing, Das Revolutionäre China von Heute（《今日之革命中国》）, Moskau; Leningrad: Verlagsgenossenschaft ausländischer Arbeiter in der UdSSR（苏联外国工人出版社）, 1934，但德文版未收肖像。

图 16 《今日之革命中国》载毛泽东照片

图 17 《今日之革命中国》载朱德照片

2. 共产国际讣告"毛泽东病逝"

美国的《今日中国》杂志是共产党左派的杂志,其编辑、发行是拥护莫斯科的宣传活动的一部分。但王明、康生编刊的法文宣传册《今日之革命中国》,则是莫斯科的共产国际及中共代表团直接进行的宣传活动。也就是说,当时的莫斯科应该存有毛泽东的照片。

前面说过,在 1935 年时,共产国际掌握的有关毛泽东的信息十分有限。但是,信息有限,不等于无法把毛泽东宣传成中国革命的象征。缺少信息,可用其他办法弥补。极而言之,比如可以挪用其他革命家的逸闻,甚或编造也是办法之一。对于在莫斯科进行革命宣传的人而言,为加强宣传效果而在真实信息外添加所谓"革命浪漫主义"情节,不仅是允许的,而且受到鼓励。

实际上,在宣传、称赞毛泽东本人方面,共产国际对毛是有亏欠的。因为,共产国际的杂志刊载的第一篇介绍毛泽东的文章,竟然是误

第二章 肖像与真实人物——外界对毛泽东的印象　051

图 18　英文版《国际新闻通讯》载毛泽东"讣告"

报毛已病逝的讣告。事情发生在 1930 年年初。共产国际发行的报道性杂志，有一种叫《国际新闻通讯》（*International Press Correspondence*）。该杂志主要对世界各地的社会运动、革命运动进行实时报道，使用德、英、法等多种文字发行——这也是共产国际的特色之一。其 1930 年 3 月号竟载有一篇悼念毛泽东病逝的文章（图 18）。该报道开篇这样写道：

> 据中国消息：中国共产党的奠基者、中国游击队的创立者和中国红军的缔造者之一毛泽东同志，因长期患肺结核而在福建前

线逝世。[38]

文章随后简单介绍毛泽东的生平,称毛受十月革命影响而投身中国的革命运动,参加共产党的活动,称赞他为国民革命及后来在农村根据地的军事活动、建立苏维埃政权做出了重大贡献。结尾则说,"作为国际共产主义运动的一名布尔什维克,作为中国共产党的坚强战士,毛泽东同志完成了他的历史使命。中国的工农群众将永远铭记他的业绩,并将完成他未竟的事业"。国外第一次见诸报端的毛泽东传,竟然是报道他去世的"讣告"!毛泽东本人生前好像一直不知道这份"讣告"的存在。要是知道,想必大吃一惊。

这篇文章署名"Tang Shin She"(德语版署为"Von Tang Shin She")。乍看上去,像是中国人的名字,但应该是"通信社"三字的音译。是哪家"通信社",已无从稽考;但当时中国的媒体,曾不止一次报道过毛泽东等"死亡"的消息。比如,《军事杂志》第 19 期(1929 年 11 月)就曾以《福建/"共匪"毛泽东死矣》为题,报道毛已经病故。消息的来源是驻守福建的某师长向南京拍发的电报,内容为"'毛匪'泽东在龙岩病故,党代表由彭毅年继任"。的确,这一时期毛泽东的病情反反复复,中共方面有关毛需要长期疗养的通信(1929 年 8 月底)曾被侦知,日本的外务省也接到过报告。当时随毛泽东一同行动的黄琳(中共茶陵县委书记,后改名"江华")写给福建省委的信中可见

---

[38] Tang Shin She, Obituary / Comrade Mau Tze Dung, *International Press Correspondence*, March 30, 1930, p.259. 另,在毛泽东研究中最早注意到该讣告的,似为美国学者史华慈。Benjamin Schwartz, *Chinese Communism and the Rise of Mao*(《中国的共产主义运动与毛的崛起》), Cambridge: Cambridge University Press, 1951, p.136.

如下一段：

> 毛同志已带数名同志伏在山中休养。他的身体经过数年军队的艰难跋涉，弱及不胜风飘，须要长期休养。而休养时没有西药医治，真急得我们束手无策。毛同志的病该长期休养，请转报告中央。[39]

或许，正是此类消息在国内外传扬开来，经过加工演变成"病故说"。不过，仔细想来，共产国际到底是中共的上级，依常识考虑，没有得到中共的正式报告，应该不会轻率地发布讣告这类消息。"通信社"到底是怎样的组织？以什么为根据、通过怎样的渠道发布了讣告？说实话，这一切都无从知晓。但是，没有任何迹象显示《国际新闻通讯》后来曾订正或撤销这次误报，事情最后不了了之。所幸，"讣告"未附毛泽东肖像。误报就已经不光彩，如果加了黑框的毛泽东画像也出现在共产国际的杂志上，那就更要贻笑后人了。

而在中国国内，据说，坊间反复流传毛泽东、朱德等人死亡的谣言，反倒使"朱毛"更加神秘，后来竟演变成"朱毛"拥有不死之身的传说。斯诺也曾半开玩笑地写道："当我访问红色中国的时候，报

---

[39] 《黄琳给省委的书信》(1929年8月29日)，引自日本外交史料馆藏件，《当館保管共産党関係文書ニ関シ進報ノ件 機密第442号(1930年9月20日)》，档案索引号：B04013037300〔各国共産党関係雜件　中国の部　"南支国"〕。关于该信所涉毛泽东在1929年的状况，村田忠禧《1929年の毛沢東——紅四軍からの離脱と復帰をめぐって》(东京大学教养学部外国语科《外国語科研究紀要》，第34卷第5号，1987年)曾做详细分析。最早发现该信的也是村田。

上正盛传毛泽东的又一次死讯。"[40] 此类传说,已成民众茶余饭后的谈资。从某种意义上来说,这种谣言更增添了革命家的传奇色彩。

3. 毛泽东肖像的出现

共产国际误报并悼念毛泽东"病逝"四年后的1934年,也就是法国读者开始读到收有毛泽东照片的宣传册的那一年,莫斯科也有刊载毛泽东照片、肖像的几种刊物相继发行。图19、20即其中两张。不过,刊载这两幅肖像的刊物都只记录了刊行年为1934年,无从判断孰先孰后。图19收于爱伦堡编写的《苏维埃中国》(Эренбург, *Советский*

图19 《苏维埃中国》载毛泽东照片

图20 《苏维埃在中国——资料文献集》载毛泽东肖像

---

[40] Snow, *Red Star over China*, p.91;董乐山译《西行漫记(原名:红星照耀中国)》,第63页。

Китай),图20则收于《苏维埃在中国——资料文献集》(*Советы в Китае: сборник материалов и документов*)。前者是对中国苏维埃革命的历程和现状的解说,单行本,约140页;后者则如书名所示,是中国革命运动的文献资料集,近500页。

将这两张肖像与前文所示法文版《今日之革命中国》所收照片(图16)加以比较可知,这三张肖像显然来自同一源头。关键证据是人物的发型和领口处的白色。同时出现在1934年的这三幅肖像无疑是毛泽东本人的,其源头也能够确定,那就是图21所示纪念合影。

该合影摄于1927年3月,地点是武汉。照片上的人物都是国民党的干部,上方说明文字为"中国国民党第二届中央执行委员第三次全体会议开会日纪念 中华民国十六年三月十日在汉口"。用圆圈标示的就是毛泽东,放大后即图22。

图21 国民党干部纪念合影(圆圈处为毛泽东)

图 22　合影放大后之毛泽东像　　　图 23　由合影调整而来的毛泽东像

前一章介绍毛泽东生平时曾提到,他在第一次国共合作时期(1924—1927)曾是国民党的干部,而且地位不低,是国民党候补中央执行委员。所谓"候补",就是在正式委员因故出现空缺时,可以递补正式委员。因此,候补委员也能出席国民党中央执行委员会全体会议,所以才在开幕之日与其他国民党干部合影留念。这张合影中,宋庆龄(孙中山夫人,前排中央)左边是孙科(孙中山长子)、右边则是宋子文(宋庆龄胞弟),都是当时武汉政府的显要人物。

把图 22 与上述法语宣传册所收毛泽东的照片(图 16)、苏联编刊的《苏维埃中国》所收肖像做一比较可知,1934 年在国外发表的这三张肖像,都来自图 21 的武汉合影。最明显的是,图 16 中毛泽东的背后,还可看到合影中站在后方的人的左臂。这是因为用合影复制图 16 时,这部分没有清除。清除后的就是图 19,而参照图 19 绘制的,就是图 20。如果只看图 20,或许还拿不准是不是毛泽东,但将其与原照片摆在一起，就一目了然。顺带说一下，现在流传的图23所示肖像，在中国一般被解释为1927年时或国共合作时期的毛泽东；但一望便知，这也是从上述合影加工而成：剪裁背景之外，脸部轮廓和表情均做了调整。

从1927年国民党干部的合影中剪裁、加工的毛泽东照片收入苏联1934年编辑、发行的宣传刊物，意味着当时苏联留有这张合影。苏联持有国民党的照片并不奇怪，因为当时苏联是国民党的最大援助国。孙中山推动的国共合作，其方针是"联俄容共"，原本即包括与苏联积极合作；实际上，苏联曾向中国派遣为数不少的军事、政治等方面的顾问，还支援过大量的武器和资金。所以，国民党干部将在正式场合拍摄的照片送给友邦，有充分的理由。但是，国民党和苏联的友好关系，在这张合影拍摄后不久，即随着1927年7月国共分裂而宣告结束；同年底，苏方人员被查出曾参与共产党密谋发动的广州起义，直接导致两国断交。也就是说，这张合影差一点就到不了苏联。到了1934年，或许是驻莫斯科的中共代表团中有人偶然发现其中有毛泽东，于是，正在编辑中国革命宣传册的代表团成员王明、康生就把毛泽东的部分单独剪裁下来收入宣传册，后来经过再加工形成图19、20，并被收入苏联编刊的刊物。

以1927年的合影为源头的毛泽东肖像，后来被苏联的各种刊物采用。图24—28即其中一部分。其中，图24、25被用于类似上述法文版宣传册的介绍中国革命历程的刊物，[41] 图26—28则被直接用于宣传

---

[41] 图24：*Второй Съезд китайских советов*（《中华苏维埃第二次代表大会》），Москва, 1935；图25：*Национально-колониальные проблемы*（《民族及殖民地问题》），№38, 1937年6月。

毛泽东的刊物，[42]如传记、著作集等。虽然画面格调、笔触浓密各不相同，但很显然都是由同一照片派生而来。就印象而言，共产国际的机关杂志刊载的图27等显得精明强干，版画版的图26眼窝深陷、眼光犀利尖锐；而图25（1937年）则表情柔和，但稍显稚嫩。如此看来，源自同一张照片的肖像，因笔法和加工方法不同，给人的印象竟有如此差异。

值得关注的是，这些肖像，直到1937年仍然在使用。由于原照片是1927年的合影，所以，苏联读者在1937年看到的，是年轻十岁的毛泽东。而在同一年，斯诺已经在陕北见到毛泽东，结束采访并着手撰写《红星照耀中国》；其部分采访记录也于前一年即1936年11月，在《红星照耀中国》出版前先行发表在上海的英文杂志《密勒氏评论报》，并且附有毛泽东的照片（图6）。然而，这些信息似乎并未传到苏联，或者如本书第七章所述，苏联对《红星照耀中国》评价不高，于是没有使用斯诺拍摄的毛泽东近照，而是图省事，沿用了原有肖像。

此外，1935年，一度误载"其貌不扬"的素描像的美国杂志《今日中国》也把毛泽东画像换成了用上述合影加工而成的肖像（图29），而且1936年、1937年都在使用。或许该杂志也已看到苏联的刊物《国外》刊载的毛泽东画像（图26）。

就这样，1934年以后，苏联的不少刊物开始刊载毛泽东肖像——虽然已是多年前的旧照。与此同时，介绍毛泽东的生平、为人的文章，即毛的传记——已不再是误报、臆测——也开始出现。那就是附

---

[42] 图26：*За рубежом*（《国外》），№31，1934年11月；图27：*Коммунистический Интернационал*（《共产国际》），1935年12月；图28：Хамадан, *Вожди и герои китайского народа*（哈马丹《中国人民的英勇领袖》），Москва, 1936.

第二章　肖像与真实人物——外界对毛泽东的印象　059

图 24　《中华苏维埃第二次代表大会》载毛泽东肖像　　图 25　《民族及殖民地问题》载毛泽东肖像　　图 26　《国外》载毛泽东肖像

图 27　《共产国际》载毛泽东肖像　　图 28　哈马丹《中国人民的英勇领袖》所附毛泽东肖像　　图 29　1935 年《今日中国》载毛泽东肖像

有图 26 的传记文章《毛泽东——略传》。该文此前几乎不受关注，但却是出自外国人之手的第一篇毛传，对于探讨当时苏联如何认识毛泽东具有极大参考价值。下一节将就此进行考察。

4. 俄国人爱伦堡眼中的毛泽东——国外第一篇毛泽东传记

如果说，中国国内最早发表的毛泽东传记（介绍其生平的文章）是第一章提到的《共党主席——毛泽东》（1932 年 7 月），国外最早发表的毛传，就是苏联的国际时事杂志《国外》（*За рубежом*）第 31 期（1934 年 11 月）刊载的《毛泽东——略传》（Мао Цзе-дун—Очерк）。在此之前，苏联报纸《真理报》及共产国际机关杂志等报道中国革命时虽然也常提到毛泽东，但记述、介绍毛泽东生平的专文登上杂志，尚属首次。《国外》是专门介绍和评论各种外国时事问题的杂志。该文作者是俄国的中国问题专家爱伦堡（Георгий Борисович Эренбург, 1902—1967，图 30）。他曾于 20 世纪 20 年代中期访华，后来成为苏联著名的中国近现代史学者。[43] 他在 20 世纪 20 年代中期的访华，极有可能与国民革命时期来华的众多苏联人一样，是为了支援中国革命。

图 30　爱伦堡

---

[43] 关于爱伦堡的生平，请参阅 М. Ф. Юрьев, А. В. Панцов, «Учитель Китаеведов Г. Б. Эренбург (1902-1967)», *Словооб Учителях—Московские востоковеды 30-60-х годов*（尤里耶夫、潘佐夫《中国学之师　爱伦堡（1902—1967）》，收于《师的语言：莫斯科的东方学者们　1930—1960 年代》），Москва, 1988。同样以《毛泽东传》闻名于世的潘佐夫教授是爱伦堡的外孙。潘佐夫在其《毛泽东传》(中译版：中国人民大学出版社，2015 年；俄文版：А. В. Панцов, *Мао Цзэдун*, Москва, 2012；英文版：A. V. Pantsov with S. I. Levine, *Mao: the Real Story*, New York: Simon & Schuster, 2012）中曾提到爱伦堡的毛传。遗憾的是，他引用的并非完整原文。

爱伦堡的这篇毛传很短，只有1页半，但却是非常宝贵的资料，十分有助于了解当时苏联如何认识和评价毛泽东、探究后来流传开来的毛泽东形象的原型。该文此前几乎不为人知，故笔者将全文译成中文，附于本书末尾，有兴趣的读者，不妨一读。[44]其版面（图31）右上角可见毛泽东肖像，即上文曾略做介绍的那幅版画；原稿是上述1927年国民党干部的合影，作者是苏联女版画家克里茨卡娅（А. М. Критская, 1898—1984）。其下"毛泽东同志"五个汉字形态自然流丽，应出自某位中国人，而非版画家本人之手。

实则，同年爱伦堡还曾编纂过介绍中国革命运动的《苏维埃中国》（详见上文第54、55页），并由苏联共产党系统的出版社刊行；而爱伦堡在此前后写成的另一篇有关中国的文章，就是这篇毛传。那么，这篇短小的毛传是怎样描述毛泽东的？

首先，该传通篇以肯定的语气把毛泽东描述为中国农民革命运动的杰出领袖。文中称："这一时期〔北伐时期〕，毛泽东是湖南与湖北农民运动的领袖"，"毛泽东在农民中间。他与农民一起站在斗争的中心"，明确说毛泽东是亲身参加农民运动、和农民在一起战斗的优秀革命家。值得关注的是，文中还引用了毛泽东发表于1927年的《湖南农民运动考察报告》，就是毛肯定农民革命"过火"现象的下列名句：

> 革命不是请客吃饭，不是做文章，不是绘画绣花，不能那样雅致，那样从容不迫，文质彬彬，那样温良恭俭让。

---

[44] 原载石川祯浩编译《苏联〈国外〉杂志刊登的毛泽东略传》，《中共党史研究》，2013年第12期。

图31 《国外》第31期载《毛泽东——略传》

接下来的"革命是暴动,是一个阶级推翻一个阶级的暴烈的行动",传记则没有引用;可能是觉得"不是请客吃饭……"一句已足以令读者对毛有关革命的思路、态度有强烈印象。引用最有毛泽东特色的文章、段落来介绍他的特点,爱伦堡对中国问题的了解之深于此可见一斑。不过,苏联介绍《考察报告》,爱伦堡此文并非首次。《考察报告》在中国发表后不久,共产国际的机关杂志《共产国际》的各种语言版本即曾予以刊载。俄语版是1927年5月号,标题为《湖南的农民运动》。这也是毛泽东的著作首次被介绍到国外。

不过,《共产国际》刊载的这篇文章没有署名,读者并不知道作者是谁。观诸该文翻译、发表的1927年5月,当时共产国际不满于陈独秀等中共领导人试图纠正农民运动中的"过火"问题,加强了批判,并指示要立即实行土地革命。在这种情况下,毛泽东的报告被翻译、发表,显然反映了共产国际欲利用这篇报告明确表示:中国的农民运动正如火如荼,第一线中共党员的报告不也持肯定态度吗?而现在的中共中央竟然在拼命阻挠运动,这样的中央领导必须罢免!

译载报告的目的如此,自然就没有必要注明报告作者的名字。也就是说,莫斯科在1927年所需要的,是对农民运动"过火"行为表示肯定的中共一线党员的态度,而不是毛泽东的声音。实际上,当时还是共产国际领导人的布哈林曾提到毛泽东的这篇报告。他说:"一些同志或许读过那篇报告,我们的鼓动家在这篇报告中记述了他的湖南省之行。报告写得极为出色,很有意思,而且反映了生活。"[45]不过,当

---

[45] 《共产国际执行委员会第八次全会 布哈林的报告〈中国问题〉》(1927年5月),中国社会科学院近代史研究所翻译室编译《共产国际有关中国革命的文献资料》,第3辑(1921—1936年[补编]),中国社会科学出版社,1990年,第148页。

时的布哈林等共产国际领导人恐怕不会想到，湖南的这位"鼓动家"日后将成为中国革命的伟大领袖而名震全世界。

但这篇报告在七年后再次被引用时，已经不是为了让人知道某位"鼓动家"，而是为了介绍毛泽东其人。中国问题专家爱伦堡查明《湖南的农民运动》这篇匿名报告原来出自毛泽东之手，于是引用到自己写的毛传中。但在引用时，爱伦堡似乎并未使用《共产国际》刊载的译文，而是比对了中文原文。因为，在《共产国际》所载译文中被省略、删除的某些语句，在《毛泽东——略传》中仍有引用。[46]

对介绍毛泽东而言，引用多年前的中文原文，应该说是恰当的选择；而考虑到爱伦堡还描绘了毛泽东活跃于农村革命一线的形象，他对作为农村革命领袖的毛泽东的评价，无疑是很高的。而从当时苏联的意识形态和宣传部门的构造看，这种评价和认识应该不单纯是爱伦堡个人的见解，而是反映了更高层组织的态度。提到毛泽东，人们都认为他一直受到共产国际及苏联的冷遇和排斥，莫斯科从未把土生土长的革命家毛泽东当作自己人；但是，起码从爱伦堡的毛传来看，此类评说是不正确的。更接近事实的看法或许是，当时的莫斯科对毛泽东作为革命家所拥有的素质和能力，是颇有好感的。

5. 手拿雨伞的革命家

爱伦堡所描述的毛泽东好像疾病缠身。毛看上去是个"农民风貌的瘦高个年轻人"，但在开辟和建立农村根据地的过程中，身体似乎一

---

[46] 更准确地说，共产国际的其他杂志也曾译载毛泽东的《湖南农民运动考察报告》。如《革命的东方》(*Революционный Восток*) 1927 年第 2 期即载有更准确的全译，且署名为毛泽东。因此，爱伦堡可能读过这些译文，也许这些译文就出自爱伦堡之手。

直不好；略传称"尽管健康状况不佳，毛泽东依然是前敌委员会的领导"。从斯诺所拍摄的照片（图5）看，毛的确像个乡下庄稼汉；和晚年不同，当时正值青壮年的毛泽东确实身材瘦削，个头也超出一般中国男性。

略传里的毛泽东也疾病缠身，值得关注。读过本章第二节的读者或许还记得，共产国际的杂志曾误发讣告，称他"因长期患肺结核而在福建前线逝世"。看来，同样的先入之见，爱伦堡也未能幸免。

除此之外，该略传还有几个地方令人心生好奇，比如文中数次描述毛泽东"手持雨伞"，在这篇简短的略传中竟有三处，结尾处仍写道："苏维埃中国的这位领袖，是穿着中国农民的服装，手持大油纸伞的革命家"；可见这一形象在爱伦堡心目中是如何鲜明而强烈。那么，青年毛泽东为什么要手拿"油纸伞"呢？

实际上，年纪较大的中国人听到"毛泽东"拿着"雨伞"，恐怕不会对此形象感到奇怪。因为这会让他们想起昔日令人怀念的一幅名画，那就是图32所示油画《毛主席去安源》，画里的毛泽东腋下就夹着一把雨伞。这是怎么回事？让我们从这幅油画说起。

《毛主席去安源》是中国画家刘春华于1967年创作的油画。当时正值"文化大革命"，艺术家们创作了许多歌颂毛泽东的作品。这幅油画受到的评价最高，据称单张彩印达9亿多张，全国各地随处可见；中国人民平均每人一张，不仅是中国历史上，也是世界历史上印制最多的作品。[47] 作品和画家的故事（作品受到国家领导人称赞而被革命

---

[47] 黄式国、黄爱国《〈毛主席去安源〉的幕后风波与历史真实》，《南方周末》，2006年4月20日；刘春华《也谈〈毛主席去安源〉的幕后风波与历史真实》，《南方周末》，2006年7月27日。

066 —— "红星"——世界是如何知道毛泽东的？

图 32 《毛主席去安源》

博物馆收藏;"文化大革命"结束后,画家从博物馆取回作品,后委托拍卖,引发所有权之争,并诉至法院)很复杂,此处仅略述其创作过程。

该作品描绘的是青年毛泽东于 1921 年前往江西省安源矿区领导工人运动的情景。关于画中的青年毛泽东为何拿着雨伞,画家曾做如下说明:画家为创作曾采访安源的老矿工,询问毛泽东当时的容貌和衣着。有几位老人说:"〔毛主席当年〕背着一把破雨伞,穿着一身旧蓝布衣服",所以就把雨伞画了进去。后来画家听说毛泽东本人看到作品后也说:"神气还像我。只是这衣服太好了,我那时没有这么好的大衫,都是旧的,没有这个好。……伞也对,时常下雨,出门总带把伞。"[48] 当然,安源的老矿工、画家和毛泽东,都不知道曾有个名叫爱伦堡的俄国人写过毛泽东传记,也不知道传记中的毛泽东也拿着一把雨伞。

爱伦堡又怎么知道毛泽东"出门总带把伞"? 1934 年的爱伦堡应该没有见过毛泽东,更不可能知道安源老矿工的回忆和《毛主席去安源》这部作品。那么,他们的描述、描绘为什么却如此一致呢?答案或许就在毛泽东看到作品时追忆往事的那句话中,即"时常下雨,出门总带把伞"。随身带伞或许是当时中国人的习惯,至少在外国人的印象中是如此。一个典型例证就是,中国军队的士兵行军时也背着雨伞。

请看图 33a 和图 33b。图 33a 是一张摄于 20 世纪 20 年代末或 30 年代初的照片,画面上是正在行军的中国士兵,军装显示他们应该是国民革命军即国民党军队的一支部队,每人都背着一把雨伞。图 33b

---

[48] 前引刘春华《也谈〈毛主席去安源〉的幕后风波与历史真实》。

图 33a 身背雨伞行军的中国士兵

图 33b 红军士兵集体合唱

则是行军中的红军士兵集体合唱、提高士气的场面,这是斯诺1936年在陕北采访时的照片。画面前景有一位战士背着雨伞。一手打伞,另一只手怎么使用武器?打起了伞,还不成了敌人的靶子?小孩子郊游带伞还说得过去,枪林弹雨中冲锋陷阵的战士难道还怕淋雨吗?这一形象因此招致外国人的嘲笑,被当成中国军队松弛懈怠、战斗力低下的证明,甚至成了中国国家体制乃至中国人禀性的象征。

携带雨伞的中国军队,早在甲午战争前就有人看到过。日本明治时期的政治家小室信介在其中国游记(《第一游清记》,1885年)中曾写道:"雨中士兵似各插雨伞行军,至其他举动,亦有令人不禁捧腹大笑者。"到了抗日战争时期,仍有人说,中国兵即使正打着仗,下起雨来也会忙不迭地去打伞;日本士兵从中国战场带回的战利品中,青龙刀和雨伞并不罕见。

苏联的中国问题专家似乎也相信了这种说法或曰传闻,即中国人出门时一定带着伞。或许,爱伦堡20世纪20年代中期访华时,也曾看到过国民革命军如上述照片那样背着雨伞行军的情景。总之,中国人随身带伞的形象,被爱伦堡摹写到了毛泽东身上;即使他介绍的是其他中国人,可能也会让他拿上一把雨伞。这与从前日本人都被描述成胸前挂着照相机,本质上是一样的。

关于毛泽东和雨伞,还有一段有趣的逸闻。在成为中华人民共和国的开国领袖之后,毛泽东于1970年12月接受采访时,曾称自己是"和尚打伞";而采访他的不是别人,正是首次向全世界介绍毛泽东的斯诺。斯诺在该年实现了他最后一次访华,毛泽东接见了他。"和尚打伞",就是毛和老朋友长谈时所做的自我评价。当时,人们难得听到宛如神灵般的毛泽东谈论自己,斯诺将其稍做加工后,在美国的《生活》

(*Life*）画报上做了如下介绍，即"他说，他不过是一个带着把破伞漫步在世间的孤僧"。《生活》画报（1971年4月30日）原文中的毛泽东是第三人称，如果将其改成第一人称，毛的话应该是这样的：

I am only a lone monk walking the world with a leaky umbrella.

把自己比作僧人，也许多少有些神秘，让人印象深刻，所以《生活》画报也引用了"a lone monk with a leaky umbrella"（一个带着把破伞的孤僧）作为小标题。毛泽东对老朋友说的这句话在国外被报道后，人们纷纷加以猜测、解释。有人说，"他作为领袖说出了自己的孤独，即无人理解自己发动'文革'的意图"；也有人说，"他享受着狂热的崇拜，却在以深邃的哲学思考审视着孤高的自己"；等等。毛泽东于1976年逝世后，仍有日本的全国大报刊发短评，称"晚年的〔毛泽东〕主席曾对斯诺说'自己不过是一个带着把破伞漫步在世间的孤僧'；对于了解这位举世无双的革命家的内心世界，这句话令人印象深刻"。[49]

中国读者都明白，这些解读都是误解，毛泽东根本不是那个意思。"和尚打伞"是中国人都知道的"歇后语"，后面还有半句"无发（法）无天"。毛说这句话，是要表达自己天性不受拘束、随心所欲；但斯诺却没有听懂最重要的言外之意。媒体只报道了此句的英译，并做出种种离谱的解读。

"和尚打伞"的误读，反映了不同文化背景的翻译工作有多么困难。不过，问题是否出在翻译身上？后文将提到，斯诺并不怎么会说

---

[49]《天声人语》，《朝日新闻》，1976年9月11日。

中文;所以,或许是听译员说"我是打伞的僧人",而后按照自己的理解译成英文的。又或者,译员的知识、素养不足以传达歇后语的言外之意?

实际上,二人12月18日在中南海进行的长达五个小时的谈话,中英文都有记录留存(英文翻译和记录是唐闻生,中文记录是王海容)。从记录可知,唐翻译时是先直译,然后再做解释和补充;而且,会谈后,斯诺应该拿到了经唐整理过的英文谈话记录。[50] 这样看来,问题不在翻译,还是出在斯诺身上。也就是说,这句颇费揣测的"谜译",很可能是出于某种理由而做的"润色""加工"。

"谜译"也好,"润色""加工"也罢,那时的斯诺为什么要那样理解和解释呢?关于这一点,此前有过各种解释,如翻译与斯诺知识缺乏和误解叠加的结果等。不过,如果把上述油画《毛主席去安源》考虑在内,也就可以做出如下解释,即斯诺访华时,所到之处都悬挂、张贴着这幅画;斯诺在屡屡看到青年毛泽东手拿雨伞行走在荒野上的画面后,再听到"和尚打伞",脑海里一下子浮现出毛泽东"带着把破伞漫步在世间"的形象。这个解释能否为学术界接受,笔者不敢断言;但毛泽东的确和雨伞有不解之缘。

---

[50] 熊向晖《毛泽东是否说过"我就像一个手执雨伞云游四方的孤僧"?》,《党的文献》,1994年第5期。

第三章　国际共产主义运动舞台上不见身影的著名革命家

1. 王明对毛泽东的扶助——第一部毛泽东著作集的出版

毛泽东的肖像相继出现在苏联的刊物——包括爱伦堡的毛传——是在 1934 年。如上所述，这些肖像的源头，毫无例外都是 1927 年拍摄于武汉的合影照片。而与爱伦堡的传记有关且值得关注的，是附有同样肖像（图 26、29），也于同年在莫斯科刊行的两种中文宣传册，其名称分别是《只有苏维埃能够救中国》《经济建设与查田运动》，均由"苏联外国工人出版社"出版。该出版社，如其名称所示，是专为居住在苏联的各国劳动者即各国共产党、工人团体出版刊物的出版社，也出版上述宣传册这样的中文刊物。这两本宣传册所以珍贵，除附有毛泽东肖像外，更因为它们是首次以单行本形式出版的毛泽东著作集。

这两本宣传册问世的 1934 年，莫斯科且不论，在距其万里之遥的中国农村，中国共产党正在竭力保卫根据地，处于危急存亡的关头。国民党从前一年秋天起对赣南根据地展开"围剿"，此时正步步进逼。

1934年1月,第二次中华苏维埃全国代表大会在与国民党大军激战正酣的情况下勉强召开;但就在两个月后,瑞金北方约百公里的最后要冲(广昌)被攻陷,保卫根据地已没有希望,中国共产党秋天决定放弃根据地。该时期的毛泽东时运不济,被留苏派等党内对手斥为"自以为是",并被剥夺了党政一线领导岗位。中华苏维埃第二次代表大会选举政府首脑时,毛虽连任象征性的政府主席,但却没有当选拥有实权的人民委员会主席。当然,选举是按中国共产党事先拟定的名单进行的。

对毛泽东受到冷遇的情况,莫斯科的中共代表团(王明等)似乎未能马上充分掌握。中华苏维埃的大会和政府人事安排,中共中央是不能独自决定的,而须事先通知共产国际及中共驻共产国际代表团,并得到其允可才能确定。但在1934年1月的第二次大会上,或部分由于通信不畅等原因,毛泽东的对手们(秦邦宪、张闻天等)未经通知莫斯科就剥夺了毛的几项职务。而莫斯科的王明等人得知选举详情,已经是半年之后的同年9月。王明等人感到颜面尽失,致函秦邦宪等表示"很不满意"。[51]"不满意"的理由,最主要的当然是莫斯科(共产国际)的权威受到了蔑视,但还不止于此。实际上,在选举以前,王明等人已经开始对外宣传中国的苏维埃革命运动,而其确定的革命运动象征就是毛泽东。这就是上述附有毛泽东肖像的两本中文宣传册

---

[51] 例如,王明在1934年8月初写给中共中央政治局的信中曾这样批评道:"关于选举名单,我们还没有得到。……此地同志都感觉到关于苏维埃政府的选举和改组这类重大问题,事先没有能够通知此地,作意见的交换,事后许久不能得到确切的消息,不能不是工作当中一个大的缺陷。"《王明、康生致中央政治局诸同志的信》(1934年8月3日),引自杨奎松《民国人物过眼录》,广东人民出版社,2009年,第257—258页。

图 34 《只有苏维埃能够救中国》封面

于 1934 年夏在莫斯科出版的背景之一。

《只有苏维埃能够救中国》（共 112 页，图 34）是瑞金举行的中华苏维埃第二次代表大会报告资料集，收入大会日程及报告。这次大会的开会情形和相关资料已刊于中国共产党在当地编刊的机关杂志《斗争》（第 66 期），莫斯科出版的该宣传册系将其重新编辑而成。如前所述，毛泽东在这次大会上未能当选人民委员会主席，但作为上一届政府主席和人民委员会主席，他做了政治报告。因此，这本宣传册形式上是大会报告集，实际上却是毛泽东的讲演集。

包括中途休息在内，毛泽东在大会上连续做了两天报告。中华苏维埃形式上是"国家"，毛的报告相当于现在外国的国家元首在国会上口头发表施政演说；不过，连续讲两天，情形自然不同。这项工作虽然听起来十分辛苦，但当时各国共产党无不热衷于开会，其领导人也擅长演讲，在会上口若悬河两三小时并不算什么。至于毛泽东，连续两天做一个报告也不止这一次。没有这点服众的精力，是当不了领导人的。

另一本宣传册《经济建设与查田运动》（共 45 页），与《只有苏维埃能够救中国》几乎同时出版。其序言称，该书是辑录中国的共产党机关杂志《红旗》所载毛泽东的三篇文章而成。这三篇文章[52]发表时都有毛泽东署名，因此这本宣传册也就标为"毛泽东著"。世间以"毛泽东著"之名流传的著作集不可胜数，但把数篇文章合为一册的，这本小册子是世界上最早的一本，因稀见而极具收藏价值。从前的"红色文献"现在已成为投机者竞相追捧的"文物"；就毛泽东早期的著作集而言，1949年以前共产党在其支配地区编刊的各种旧版《毛泽东选集》十分引人关注，在文物拍买市场上有时价值连城。但这本著作集，虽说是中文版，但却是在莫斯科出版，作为最早的毛泽东著作集却几乎被人遗忘。

出版于莫斯科的这两本宣传册附有毛泽东的版画肖像（图26、图29），但却没有著者介绍，即毛的传记文字。如前所述，最早的毛传，还有待数月后由爱伦堡来完成。为编刊这两本宣传册而煞费苦心的是王明。曾多少涉猎中国共产党史的人，或许对此都会感到意外。因为，这个王明，就是那位后来被批判为借助共产国际的权威百般压制毛泽东的人。上文解释共产国际和中共的关系时，曾提到不懂中国国情却滥用共产国际的权威、行事专断的留苏派年轻人，其代表人物就是王明。

但是，这个时期的王明却是毛泽东的支持者。中华苏维埃第二次代表大会闭幕后约半年才收到大会文件的王明，于1934年8月致函中共中央，其中说道：

---

[52]《粉碎第六次"围剿"与苏维埃经济建设任务》，《红旗》，第62期，1933年11月；《查田运动是广大区域内的中心重要任务》，《红旗》，第59期，1933年8月；《查田运动的初步总结》，《红旗》，第61期，1933年10月。

> 毛泽东同志的报告和结论，除了个别地方有和五中全会决议同样的措词的缺点外，是一个很有意义的历史文件！我们与国际的同志都一致认为，这个报告明显地反映出中国苏维埃的成绩和中国共产党的进步。同时认为，这个报告的内容也充分反映出毛泽东同志在中国苏维埃运动中丰富的经验。[53]

王明还宣称，将把该报告译成数国语言，编辑成册刊行。一个月后，王明又致信中共中央，说道：

> 毛泽东同志的报告，中文的已经出版，绸制封面金字标题道林纸，非常美观，任何中国的书局，没有这样的美观的书，与这报告同时出版的是搜集了毛泽东同志三篇文章（我们这里只有他三篇文章）出了一个小小的文集，题名为经济建设与查田运动，装潢与报告是一样的。这些书籍，对于宣传中国苏维埃运动，有极大的作用。[54]

王明的得意神情，跃然纸上。这两封信明确显示，1934年问世的附有毛泽东肖像的这两本宣传册，就是在王明授意、安排下出版的。我们由此想到，上文介绍的附有毛泽东肖像的法文版宣传册，也是在王明等人主导下、同样于1934年刊行。在王明看来，毛泽东是中国苏维埃

---

[53] 前引《王明、康生致中央政治局诸同志的信》（1934年8月3日）。
[54] 《康生和王明给中共中央政治局的第4号信》（1934年9月16日），收于中共中央党史研究室第一研究部译《共产国际、联共（布）与中国革命档案资料丛书》（14），中共党史出版社，2007年，第249页。

革命光彩四射的明星。

当然，王明也有自己的打算。毛泽东作为中国革命领导人在第一线所取得的成绩，对王明在共产国际开展工作也是无可替代的政治资本。毛在遥远的中国工作越出色，身在莫斯科的王明也就越能借他的旗号加强其在共产国际的影响；所以，为毛泽东出版两本装帧美观的著作集是值得的。可是，著作集出版后，远在中国的中国共产党中央传来了报告，也就是未经事先协商就决定了结果的上述选举报告（不再选毛任人民委员会主席）。已经着手宣传毛泽东的王明下不了台，表示"很不满意"，也在情理之中。

顺带说一下，王明长期驻莫斯科，在此之前应该未曾与毛泽东谋面；所以，在看到宣传册中毛泽东的肖像，亦即其约七年前的容貌时，或许想象过这到底是怎样的人物。那时的王明当然不会知道，数年后，他将围绕党的领导权与毛泽东展开激烈对决。但必须确认的是，在20世纪30年代前半期，尤其是莫斯科开始认识到毛泽东的作用和影响的1934年前后，王明对毛的评价是相当高的，认为他是中国革命经验丰富的领导人；进而言之，在国际共产主义运动的舞台上积极扶持毛泽东、将其塑造为中国革命明星的，不是别人，正是王明。借用现在的说法，此时的毛泽东和王明是一种"双赢"关系。

王明支持出版的值得纪念的第一部毛泽东著作集，装帧、印刷之精美似乎难得一见，但身在中国瑞金的毛泽东却没有看到。该书在莫斯科出版后不久，中国共产党和红军就放弃瑞金，开始了长征。或许样书离开了莫斯科，但收件人已经不在原住址。

2. 哈马丹的毛泽东传

1934年秋，毛泽东随长征部队离开赣南根据地，踏上了著名的"两万五千里长征"的征程。中国人都知道，长征历经艰难坎坷，出发时八万六千余人，中途因战斗和疾病而死伤，以及掉队、逃跑等大幅减员，抵达陕北时仅余不足万人。

长征途中，中共中央基本上无法与莫斯科取得通信联系。在赣南拥有"国家"时，还可以通过信号不太稳定的无线电与莫斯科或共产国际在上海的派驻机关相互联系；但在不断受敌追击的长征途中，无法搬运笨重的无线电发射机，变更密码也十分困难，不久后就与莫斯科失去了联系。[55]其结果，中国共产党自然难以遵守共产国际的指示，被迫自己做出判断和决定。只不过，从另一角度看，正因为在长征途中与共产国际失去联络而不得不独立下判断，从而积累了丰富经验、展现了独自战胜逆境的能力，中国共产党才得以最终摆脱莫斯科的干涉而获得自立。如此看来，中国共产党和共产国际的关系，或可以长征为界，划分为前后两个时期。

中国共产党在长征途中获得自立的例证之一，就是中共中央于1935年1月在贵州省遵义召开政治局扩大会议——"遵义会议"——并对党的最高领导机构进行改组。毛泽东在这次扩大会议上发言，就红军前期的失败和放弃中央根据地严厉追究领导集体的责任。同时，毛得以重返一线领导岗位。众所周知，遵义会议及其后长征局面的改变，是毛泽东后来的政治生涯，尤其是成为党的领袖的重要转折点。

---

[55] 王新生《红军长征前后中共中央与共产国际的电讯联系考述》，《党的文献》，2010年第2期。

不过，当时在长征途中的中国共产党和毛泽东本人，都无暇顾及对外宣传工作。对外介绍、塑造毛泽东和中国共产党的形象，仍然需要，甚至更加需要依靠莫斯科。

就在长征途中的中国共产党日日行军、天天打仗的1935年夏，共产国际的世界大会（第七次大会）在莫斯科召开，而翌年即1936年则是中国共产党建党十五年周年。共产国际大会也好，建党纪念活动也罢，其准备工作原需举全党之力；但是，国内的党中央正身陷困境、无暇他顾，结果全部由莫斯科的中共代表团代为组织和主持。比如，号召中国的所有力量团结抗日的著名的《八一宣言》（1935年），虽然是以中国共产党中央的名义发出，但现在已经清楚，实际起草、发表该宣言的，是驻莫斯科的王明等中共代表团。

对毛泽东的宣传也是建党十五周年纪念活动的一环，在无法与中共中央取得联系的情况下，具体活动由莫斯科的共产国际和中共代表团负责实施。为此重新撰写的，就是附有图27所示肖像的毛泽东评传《毛泽东——中国劳动人民的领袖》。

该评传自1935年年底起至翌年年初在《共产国际》——本书已反复提及的共产国际最具权威的机关杂志——的各种语言版上相继刊载。[56]

---

[56] 俄文版：X., «Мао Цзэ дун – вождь китайского трудового народа», *Коммунистический Интернационал*, № 33–34, 1935, стр. 83–88；德文版：H., Mao Tse-dun—der Führer des werktätigen chinesischen Volkes, *Kommunistische Internationale*, 1936, Jg. 17, S.79–85； 英文版：Ch., Mao Tse-tung—Leader of the Toiling People of China, *Communist International*, 1936, Vol.12, pp.193–200；中文版：何《中国人民底领袖毛泽东》，《共产国际》中文版，1936年第1、2期合刊，第140—148页。俄文本的中文翻译，收于苏扬编《中国出了个毛泽东》（解放军出版社，1991年，第383—391页），题为《1935年赫在〈共产国际〉杂志介绍毛泽东》。

各版作者署名各不相同，分别为 H（德文版）、X（俄文版）、Ch（英文版）、何（中文版），但准确姓氏是哈马丹（А. Хамадан, 1908—1943）。哈马丹是犹太裔俄国人，当时是苏联的日报《真理报》国际部的记者，此前曾在中亚工作，据说也曾在苏联驻哈尔滨领事馆任情报处处长。可见他对亚洲问题也比较熟悉。但他后来在第二次世界大战中作为从军记者采访时，在克里米亚半岛的塞瓦斯托波尔被捕，后被杀害。[57]

哈马丹毛传中使用的肖像，就是 1927 年摄于武汉的合影，读者对此已不陌生。在源自该合影的一系列照片、版画、素描中，无论笔触之浓密还是毛泽东的风采，这幅肖像应该都是最为出色的；因此，除了底本略显陈旧外，使用该像作为评传插图，可谓无可挑剔。只不过，这幅肖像只用在德、俄文版上，英文版和中文版则未收肖像。这难免让人感到遗憾，但也可见德语和俄语在共产国际的特殊地位。

该评传的内容，各语言版本基本相同。[58] 篇幅约 6 页，比前章探讨的爱伦堡毛传长得多，是比较正式的传记。几乎在同一时期，哈马丹还曾投稿《真理报》介绍毛泽东[59]（1935 年 12 月 13 日，未

---

[57] А. В. Панцов, *Мао Цзэдун*, Москва, 2012, стр. 414. 中译本：潘佐夫著，卿文辉等译《毛泽东传》上，中国人民大学出版社，2015 年，第 386 页。

[58] 其区别在于，被俘红军士兵供述毛泽东为人的部分，中文版引自"英文《南华晨报》"，即 *South China Morning Post*，但英、俄文版则称引自《大公报》(*Da-wen-bao, Daven Bao, Ta-Kum-Pao*)。另，经查阅，*South China Morning Post* 和《大公报》均不见此类报道。

[59] Ал. Хамадан, «Вождь китайского народа – Мао Цзе-дун», *Правда*, 1935. 13 декабря. 中译本：《苏联〈真理报〉有关中国革命的文献资料选辑》，第 2 辑，四川省社会科学出版社，1986 年，第 532—537 页。

附肖像）；其标题是《中国人民的领袖——毛泽东》，篇幅比《共产国际》载文要短，但大意相同，可以视作其摘要。哈马丹的这两篇毛泽东传记，因为都登在社会主义苏联的代表性报刊上，很长一个时期内曾被视为国外发表的最早的毛传。但是我们已经知道，爱伦堡早在约一年前就曾发表过毛传。既然如此，当然需要就二者加以比较。

首先值得注意的是，爱伦堡和哈马丹有关毛泽东的记述——包括错误记述在内——有不少共同之处，如身体特征（瘦高个儿、体弱多病）、曾在长沙发行杂志（《新湖南》）、曾在北京被捕（误传）、与农民运动的关系（1927年发表《湖南农民革命》，应为《湖南农民运动考察报告》）等记述，二者完全一致。引自《湖南农民运动考察报告》的语句也相同。关于中国国内情况及中国革命运动，哈马丹似乎并没有特殊的知识来源或信息渠道，其毛传显然参照、抄录了爱伦堡的文章。也就是说，哈马丹参考爱伦堡文写了简短的介绍文字，发表在《真理报》，又写了稍详细些的评传投给《共产国际》。

一般而言，后来者参考已有文章为同一人物撰写传记时，要比旧传更详细，至少看起来更真实。同一题材的神话、传说，时代越近就越详细，这在神话学领域叫作累积说；哈马丹的评传也是如此。爱伦堡发表其毛传后，并无新的特别信息从中国传到莫斯科；前文介绍的1935年11月为共产国际最高领导人填写的毛泽东的履历书满纸空白，就是最好的证据。但在其间举行的共产国际第七次大会上，毛泽东一跃而与世界著名革命家齐名，在被读到名字时，全场竟报以雷鸣般的掌声。对这位已经登上共产国际大会这一世界舞台而仍然不见其人的中国革命家，哈马丹有必要按照苏联的社会主义观，在爱伦堡毛传基础上进一步扩充，以将其塑造为理想革命家的形象。

哈马丹的两种毛传，本书无暇全文介绍；此处只观察哈马丹为塑造理想形象而增添的两三处文字，即捏造得似乎"确有其事"的部分。首先，哈马丹强调了毛泽东出身贫农，且家境极端贫困。而实际上，毛泽东的父亲虽然年轻时曾是佃户，但后来辛勤劳作，小有积蓄，逐渐增加田产而成为富农，土地的相当部分租给别人耕种。如前所述，共产国际填制的毛泽东的履历书也因此将其出身阶级归作"小地主"。哈马丹的评传尽管与该履历书成于同一时期，但却谎称毛泽东出身贫农。或许他认为，中国农村革命的领袖不出身贫农说不过去。

其次，了解中国共产党史的人，读了该传记的开头部分，恐怕难免失笑。开篇描写的是毛泽东也曾出席的中共第一次全国代表大会开会的情景。关于1921年在上海举行的这次大会，爱伦堡几乎是一带而过，但哈马丹的记述却十分详细、生动，好像他就在会场。在他的记述中，数十名工人和农民甚至苦力也来到会场，对毛泽东的发言激动不已；而当时党的最高领导人陈独秀，在毛发言后紧紧握住他的手，表面上大加赞颂，背后却投去冷冰冰的目光。

关于这段描述，毛泽东曾出席"一大"确属事实，但出席大会的13名代表全部是知识分子，没有一人是工人、农民。陈独秀也确实是建党工作的组织者、党的最高领导人，但因广州公务而未能出席大会。哈马丹要添加某些"真事"，于是就按苏联式价值观，让工农大众也来参加会议，同时把后来才被指为违反共产国际指示、因而被剥夺党的最高领导职务的陈独秀，描绘成此时就已异常阴险。

再有，与爱伦堡基本一样，哈马丹也称毛泽东体弱多病，但却补充了理由。即毛泽东生于贫农家庭，从小就像牛马那样被地主、商人驱使，因而严重损害了健康。也就是说，毛泽东因家境贫寒、受有钱人压迫，所以心中燃起了对不合理社会的愤怒和对阶级敌人的仇恨，后来受俄国革命影响而参加了革命运动。这是俄国式革命家故事的标准叙述方式。

如此看来，把哈马丹的评传当作苏联粉饰型剧本之一，也不失其意义。不过，不可否认的是，捏造这种粉饰性的情节、身世，反倒冲淡了毛泽东本来具有的魅力。在哈马丹的评传中，爱伦堡反复强调的拿着"雨伞"的革命家形象已不见踪影，毛泽东手里拿的不再是"雨伞"，而是笔记本和一支铅笔头，以便在党的会议上随时记录别人的观点，以及农民和工人的心声。哈马丹笔下的毛泽东，不过是一位一丝不苟但却索然无味的好学生。

哈马丹1935年年底发表的评传，原文收入翌年夏天刊行的中国共产党领导人传记集。该集的出版，是中共创立十五周年纪念活动的一环。收入该集的有毛泽东传、朱德传、方志敏传。其中方志敏虽然知名度不及毛、朱，但也是共产党的高级干部，不久前被国民党逮捕、杀害。该集于1936年出版俄文版（《中国人民的英勇领袖》）[60]和德文版（《中国人民的三位英雄》）[61]，其中俄文版附有毛泽东等三人的肖像（图28）。但奇怪的是，没有迹象显示该集曾出版中文版。同样

---

[60] Хамадан, *Вожди и герои китайского народа*, Москва, 1936.

[61] *Drei Helden des chinesischen Volkes*, introduction by P. Mif, Moskau, 1936.

是在 1936 年，另有传记集《烈士传》[62]在莫斯科出版，收入在革命运动中牺牲的 25 名中共党员的传记，为中文刊物；而哈马丹的评传却未出中文版。这只能说不可思议。

就这样，在 1936 年夏，亦即斯诺在中国陕北开始其著名采访时，对此毫不知情的中共驻共产国际代表团则正在莫斯科举行活动，庆祝中共成立十五周年，并相继刊行了宣传册、中共领导人的传记集、烈士追悼文集等。不过，就记述毛泽东生平的传记而言，公开发表的哈马丹的评传实在难称纪实佳作。不妨说，这种情况反映了当时苏联、共产国际对毛泽东实在所知有限，同时也反映了苏联式的宣传策略乃至当时共产主义政党的政治文化存在极大的局限。

3.《毛泽东传略》——出自中国共产党党员之手的第一部毛泽东评传

为纪念中共建党十五周年（1936 年）而在莫斯科发表的哈马丹的毛传，水准很低，与前一年在共产国际大会上作为革命家而一举成名的毛泽东实在极不相称。组织和主持纪念活动的中共驻莫斯科代表团只出版了该传的德文版和俄文版，而最终没有刊行中文版，或许就反

---

[62]《烈士传》，第 1 辑，莫斯科：外国工人出版社，1936 年。关于该书的刊行经过，请参阅《米夫和中共驻共产国际执行委员会代表团提出的 1936 年第一季度中国工作计划》（1935 年 12 月 23 日）、《共产国际执行委员会书记处关于中国共产党成立 15 周年的决定》（1936 年 6 月 23 日），收于中共中央史研究室第一研究部编译《共产国际、联共（布）与中国革命档案资料丛书》（15），中共党史出版社，2007 年，第 73—74、207 页。

映了他们对该传的不满。若真如此,他们或许曾另外撰文以替代哈马丹的评传。实际上,的确有一篇似乎为此而写的毛传保存至今,那就是中文手写稿《毛泽东传略》(下文或简称《传略》)。

该《传略》曾是莫斯科"中共驻共产国际代表团档案"中的一件,后来归还给中国共产党,现藏北京郊外的中央档案馆。该传横向书写,没有署名,也未记执笔时间和地点。1992 年,《传略》全文刊于中共历史文献研究杂志《党的文献》第 2 期时,编辑部加了如下说明:"曾向 30 年代在中共驻共产国际代表团工作过和延安时期在党中央工作过的有关同志调查了解该文写作情况,但没有取得结果。"其后约二十五年间,也有人曾对这件未曾公开的神秘手稿进行研究,但都未能明确其作者及执笔的目的和过程。[63]

幸运的是,经本书作者考证,现在已经知道其作者是名叫"高自立"的中共领导人,文章写于莫斯科,时间则是 1936 年。考证的过程非常烦琐、专业性极强,故仅在注释中记其概要;此处则基于考证所得结论,对《传略》做一介绍。而对考证有兴趣的读者,烦请另阅拙稿。[64]

---

[63] 迄今为止唯一的相关研究是周一平的研究笔记(收于周一平《毛泽东生平研究史》,中共党史出版社,2006 年,第 54—66 页)。周一平虽然提炼出了几个重要线索,但最终没有确定作者。

[64] 石川祯浩《〈毛泽东传略〉作者考——兼论莫斯科出版的几种早期毛泽东传记》,《党的文献》,2016 年第 2 期。考证的线索是《毛泽东传略》记述的作者如下见闻:①在共产国际第七次大会上,读到毛泽东的名字时,全场"热烈鼓掌,欢呼万岁的空气,延长到五分之久";② 1930 年 2 月红军在江西省击溃国民党军唐云山部、捕获许多俘虏时,毛泽东进行讲话;③毛泽东分别于 1931 年、1934 年在瑞金举行的中华苏维埃第一、二次大会上的发言。在探讨谁有条件知道这三个场面的过程中,可知(转下页)

图 35 高自立

首先对作者高自立稍作介绍。高自立(又名周和生、周和森,1900—1950,图35),工人出身,生于安源,即青年毛泽东带着雨伞前去组织工人运动的矿区。高并非著名人物,但与毛泽东自井冈山时期就是战友,长期在毛泽东身边工作。从井冈山时期起即与毛泽东一同工作的中共党员被尊称为"井冈山干部",高自立就是其代表之一。后来,农村根据地不断扩大、中华苏维埃共和国成立后,高也在政府中身居要职,1934年中华苏维埃第二次代表大会召开之后就任中央政府的土地部部长,可见其能力非凡。[65] 当时共产国际通知将召开第七次大会,高于是在1934年初夏被任命为中共代表,与滕代远一同经上海前往莫斯科。[66]

作为中国苏维埃运动的代表、来自革命一线的高自立,在莫斯科受到了格外重视和破格优待,并与王明、康生一同被选入1935年7月

(接上页)①此人在列席共产国际第七次大会的中共党员约10人中,②两次均出席中华苏维埃代表大会的,是高自立和滕代远二人,而③在歼灭唐云山部的战斗中,滕代远远离战场,而有人看到高自立就在战场。因此,该文结论是,《传略》的作者应是高自立。而且,《传略》中极其少见的措辞(九黑工友),也见于高自立的其他文章(周和生《七年来的中华苏维埃》,《共产国际》中文版,第6卷第11、12期合刊,1935年12月),也可做旁证。

[65] 高自立的传记有《高自立同志传略》,收录于江西省民政厅编《不朽的革命战士》第一集,江西人民出版社,1960年,第127—128页。

[66] 《滕代远传》写作组《滕代远传》,解放军出版社,2004年,第200—202页。

25日开幕的共产国际大会主席团（42人），开幕当天，还以中国代表"周和生"之名（化名）发言。前文曾提到，在共产国际大会上提到"毛泽东同志"时，全场起立欢呼、鼓掌达五分钟之久；这一场面就出现在高自立此次发言的时候；而记述这一场面的，就是《传略》。高自立还在正式会议上代表中国革命根据地（苏区）做了工作报告，并在大会后被选为共产国际监察委员会中唯一的中国委员。

那么，有如此经历的高自立写于1936年的《传略》，是怎样的一篇文章？一言以蔽之，该文比此前所有传记都更详细，通篇都以生动笔触赞颂毛泽东这位革命家。其所介绍的多则逸闻——如毛泽民是毛泽东胞弟，毛擅长演讲、马上就能俘获民众及俘房的心，等等——非常生动，能知晓这些细节的，只可能是长期在毛泽东身边工作的人。他还提到毛曾在党内受过处分、性格急躁等。

就这样，整体而言，该传略的确是较好的毛泽东传记；与此同时，一味地赞颂毛泽东如何"天才"，也是该传的特点。该传在赞扬毛泽东具有优秀革命家的品质时，反复使用"治国的天才家""革命的天才家""伟大的军事天才家""天才的能干家"等措辞，甚至称毛是"伟大人民底公认领袖"，"全国全世界全党所公认的领袖"。前文介绍的哈马丹的毛传称颂毛泽东时，也不过称他是"真正的布尔什维克"，"具有铁一般的意志"的"中国人民的领袖"，顶多是"卓越的革命统帅"，相较之下，可见高自立对毛泽东是极其崇拜的。

此外，《传略》虽称传记，但对青年毛泽东的记述很少，绝大部分篇幅用来介绍毛成为领导人之后的功绩。传记通常要在开篇记述传主的出生、青少年时期的逸事等；但高自立该传几乎不见此类内容。虽然也写到毛生于湖南的贫困家庭,但并没提到他出身农民;该传还写到毛有胞弟毛泽民,曾求学于湖南省立第一师范,五四运动后积极从事社会改造运动,是共产党最早的一批党员等;但关于他成长为革命家之前的生平,也仅止于此。就篇幅看,全文约一万两千字,对加入共产党之前经历的描述则只有不到五百字,仅占约4%,其余则全部用以介绍毛泽东在国共合作中及领导农村革命的活动。

导致内容有此偏重的原因何在?首先,或许,高自立虽然长期在毛泽东身边助其开展工作,但并不太了解毛的成长过程和早年经历。这更可能是毛没有讲过,而不是高没有听到。众所周知,在向斯诺谈过自己前半生的经历后,毛再也没有完整地讲述过自己的生平。可见,他不是那种喜欢谈自己的人。这一点,似乎是中国共产党的领导人和一般红军将士的共通之处,而非毛泽东独有的特点。正因如此,如斯诺之于毛泽东、史沫特莱(Agnes Smedley, 1892—1950)及韦尔斯(Nym Wales, 1907—1997, 原名 Helen Foster Snow, 即斯诺夫人)之于朱德那样,欧美记者万里跋涉、认真倾听并记述中国共产党领袖前半生的经历,是非常难能可贵的。[67]

其次,高自立在执笔《传略》时,很可能并未看到斯诺的采访报道,也没有阅读过《红星照耀中国》。而这或与上述第一点有关。假如读过《红星照耀中国》,自己写毛泽东传时,是不会不参考的。关于《红

---

[67] 史沫特莱的朱德传为《伟大的道路:朱德的生平和时代》(*The Great Road: The Life and Times of Chu Teh*),该书于1956年作者逝世后出版,1979年生活·读书·新知三联书店出版中译本。尼姆·韦尔斯的朱德传收于《续西行漫记》(*Inside Red China*, New York: Doubleday, Doran, 1939)。另,近年出版的史沫特莱研究较为重要的著作,有刘小莉《史沫特莱与中国左翼文化》,浙江大学出版社,2012年。

星照耀中国》和毛泽东自述传记的出版和翻译,后面将有详述;就自述传记而言,其英文版发表于1937年7月,俄文版(抄译本)刊于同年12月。所以,高自立在执笔《传略》的1936年不可能读得到。没有参考资料,毛泽东的成长经历及其青年时代,高自立即使想写也写不出来。

作为传记,《传略》的内容存在明显偏重,或许也反映了高自立写作该传的主要目的,本来就在于强调毛泽东是卓越领导人。高并非传记作家,而是从中国革命一线被派来莫斯科的一名中共党员;作为党员,高需要介绍的当然不是毛的生平、学历等一般情况,而必然是毛在中国农村如何开展工作、取得了哪些成就,并以实例加以证明。文中一再称毛泽东是"天才",不免有些夸大;但应该承认,高自立通过强调毛作为领导人而具有的卓越素质和能力,充分达到了宣传毛泽东所领导的中共和中国革命之伟大的目的。

这篇传记应写于1936年的莫斯科;由此推断,高自立撰写该传,肯定是高所属的中共驻共产国际代表团所组织、实施的建党十五周年纪念活动的一环。由于岗位、工作地点不同,共产党员也不一定都熟悉毛泽东。就这点而言,常驻莫斯科,又通过个人交往而熟知毛泽东因而有资格撰写毛传的,恐怕只有高自立。

考虑到上述哈马丹的评传(德文版、俄文版)并不尽如人意,高自立撰写该传时,中共代表团应该向他提过要求,即希望有一篇更好的中文传记,以便公开刊行。实际上,高的《传略》中确有迹象显示,该传写于哈马丹的评传之后,并对其有所修正,而且所设想的读者是中国人。下一节将在力避烦琐的前提下,对此稍做详细探讨。

4. 莫斯科的毛泽东传——中共高级干部也是《社会新闻》读者

本节拟就哈马丹和高自立的毛传做一比较。具体逸事、事实等，高自立的毛传要丰富且准确得多，而且有不少在哈马丹毛传里看不到。同样，哈马丹毛传所述毛的生平、逸事，有一些也不见于高文。如前所述，哈马丹毛传中掺杂着捏造，如毛泽东因从小受地主驱使而体弱多病、曾在北京被捕等，这在高自立毛传中当然都不存在。反之，有些内容在哈马丹毛传中有准确记述，而高文却未提及。如毛泽东曾在辛亥革命时从军、曾编辑发行《新湖南》杂志等。

这些现象似乎显示高自立可能并未读过哈马丹的毛传，但仔细比对可知，高无疑是读过的。其证据就是"《大公报》报道"的红军战士被国民党军俘虏后的供述（讲述有关毛的见闻）。[68] 哈马丹、高自立二人都从该报道中引用了几乎相同的语句，但有关毛泽东体弱多病的部分，在高的《传略》中却被删除。这表明，高的确参考了哈马丹的毛传，但关于毛疾病缠身的部分，高则基于自己对毛的了解知道是误传，因而没有采用。

前文已经讨论过，哈马丹的毛传是对爱伦堡毛传润色、加工而成的。据其内容列出爱伦堡、哈马丹、高自立三传的参考关系，即为表1。前文的考察已经显示，莫斯科编刊的中国革命刊物中的毛泽东肖像是经过多次复制、加工而成；而表1则告诉我们，以文字为载体的早期各毛传之间，也存在同样的复制、加工过程。

---

[68] 如本书注58所指出，关于被俘红军士兵的供述一事，《大公报》未见类似报道。

表 1　各传内容之参考关系

	爱伦堡毛传，《国外》（1934年11月）	参考关系	哈马丹毛传，《真理报》（1935年12月13日）	哈马丹毛传，《共产国际》俄文版（1935年12月）	参考关系	高自立《毛泽东传略》手稿（1936年）
兄弟姐妹	—					弟弟毛泽民
出身	—		生于湖南农村贫困农民家庭，做过地主、商人的雇工	生于湖南农村穷困农民家庭，为地主、富农干过活		生于贫困家庭
学历	—		师范学校	师范学校		湖南省立第一师范学校
所编刊物	《新湖南》	→	《新湖南》	《新湖南》《新时代》		—
中共一大	1921年7月，上海，作为湖南代表出席	→	1921年，上海，作为湖南代表出席，农民、工人也出席	1921年，上海，作为湖南代表出席，农民、工人及陈独秀也出席		1921年，作为湖南代表出席
一大后职务	中央委员	→	—	中央委员	→	中央委员
外貌、身体状况	瘦高、病弱、像农民	→	身材修长、清瘦、身患疾病	病弱		
从军经历	—		在军阀军队（指辛亥革命后的湖南新军）当过兵	在军阀军队（指辛亥革命后的湖南新军）当过兵		—
被捕经历	在北京被捕	→	在北京被捕	在北京被捕		—

(续表)

	爱伦堡毛传,《国外》(1934年11月)	参考关系	哈马丹毛传,《真理报》(1935年12月13日)	哈马丹毛传,《共产国际》俄文版（1935年12月）	参考关系	高自立《毛泽东传略》手稿（1936年）
农民运动著作	《湖南农民革命》	→	—	《湖南农民革命》		《中国农民》杂志
对待士兵的态度	负责对俘虏士兵的短期教育		在井冈山亲自教战士学文化	在井冈山亲自教战士学文化		1930年消灭唐云山旅后对俘虏士兵讲话
某被俘红军战士的描述	—		—	与红军士兵同吃同睡。病得很厉害，不停地咳嗽，脸色苍白，浑身无力（称引自《大公报》）	→部分	与红军士兵同吃同睡（称引自《大公报》）

＊注：楷体字部分与事实不符。

其中，高自立因曾是毛泽东的部下，其《传略》所提供的信息比哈马丹等已有传记更准确，对毛的评价也更高。我们有理由推断，身在莫斯科的高自立所设想的读者是中国人。何以见得？除稿件用中文写成外，另一个根据是他所使用的资料。高自立毛传的特征之一，是通过引用国民党反共分子诽谤毛的言论来说明毛的伟大。亦即，其论述方法是，毛泽东被革命的敌人如此痛恨，正说明毛泽东在为人民工作。令人吃惊的是，他所引用的反共分子的诽谤言论，正来自本书第一章介绍过的《社会新闻》。

《社会新闻》在本书开篇曾有介绍，读者或许已经淡忘，此处再做简单说明。该杂志是宣示效忠蒋介石的国民党内的秘密组织（蓝衣社）或曰谍报部门，为传播各种政界消息及历史内幕以制造舆论，而于20世纪30年代前半期在上海发行的八卦政治杂志。曾于1932年7月刊载中国第一篇毛泽东传记《共党主席——毛泽东》的，就是该《社会新闻》的前身《文化日报》；同年10月改称《社会新闻》后，又刊载过《毛泽东在中宣部》《毛泽东的"专横"录》《毛泽东"落草"井冈山》等文章。经确认，高自立引用的是《毛泽东在中宣部》（署名"雨铭"，1933年2月）、《毛泽东的"专横"录》（署名"克诚"，1933年8月）、《全国"匪患"与"剿匪"军事》（署名"育之"，1933年8月）等文，有的还注明引自《社会新闻》某期。

这些文章都是高自立离开中国约一年前发表的。也就是说，刊载这些文章的《社会新闻》，不是他在上海偶然买了带到莫斯科的，而是莫斯科在那之前就有收藏。换言之，共产国际（苏联）认为上海发行的这份八卦杂志有其情报价值，并一直在收集。当然，实际情况应该是，中共方面发现该杂志的发行方不同寻常，因而着意搜求并定期向莫斯科传递。中共中央的干部也曾私下阅读该杂志，即其明证。秦邦宪（博古）就是读者之一。

秦邦宪，十九岁留学莫斯科，使用俄文名字"博古诺夫"。后来通称"博古"，即俄文名缩略而来。由此可知，秦是留苏派色彩十分浓厚的干部，如前所述，也是排挤本土派毛泽东的留苏派代表人物。后来，秦被剥夺领导权，他在毛泽东主持和推动总结历届领导核心的路线时，不得不进行自我批判。秦被指出的罪状之一，是留苏派曾为篡夺党中央而成立派系"二十八个半布尔什维克"。令人惊诧的是，1943年9月，在被追问是否真有过这个派系时，秦邦宪回答说，"至于二十八个半布尔什维克问题,我第一次在上海社会新闻上才看到"。[69]

秦邦宪的回答至少在两个方面令人惊讶。其一,秦身为党的最高领导干部——尽管任期较短——竟然阅读国民党方面的舆论工具、内容真假难辨的八卦政治杂志,而且将其当成把握自己党内派系及其活动状况的信息来源;其二,在中国共产党历史上,"二十八个半布尔什维克"曾长期是引发纷争和追究责任的导火索,没想到其判定根据竟然来自《社会新闻》这一八卦杂志刊载的文章。实际上,据称因中共党员在莫斯科开会时发生意见分歧和冲突而产生的所谓"二十八个半布尔什维克"这一"内幕消息",确曾屡屡见诸《社会新闻》。[70] 不妨说,中共是相信了国民党方面——更准确地说是国民党情报机构——亦真亦假的情报,而在梦魇中与"二十八个半布尔什维克"的幻影进行了长期缠斗。[71]

现在,没人会把《社会新闻》真正当作历史资料;但在当时,它却是连中共领导核心都用以了解和把握党内状况和历史的参考材料,如此想来,不免令人心惊。不过,若说中共方面在明知其为敌方媒体

---

[69] 博古《我要说明的十个问题》(1943年9月),收于黎辛、朱鸿召主编《博古,39岁的辉煌与悲壮》,学林出版社,2005年,第160页。

[70] 如小中《陈绍禹政治生活史》(1933年5月15、18日)、黄琮《立三路线失败后之共党分裂状况》(1932年11月30日)、迪人《史大林夺取中共领导的经过》(1933年3月27—30日)等。

[71] 关于"文化大革命"时期成为批判对象的"二十八个半布尔什维克"的定义、称呼之由来,及其内涵、实际状况、作用、评价等问题,相关人士在"文化大革命"后开过几次会议,会上似乎曾讨论应如何对其在党史上加以定位。经过一番曲折,1981年8月,相关的19人在北京开会决定,以后在党内不再使用该称呼,并决定整理成《关于莫斯科中山大学王明教条宗派问题调查纪要》送交中共中央书记处。请参阅柳百琪《二十八个半布尔什维克称号的由来》,《炎黄春秋》,1999年第12期;《杨尚昆回忆录》,中央文献出版社,2001年,第44—45、213—215页。

的前提下，为了解敌方对本党持何种态度、在多大程度上掌握了什么信息而收集《社会新闻》，也并非不可思议。

关于《社会新闻》，我们已谈得够多，下面回到高自立引用《社会新闻》所写的《传略》上来。前文曾说，高写该传，是以中国人为读者的，其根据正在于他引用时特意举出《社会新闻》的名称，而只有部分中国人才知道这是什么杂志；那些不了解该杂志背景、色彩的人，即中国知识分子以外的人，对《传略》的逻辑和文理——利用敌方媒体诽谤毛泽东的言论来赞颂他——是无从理解的。反而言之，高自立写该传，原本就是为了向中国人宣传毛泽东作为革命家何以伟大、如何伟大。为此，他采用了对反共派的诽谤予以反驳的方式，强调毛并非敌人诽谤的那样是无知的野蛮匪徒，而是对国学即传统学问造诣深厚、擅长书法、长于诗词的知识分子。显然，这些话也是对那些尊敬中国传统文化的中国知识分子说的。

实际上，毛泽东的确精通古典文化（包括通俗文学），诗词和书法也自成一家，在中共领导人中是绝无仅有的。那时的中共领导人多为知识分子，虽有高下之别，但不少人都有传统学养和作诗赋词的技巧；但毛泽东显然高人一筹。当然，高自立的毛传并没忘记强调毛泽东是马克思主义理论的深刻理解者、成功实践者，是列宁和斯大林的忠实弟子。要之，毛泽东是学贯古今东西的知识分子。

如上所述，《传略》称得上不错的传记，但似乎最终没有发表。从标题看，该传不会是高自立闲来无事的无聊之作，据执笔时间和地点、作者的身份地位等综合判断，该传显然是为完成组织交给的任务——宣传党的工作——并以公开发表为前提而写。但是什么原因导致它最终没能发表？上文推测，或许俄文版、德文版宣传册出版后不能令人满意,为另外出版更准确的中文版,才由高自立重写毛传;果真如此,意味着包括高自立该传在内的中文宣传册本身因故没有付印。而另一种可能性则是,该传内容存在某种瑕疵,导致发表被推迟。比如赞颂毛泽东而失之夸大、谈及国民党则贬抑过度等。

高自立的毛传反复使用"○○的天才""天才的○○"等句式称赞毛泽东,甚至称毛是"伟大人民底公认领袖""全国全世界全党所公认的领袖"。当时已经开过遵义会议,毛泽东的确已在党内赢得了相当大的领导权,但被称为"全党公认的领袖",却是后来的事。或许高自立对毛的称赞超过了驻莫斯科的中共代表团对毛的评价,因而未被采纳。

过度贬低国民党,为什么也可能是问题呢?为革命领导人写传而贬低国民党,不是理所当然吗?一般而言的确如此,但高撰写该传的1936年,情况有所不同。因为,由于前一年有共产国际第七次大会召开和中共《八一宣言》发表,中国共产党已经改变方针,试图与国民党联手抗日;尤其是,起草和发表《八一宣言》的是莫斯科的中共代表团,因而其最重要的工作就是改善与国民党的关系,所以不能再像从前那样一味批判、挪揄,而需讲究策略和尺度。从这点看,高自立的毛传对国民党的攻击显得过于激烈,从追求抗日统一战线的角度看,已经不合时宜。

不过,这些所谓瑕疵稍作修改即可,不至于导致稿件作废。当然,也不能否定高自立本人遇到不测、致使发表被推迟的可能性。在莫斯科有可能发生在共产党员身上的不测是什么?对,清洗!如1936年的莫斯科大审判所示,斯大林推行的"大清洗"当时正呈山雨欲来之势。事实上,在莫斯科的中共干部,不少人都被当作托派、日本特务等，含冤被杀。

不过，高自立本人倒是平安无事，也没有健康受损的迹象。比如，和俄文版、德文版宣传册同年（1936年）也是在莫斯科出版的上述《烈士传》（中文传记集，纪念为革命牺牲的党员）中，就收有高自立用笔名"和生"为几位烈士写的追悼文章；[72] 翌年即1937年，高还在俄语杂志上发表文章回忆井冈山时期的革命活动。[73] 或者，原因出在中共代表团内部也未可知；若真是如此，也就无从查考。而假如稿件写成后因某种原因迟迟未能发表，那么，后来就再也不可能重见天日。因为，就在1936年秋，毛泽东本人向斯诺详细回顾了其半生经历，不久后即作为毛泽东自述传记公之于世，并引起轰动。如此，高

---

[72] 署名"和生"的文章有两篇，即《赵博生同志传略》《悼北上抗日民族英雄寻淮洲同志》。另，《烈士传》收入的其他文章及作者如下：大生（武胡景）《纪念反日战士顾正红同志》，康生《悼刘华同志》，成纲（陈刚）《李大钊同志抗日斗争史略》，焕星（廖焕星）《萧楚女同志传略》，洛华（许光达）《熊雄同志传略》，康生《陈延年同志传》，萧三《悼赵世炎同志》，陈绍禹（王明）《纪念我们的回族烈士马骏同志》，李光（滕代远）《张太雷同志传略》，杜宁（杨之华）《罗亦农同志传》，李明（李立三）《悼向警予同志》，中夏（邓中夏）《苏兆征同志传》，王德《彭湃同志传略》，李明（李立三）《杨殷同志传略》，伯林（潘汉年？）《纪念恽代英同志》，李明（李立三）《纪念蔡和森同志》，李光（滕代远）《黄公略同志传》，康生《追悼我们的罗登贤同志》，大生（武胡景）《邓中夏同志传略》，孔原《纪念民族英雄吉鸿昌同志》，杜静（杨之华）、萧三《瞿秋白同志传》，梁朴（饶漱石）《方志敏同志传略》，贺彪《韩国同志李斗文传》。

[73] Чжоу Хо-син, «Воспоминания о Цзинганшане», *Национально-колониальные проблемы*（《井冈山的回忆》，《民族及殖民地问题》），№ 38, 1937年。此外，《共产国际》中文版1936年第4、5期合刊载有内容、标题与此相同的《井冈山的回忆》，但署名为李光（滕代远）。该文也记有滕代远来井冈山以前的内容，故实质上应为滕、高二人共同撰述。滕、高固从中华苏维埃同路来到莫斯科，故他们在莫斯科的活动时常被搞混（其中一例，请参阅前引杨奎松《民国人物过眼录》，第259页）。另，高自立的笔名，除"周和生"外，还有"周和森"，因此也时常被误作蔡和森。指出、梳理此类错误的文章有李永春《〈中国苏维埃运动的七年〉的报告人是周和生不是蔡和森》，《上海党史与党建》，2009年第11期。

自立的毛传也就永远失去了与读者见面的机会——除非在斯诺著自述传记基础上大幅改写。

在某一时代占支配地位的知识体系、观察框架，有时被称为"典范"（Paradigm）。如果借用这个术语，那么，斯诺的采访和报道就是一种"典范转移"（Paradigm shift），它使此前有关中共的信息、看法突然不再有任何意义。高自立的毛传，其内容、水准在1936年还堪称上乘；但在一年后，因斯诺发表其报道而变得陈旧，不再具有发表价值。做事情须讲究时机，信息、情报也有发挥作用的最佳时机。高自立的《毛泽东传略》错过了最佳发表时机，后来再也无人提起，被遗忘在莫斯科的档案馆里，最后连作者是谁都不再有人知道。

5. 回国后的高自立

本书旨在探讨毛泽东的形象在人们眼中的变化，但却拐进了传记、文字记述的范畴。但在重回主题之前，借此机会对第一位撰写毛传的中共党员高自立后来的经历做一补充，也不无意义。高自立的人生，是否因撰写毛传而受到影响？因为高自立在中国也几乎无人了解，故下文论述部分涉及20世纪40年代，还望读者不弃冗长。

前文已经介绍，在撰写毛传前，高自立已作为中国共产党的代表在莫斯科受到破格优待。他除与王明、康生一同列名共产国际大会主席团（42人）外，还曾在大会开幕式上代表中国共产党致辞、在正式会议上作过工作报告。[74] 当然，这次大会上有关中国的最重要的发言

---

[74]《周和生同志致贺词》（1935年7月25日）、《周和生（中国苏区代表）在共产国际第七次代表大会上的报告》（1935年7月29日），前引《共产国际有关中国革命的文献资料》，第2辑（1929—1936），第349—352、367—372页。

是由王明进行的；他阐述了抗日民族统一战线方针，直接形成了后来的《八一宣言》。但在形式上，代表中共的是高自立。高在大会上的致辞、发言除了被《真理报》（1935 年 7 月 27、30 日）大幅报道外，苏联共产党中央的机关报《布尔什维克》等也曾予以介绍。[75] 对外国共产党员而言，其文章在《布尔什维克》杂志发表，证明他已获得一流革命家的地位；而中共党员中得到这份殊荣的，只有王明等极少数人。在这个意义上，可以说高自立是在其人生最为得意的时期写下毛传的。

高自立结束在莫斯科的任务、由陆路经迪化（今乌鲁木齐）回到延安，是在 1938 年 1 月底。[76] 他前往苏联时，共产党还在赣南，而现在则经长途跋涉迁到了气候、风俗迥异的陕北；对此，他心头想必曾涌起无尽的感慨。而且，他曾赞颂为"大才"的毛泽东，数年后果然成了全党的领袖。而他自己也曾登上过共产国际这一举世瞩目的大舞台，其后又在共产国际任过要职（共产国际监察委员[77]），现在也算是衣锦还乡。

---

[75] Чжоу Хо-син, «Вооруженные силы советов Китая» (《中国苏维埃的武装力量》), *Большевик*, №14, 1935 年 7 月。署名"周和生"的文章还有发表于《共产国际》中文版第 6 卷第 11/12 期（1935 年 12 月）的《中国苏维埃是殖民地被压迫民族解放斗争底先锋队》，和《七年来的中国苏维埃》（目录作《九年来的中国苏维埃》）。

[76] 高自立曾出席 1937 年 11 月 22 日的共产国际统制委员会会议（"俄藏档案"，全宗 505、目录 1、案卷 51，第 885 页），因此，他此前一直在莫斯科，当无疑问。另，当时派驻兰州的中共干部谢觉哉的日记载，高于 1938 年 1 月 23 日由迪化到兰州，27 日随 10 辆装有军需物资的卡车前往延安。请参阅《谢觉哉日记》，人民出版社，1984 年，第 221、223 页。

[77] 《共产国际执行委员会委员名单》，《共产国际》中文版，第 6 卷第 8/9/10 期合刊，1935 年 10 月。

100 —— "红星"——世界是如何知道毛泽东的？

图 36 "井冈山干部"1938 年合影，前排中央为毛泽东，其右即高自立

在延安，党中央安排他任陕甘宁边区政府副主席（主席为林伯渠，代理主席为张国焘），不久后就任代理主席。简单地说，就是当时中共中央所在地政府（相当于首府）的实际最高负责人，其地位，私下里被认为在当时最为毛泽东信赖的林彪、邓小平等人之上。图 36 是共产党领导人摄于 1938 年的合影，照片中的人物都是"井冈山干部"，即曾经在井冈山共同战斗过的共产党领导人，也可以说是毛泽东引为亲信的部下。领导人合影时各人所处的位置、顺序能够如实反映其地位。这一点，当时与现在没有不同。在这张合影中，坐在前排中央的当然是毛泽东，其右侧是林彪，而左侧就是高自立（用圆圈标出）。显然，高自立当时是毛泽东的左膀右臂之一，与林彪平起平坐。

但是，令人费解的是，高自立后来逐渐淡出了人们的视野。抗日战争结束后，高曾任中共中央冀察热辽分局委员兼财经委员会书记、东北行政委员会冀察热辽办事处副主任等，职位虽不低，但已非要职。中华人民共和国成立后的1950年1月9日高自立在沈阳病逝。作为曾经在国际共产主义运动的大舞台上致辞、发言的中共代表，其晚年不免寂寥冷清。他回国后之所以受到"冷遇"，其伏线似乎恰恰始于他在共产国际的工作，说来多少具有讽刺意味。

曾经在莫斯科宣传、扶持毛泽东的王明，比高自立早一步，于1937年年底回国并参与党中央的工作；但他围绕党的日常工作和路线，尤其是在抗日战争中应与国民党建立怎样的合作关系问题上，逐渐与毛发生对立。后来，20世纪30年代末至40年代，毛泽东通过总结党的历史、肃清王明等人的影响而确立其在党内的领导权。亦即，毛泽东认定20世纪30年代前半期的党中央犯了错误，并将其归咎于借用共产国际权威控制全党的王明等留苏派。[78]

在总结历史的过程中，王明等人被严厉指责曾执行错误路线，从而使党陷入了危机。留苏派面对谴责纷纷认错，唯独王明拒绝承认错误。于是，批判王明的调门逐渐升高，矛头直指他在共产国际的工作；到了1943年，批判愈加激烈，在这种情况下为王明辩护的就是高自立，这件事被王明记录在自己的回忆录中[79]。就高自立而言，他应该也曾写过材料交代自己在共产国际的工作状况，而写过《毛泽东传略》

---

[78] 《胡乔木回忆毛泽东》（增订本），人民出版社，2003年，第211—231、279—301页。

[79] Ван Мин, *Полвека КПК и предательство Мао Цзэ-дуна*, Москва: Изд-вополит. лит-ры, 1975, стр. 144-145.

一事，当然也应是交代事项之一。只不过，他是否还记得这件事并写进了交代材料，则不得而知。

上文本来意在探讨 20 世纪 30 年代前半期在莫斯科可以看到哪些毛泽东的肖像，笔触却偏向了文集和传记。下面让我们回到原题。

第四章 "胖子毛泽东"照片之谜

1. "胖子毛泽东"的出现——山本实彦著《"支那"》

本书第二、三章主要考察了苏联刊发的毛泽东肖像,还举了不少例子。由此大体可了解到,仅就肖像而言,在斯诺出版其《红星照耀中国》以前,亦即20世纪30年代前半期出现、流传的,无不源自国民党干部在1927年的合影。然而,不得不承认的是,经过多方搜求,始终没有发现一张照片与本书开篇所示胖子照片近似,甚至没有一丝线索。

1937年8月的日本政府公报附录《周报》登载的、据称为毛泽东和朱德的奇怪照片到底来自何处?实际上,《周报》上的这两张照片,并非首次出现。在此约一年前,山本实彦著《"支那"》之"毛泽东和朱德"一章,就已有与此十分相似的两张照片(图37、38）[80],将其与《周报》载图1、图2比较可知,几乎完全一样;若说差异,不过

---

[80] 最早论及政府公报附录《周报》载有毛泽东和朱德的奇怪照片、山本实彦著《"支那"》也收有类似照片的,应是今村与志雄《毛沢東の顔》(《中国》,第49号,1967年)。不过,今村当时认为《周报》和《"支那"》所收照片都不是毛泽东、朱德。

104 —— "红星"——世界是如何知道毛泽东的?

图 37 山本实彦著《"支那"》载"毛泽东"照片

图 38 山本实彦著《"支那"》载朱德照片

是山本所用"毛泽东"照片背景为楼房,而《周报》载照片为单色背景。不过,这一点差异,或恰好暗示着外务省情报部用于《周报》的照片取自山本的著作,不过把背景略做处理而已。从时间顺序看,山本著《"支那"》在前,《周报》则在其一年之后,故可据此推断《周报》载照片或是山本提供,或是外务省情报部自己复制。又或许,署名外务省情报部的《谈中国的共产党军队》一文正是出自山本实彦之手。

山本实彦(1885—1952)是日本20世纪著名综合杂志《改造》(1919—1955)的创刊人,也是发行该杂志的改造社的社长、日本近代新闻出版界的领军人物。通过发行杂志和出版活动,山本不仅为许多文化界人士、作者提供创作和发表天地,他本人也写过许多文章、留下不少著作。1935年2月,山本曾短期赴上海、南京采访,并根据所见所闻,就中国的各种问题写下随笔,于1936年9月由改造社结集出版,取名《"支那"》(后序日期为"8月6日")。其内容包括与蒋介石、鲁迅等人会见的记录、当代中国人物评述等，随处可见山本的独特观察和敏锐见解。

《"支那"》所收二人照片，分别仅注"毛泽东氏""朱德氏"，并未说明来自何处。考虑到该书是基于1935年2月的访华见闻而写成的随笔集，该照片或为山本访华时得自中国；但读遍该书所收文章，都不见提及照片。山本在中国知己不少，本人也是著名记者，能够得到蒋介石、鲁迅的接见；但要见毛泽东，恐怕也是束手无策。山本的《毛泽东和朱德》一文介绍了毛、朱的近况和简要生平，并根据传闻对二人加以比较、评论，认为最终居于人上的将是出身贫穷、饱尝艰辛的高个子毛泽东，而不会是出于军阀世界的朱德。不过，该文是利用传闻再加以推测写成，作为人物介绍并不出色，读来总觉得是抄自其他中国通的文章。

作为出版商的山本的确很了解中国，他多次访华，也出版过不少论述中国的著作。但他对中国的了解却远不及当时的所谓"中国通"，尤其关于中国共产党的情况，他更不是那种自己收集和分析资料的专家。因此，他在文中使用中共首脑的照片而又未做任何说明，极可能照片并非山本自己所收集，而是由他人提供，而山本不过欣然采用而已。

实际上，仔细阅读《"支那"》可知，山本在中国旅行时，曾得到各种人的协助和建议。也就是说，山本虽然人名鼎鼎，但似乎并不具备以外务省情报部名义撰文分析中共现状的学识和条件。而且，山本作为出版商，主业应异常繁忙，无闲暇代人捉刀；与外务省情报部之间既无特殊关系，更无任何义务。因此，《谈中国的共产党军队》不大可能出自山本之手。

2. 从朱德肖像入手

此处拟换个角度,先就与毛泽东比肩的共产党领袖之一朱德的肖像做一观察。本书至此一直将焦点对准毛泽东,但实际上,苏联刊载的有关毛泽东的报道、肖像,多半将朱德与之并列。而介绍毛泽东的《周报》和山本著《"支那"》,也把"朱德"令人感到强悍凶狠的肖像——且不论像与不像——与"胖子毛泽东"的照片并列。

如红军又被称作"朱毛军"所示,朱德是经常被与毛泽东并列介绍的传奇军人;毛领导党,而朱则指挥红军;因此,朱德的肖像也时时出现在共产国际的宣传刊物中。此处无暇一一介绍,仅举最有代表性的一张,即图39。该肖像为前文介绍过的俄文中国革命文献集《苏维埃在中国——资料文献集》中的插图。如本书第二章所介绍,该文献集附有毛泽东肖像(图20),而与之并列的就是这张朱德肖像。同时期朱德本人的照片如前文图3所示;比较二者可知,图39要年轻得

图39 《苏维埃在中国——资料文献集》载朱德肖像

图40 1922年的朱德

多,而且难以断定像中人就是朱德。

但是,这张肖像无疑就是朱德,其源头就是图 40 所示照片。该照片是朱德 1922 年出国前在上海拍摄的。当时,朱德还没有加入中国共产党,已决定到德国留学,学习军事科学。或许考虑到出国后与人结交,有时需要和名片一起赠送照片,他于是穿上白色西服、打上领结,拍下了这张纪念照片。

把图 39 和图 40 摆在一起,二者的关系一目了然;如果再将其与共产国际、苏联刊物中的朱德肖像加以比较,则其间的变化更加清楚。图 41 是上文介绍的法文宣传册(1934 年)中与毛泽东照片一同刊载的朱德肖像,图 42 则是翌年(1935 年)苏联出版的宣传册《中华苏维埃第二次代表大会》(*Второй Съезд китайских советов*)所收朱德肖像。这两张肖像中,朱德都打着领结,所以更接近他出国前的照片(图 40)。

图 41　《今日之革命中国》载朱德肖像

图 42　《中华苏维埃第二次代表大会》载朱德肖像

朱德出国留学，先到德国，在那里加入了中国共产党；而后赴莫斯科（1925年）学习共产主义及军事科学。在上海拍的照片，或是他在莫斯科申请进入培养革命家的学校时，和入学申请材料一同提交给学校的，并在他成名后被找了出来，登上刊物并广为流传。最早的照片是白色西服配领结，或许有人认为这不符合革命军人的形象，因而给他换上了竖领的黑色军服（图39）。的确，相比之下，图42的朱德怎么看都像一位阔少。

经过多次复制、换装，1935年年底被插入共产国际机关杂志《共产国际》俄文版载朱德传（哈马丹执笔）的，就是图43所示朱德肖像。该杂志同期还载有毛泽东的素描肖像（图27）。不过，毛的肖像源自1927年，即近十年前的合影，而朱德则是1922年（时年36岁）的照片在十几年后仍在使用。也难怪乍一看认不出是朱德。

图43 《共产国际》载朱德肖像　　　　图44 《今日中国》载朱德肖像

第四章　"胖子毛泽东"照片之谜　——　109

在我们收集的朱德肖像中，有一张尤其引人注目，即图44，载于美国左翼杂志《今日中国》1934年11月号。如前所述，该杂志曾在同年5月号上刊载"其貌不扬"的毛泽东素描画像。5月号载画像完全走样，可以说是败笔；而这张朱德肖像，单看或许也不像，但若与前面介绍的莫斯科刊行的宣传册、杂志上的朱德肖像——比如图39——比较，可知《今日中国》载朱德像是从图39临摹而来，无疑就是朱德本人。

在这里，请读者仔细观察图44。对这张显得有些强悍凶狠（弗兰肯斯坦的怪物）的面孔，各位是否还有印象？不错，就是先出现在山本实彦著《"支那"》（图38）、后载于日本政府公报附录《周报》（图2）上的那张肖像。《"支那"》和《周报》载面貌可怖的肖像，原来真是朱德；弗兰肯斯坦的怪物般的面孔，则是拍摄于上海的照片在经过莫斯科和纽约而抵达东京的地球之旅过程中屡经加工，最终导致面目全非。[81]

朱德肖像的变化，让人想起传话游戏。读者肯定也玩过这种游戏，就是把一句话用耳语方式不断向后传，由于内容在传递过程中或

---

[81]　附言之，本书将走形的"朱德"肖像比作"弗兰肯斯坦的怪物"，但在中国，由于雪莱夫人的小说《弗兰肯斯坦》（Frankenstein: The Modern Prometheus, 1818年刊；又译《科学怪人》）长期未有译介，异想天开的想象曾使人们对此一"怪物"的印象发生过巨大变化。它在清末曾被解释为狮子模样的机械怪物，而后又被想象为"睡狮"。将中国比作"睡狮"的说法流传至今，即源于梁启超的独特解释。详见拙稿《晚清"睡狮"形象探源》（收于《中国近代历史的表与里》，北京大学出版社，2015年）及杨瑞松《病夫、黄祸与睡狮："西方"视野的中国形象与近代中国国族论述想像》（增订版，台北：政治大学出版社，2016年）。另，下文将介绍的《红星照耀中国》1937年版第455页、1968年版第408页，也有将中国比作"弗兰肯斯坦的怪物"的表述（不仅斯诺，欧美称中国是"弗兰肯斯坦的怪物"的著述并不少见），但1938年中文版《西行漫记》将此处意译为"神话中作法自毙的怪物"。这也显示，在当时的中国，"弗兰肯斯坦的怪物"还没有被广泛认知和承认。

多或少地发生变化,最后一个人复述出来的话往往与最初大相径庭。虽然每个人都试图把听到的如实传递,但被反复传递的信息却总是会改变。肖像的传播也一样。在复制、加工的过程中,偶尔有一两人功夫不到家,图40的真实照片最终就变成了图2、图38所示的怪诞面孔,让人不禁感到信息传递有多么不可靠。

多说几句,传话游戏,英语叫作"中国话耳语游戏"(Chinese Whisper Game),意为英语圈的人把发音困难的"中国话"用耳语方式传递的游戏。如果借此名称打比方,则朱德这位"中国革命家"形象的传播,恰如现实版的耳语游戏。日本的外务省情报部不过临摹了《"支那"》一书中的肖像,而《"支那"》的作者山本也不过是借用了《今日中国》的肖像而已,二者都无意加以改变,甚至会着意避免失真;但从整个传播过程看,外务省情报部也好,山本也罢,都成了传话游戏临近结束时的复述者。

就结果而言,外务省情报部得到的无疑就是朱德的肖像;从这个角度看,外务省情报部应该受到赞赏。但是,这幅肖像的底本又的确是十五年前的照片,拿着它说这就是朱德,也难免有些敷衍。当然,当时要找到1936年或1937年的朱德照片极其困难(斯诺在陕北采访时,朱德还在长征途中,没有抵达陕北。所以,斯诺也没有见到朱德)。而就传播路径而言,《周报》载朱德肖像既然间接来自《今日中国》,或可理解为这份美国左翼杂志当时已引起日本部分有识之士或相关机构的持续关注。[82] 总之,朱德肖像的谜底就此得以揭开,《"支那"》

---

[82] 日本驻纽约总领事馆曾定期购入《今日中国》寄往东京的外务省。请参阅《在紐育総領事より外務大臣宛 雑誌「チャイナ・ツーディ」12月号送付ノ件 1935年12月6日 普通第376号》,外务省外交史料馆藏件,档案索引号:B02030483300。

《周报》载"面貌可怖"的肖像就是朱德。

但是,同时载于《"支那"》《周报》的"胖子毛泽东"的照片从何而来,却仍然不得其解。毛的照片的传播,用传话游戏的逻辑解释不通。当然,从1927年国民党干部的合影,到毛泽东的素描、肖像登上苏联及共产国际的刊物,可以比作传话游戏;但按照调查朱德肖像的思路去翻阅《今日中国》,却找不到"胖子毛泽东"的照片,因而只能设想该照片来自其他途径。借用警察办案的说法,一切又回到了原点。不过,这并不意味着我们此前对肖像的观察、对传记的分析是徒劳无益的。实际上,上文对毛泽东、朱德肖像传播路径的观察和分析,能够为破解"胖子毛泽东"照片之谜提供关键线索。下面就让我们去寻找这个线索。

不过,或许有人会提出质疑:"朱德的肖像虽说有所改变,但的确是朱德,这一点是明确了;但那个胖子肯定不是毛泽东吧?既然如此,对那些错误的信息、肖像寻根溯源又有什么意义呢?假如信息、肖像是真的,探究其来源和意义还算值得;但为什么要找假信息、假肖像的来源呢?而且是几乎不值一提的小事。"

的确,这种质疑也不无道理。但是,假信息、假肖像就真不值得探究吗?实际上,有许多现象,现在看来明显是假,但在过去的某个时期却曾被认为真切无误。人(历史人物)的行为不一定都有正确的、准确的信息做根据。如果是那样,历史上也就不会发生那么多悲剧和错误,人的选择也应该更加合理才对。但在现实中,人有时会根据错误的信息、形成错误的认识和判断、最后选择了错误的行为而导致无可挽回的后果,历史就是这样形成的。如此说来,了解错误的信息如何产生和传播,又如何为人所接受,无疑也是历史学的重要使命。

振振有词的辩解到此为止。看到朱德肖像如传话游戏那样经历改变,肯定有人感到有趣,而无须任何解释。眼见某些事情的发展出乎意料,我们天生的好奇心、探索欲望自然会被唤醒,进而希望知道下文。人性本来如此。事情小得不值一提也没有关系。让我们继续探究吧。

3. 刊载"胖子毛泽东"的是谁

在政府公报附录《周报》于1937年8月刊登据称是"毛泽东"的胖子照片以前,更准确地说,在山本实彦著《"支那"》于1936年秋收入该照片以前,日本的媒体是如何看待毛泽东的?或者,毛泽东的肖像、简笔头像是否曾在日本的报纸、杂志上出现?回答这个问题,也就等于探究"胖子照片"上的人物到底是谁,故需仔细梳理这张照片的来历。

如前所述,日本媒体开始关注、报道中国的共产党,其转折点是红军部队于1930年7月占领长沙。国共合作破裂后的1927年下半年开始执行暴动路线、后来转向农村的共产党,因这次事件突然成了万众瞩目的军事集团。中共党史对此的记述一般是这样的:1930年红军大规模进攻城市,是执行时任领导人李立三的一系列"左倾冒险主义"计划。但当时的人自然不知道是这么一回事。

早在国共合作时期,日本就有一些专家分析中共的动向。进入20世纪30年代,报刊纷纷报道共产党的军事行动,这些专家们也随之越来越多地发表文章对共产党进行分析,毛泽东的照片也开始在报道中出现。此处介绍几张日本报纸当时刊载的毛泽东的照片、肖像。图45是东京的日报《时事新报》在1933年9月刊登的毛泽东肖像。

在日本刊物刊载的毛泽东肖像中,这张人工绘制的肖像不敢断定是最早的，但无疑是较早的。虽然摹写欠准确，但已反复比对过此类肖像的读者应该一眼就能看出，它与苏联流传的一样，也来自 1927 年的合影。同类画像、照片在苏联是 1934 年才出现的，所以就时期来看，这张画像甚至更早一些。这显示，国民党领导人 1927 年的那张合影不仅到了苏联，传播范围也许更广。合影中的毛泽东影像太小，《时事新报》或许认为放大了也不清晰，不如重新绘制，于是有了这张肖像。仔细观察可知，原照片放大后的图 22 中呈白色的脖颈部分，在图 45 中成了白色领口。

图 45 1933 年 9 月 4 日《时事新报》载毛泽东肖像

源自 1927 年合影的照片另外还有几张，有的一直使用到 1937 年初，如《东京日日新闻》刊登的图 46。在斯诺发表他在 1936 年拍摄的照片以前，红军及其首领毛泽东宛如笼罩在迷雾中，所以，此类照片、肖像也就成了毛泽东的标准像。图 45 好像制作于日本，出现时间早于苏联；但同样源自合影的肖像，也有的是从苏联传到日本的。刊登于《朝日画报》（アサヒグラフ，第 651 号，1936 年 4 月）、《世界知识》杂志（同年 6 月）的图 47、48 就是这样。

这两张肖像，应该都是利用本书第二章第三节介绍的俄文版《苏维埃在

图 46 1937 年 1 月 16 日《东京日日新闻》载毛泽东照片

图47 1936年4月《朝日画报》载毛泽东肖像

图48 1936年6月《世界知识》载毛泽东肖像

中国——资料文献集》（1934年）所收图20复制的。该俄文书是公开发行的，在日本也能买得到。1936年这一年，除《朝日画报》《世界知识》等杂志外，这张高颧骨的肖像还曾登上全国性日报如《大阪朝日新闻》（10月21日）、《东京朝日新闻》（11月1日）、《读卖新闻》（11月3日）等，在1936年，即斯诺的采访记录发表以前，是日本最为人熟知的一张。然而，就在这种情况下，上述山本及外务省情报部却换用了全然不同面孔的"毛泽东"照片。

来自苏联、被《朝日画报》《世界知识》等杂志转载的高颧骨肖像，实际上是我们接近"胖子毛泽东"照片谜底的线索之一。不过，如果只看肖像，终究无法得其要领。线索不在肖像本身，而在插入肖像的文章。那就是《世界知识》1936年6月号载进士慎一郎的《"赤豹"毛泽东传》一文（图49）。该文在标题上方配有毛泽东肖像，已属不同寻常，更加引人瞩目的是标题中的"赤豹"二字。我们称赞毛泽东时，会用"红

毛澤東

「赤豹」毛澤東傳

進士槇一郎

『毛澤東は、支那人ぢやない。○過○○○だ』〔○○○○〕

筆者に、かう、眞面目にいつてきかせた人がある。

『姓は朱、名は毛、彼の率ゐる共產軍は、……』などと、――これは、ほんとうの話だ。

ウツカリすると、本場の支那でも、何にも知れない。今日、支那共產軍の主力として、朱毛軍の名は世界的に知られてゐるが、數年前までは、神祕的な存在とまでは行かなくても、それに近いものであつたことは爭はれない。從つて毛澤東の經歷なども、サツパリ判らなかつたものだが、その後、共產軍の勢力增大に連れ、彼の一擧一動が、世界の注目を惹くやうになり、體ハツキリして來てゐる。もともと、國共合作時代には、代理宣傳部長(本任は汪兆銘)をやつたり、農民運動講習所長を勤めたりした男ゆ

◇

『毛澤東は、支那人ちやない。○過○○○だ』といふのは、これは本場の支那でも、何にも知られない。今日、支那共產軍の寫眞についていつても、二年前に見たのは、それらを材料にして、書いて行くつもりだが、いづれもしばらくしたら、又書き直さなくてはなるまいと思つてゐる。といふのは、これらの材料中、まだ少し腑に落ちぬものもあり、彼やせて頬骨の飛び出た奴だつたが、ごく最近見たのでは、ちよつともない。まるで別人のやうだ。眞丸らに肥つて、肺病患者らしいところはちよつともない。まるで別人のやうだ。眞丸だから、取り敢へず今得られる限りの資料に據つて書いて置く。

◇

產れは湖南の湘潭、行つて見たことがないから、何ともいへぬが、杜市の詩に、窓巖苦といふのがあり、水に臨んで絕壁數丈、その底の五

決して素性の知れぬ者ではないのだ。そこで、その時代に、彼を識つてゐた人間が出て來て、彼の逸話を書いたり、人物を論じたり、この二三年、さうした記述が五ツ六ツ現はれた。

それらを材料にして、書いて行くつもりだが、いづれもしばらくしたら、又書き直さなくてはなるまいと思つてゐる。といふのは、これらの材料中、まだ少し腑に落ちぬものもあり、彼の寫眞についていつても、二年前に見たのは、やせて頬骨の飛び出た奴だつたが、ごく最近見たのでは、ちよつともない。まるで別人のやうだ。眞丸だから、取り敢へず今得られる限りの資料に據つて書いて置く。

色の石、鮮明にして白沙霜雪のごときが見え、赤岸は朝霞のごとしといふから、いはゆる山紫水明の鄕たることは間違ひない。ここの產れだといふことは、各說みな一致してゐる。大地主の出だとか、ごく貧乏人の子だともいふが、そこのところは分らぬ。が、ともかく、少年にして長沙第一師範に學んだことは確實だ。

ここで彼ははるかにロシア革命の聲を聽き、更に北京大學に起つたその反響を聽いたのである。ここで彼ははるかにロシア革命の聲を聽き、更に北京大學で陳獨秀、李大釗教授を中心として、韓麟符等の左傾學生が『マルクス主義研究會』を組織した一九一八年には、彼も同學張國燾、羅章龍等の有志と『マルクス學會』をつくつたのであつた。ロシアの評論家、アル・ハマンダンに據ると、彼は學內に於ける活動だけでは物足らず、街頭に立つて盛んに宣傳してゐたといふことだ。

ここで、彼の年齡を推定して見る。ある資料

図49 进士槇一郎《"赤豹"毛泽东传》

太阳"来比喻，斯诺的说法是"红星"。但此类说法当时还不存在，人们或许曾给他冠以各种称谓。"赤豹"给人的印象是凶悍的猛兽在广袤的中国大陆上疾驰。当然，此文所使用的肖像并不怎么符合这个形容。

不过，这篇文章实际上是非常出色的毛泽东传。虽然语气稍带谐谑，但所写的毛泽东生平，却有最大限度收集的资料做基础。说来也不奇怪，因为笔名进士槙一郎的该文作者，原名波多野乾一（1890—1963），是一名专门研究中国共产党的学者，放在现在可称作中共问题专家。战前和战争期间专门研究中共及共产主义运动的学者，左翼较知名的有铃江言一、尾崎秀实、田中忠夫；立场持中的，则有著名的大塚令三和这位波多野乾一等人。此外还有在上海设事务所、类似情报贩子的日森虎雄等。其中，屡屡前往中国收集资料、研究中共的，则是波多野。

波多野是大分县人，1912年从上海的东亚同文书院毕业后，曾任《大阪朝日新闻》等数家日本一流报社的驻华记者十余年，1928年起专注于中共研究，到1936年，已经成为公认的日本数一数二的中共问题专家。除了原名外，波多野有时也使用进士槙一郎（槙一郎）、榛原茂树等笔名。他以榛原茂树之名发表、出版的麻将入门及讲解著作，对麻将在日本普及发挥过重要作用。他还是中国传统京剧首屈一指的评论家，这方面著作也不少；对现在的很多人来说，他作为京剧评论家或许更加知名。也就是说，他是对政治和文化二者均有精深研究的真正的中国通。[83]多说几句，刊载《"赤豹"毛泽东传》的《世界知识》，是当时日本的主要出版社之一诚文堂新光社发行的一般性海

---

[83] 波多野的略传有：山本文雄《中国研究の第一人者 波多野乾一》,《月刊 官界》第16卷第10号，1990年；波多野真矢《民国初期の北京における日本人京劇通：波多野乾一を中心として》,《人文研紀要》（中央大学人文科学研究所），第69号，2010年。

外知识杂志。

波多野的这篇文章所使用的资料,除上述哈马丹的毛传外,还参阅了前述《社会新闻》刊载的各种有关共产党内幕的文章(如称毛为"湖南王"),如《毛泽东在中宣部》(1933年2月)、《毛泽东印象记》(1933年5月)等。其中前一篇,上文介绍的高自立未刊毛传也曾参考过。波多野和高自立分别撰写毛传,而竟参阅同样的文章,再次让我们认识到,《社会新闻》对共产党员和共产党研究者都是不可忽视的有特殊价值的资料。后一篇还曾被翻译成日文刊载于《世界知识》1934年9月号,并注明原文出处,标题作《毛沢东——"支那"共産党の首領——印象記》;未署译者姓名,但的确是波多野本人所译。[84]

就这样,《"赤豹"毛泽东传》值得关注,是因为其作者波多野是当时日本最著名的中共问题专家。但更值得关注的,是波多野该文提到了毛的容貌及其照片。波多野收集的,除共产党的刊物及《社会新闻》杂志等文字资料外,似乎也有图片资料。在提到对迷雾中的毛泽东存在各种猜测、谣传时,波多野写道:

> 就他的照片而言,两年前看到的明显颧骨隆起,但最近看到的却是胖乎乎的,根本没有患肺病的样子,简直判若两人。

苏联刊行的毛传曾反复称毛泽东患肺病,波多野似乎也已得知此说。附言之,据说斯诺在前往"红色中国"之前也曾相信"毛患不治之病",

---

[84] 后收入波多野的文集《現代"支那"の政治と人物》(《现代中国的政治与人物》),改造社,1937年。

看来，当时研究中国的人都认为毛泽东病得厉害。[85] 然而，波多野好像看到了完全不同的照片，上面的毛泽东"胖乎乎的"，根本不像病人。波多野好像感到非常诧异，在同一篇文章中再次写道：

> 最近看到他的照片。原来听说他是肺病患者，但〔照片上的他〕胖得滚圆，就好像某家公司的老板，令我大吃一惊。

波多野的话显示，在写这篇文章时，他手头应有两张毛泽东的照片。一张脸型消瘦，颧骨隆起，让人相信毛泽东果真就是肺病患者；另一张则是不久前得到的，胖乎乎的脸庞，看得出大腹便便，像个大老板。而他用于《"赤豹"毛泽东传》的是图48，是苏联的刊物长期以来多次刊载过的，也就是两张照片中颧骨隆起、脸型瘦削的那张。那么，另一张就应该是新近得到的、"好像某家公司的老板"的"毛泽东"照片。

读者可能已经猜到了，波多野所谓新近得到的，应该就是《周报》和山本实彦著《"支那"》刊载的"胖子毛泽东"照片（图1、37）。那么，结论应该是，波

图50　家中的波多野乾一（1930年代中期）

---

[85] 据斯诺介绍，在西方鼓吹"毛患不治之病"说的，是英国游记作家彼得·弗莱明于1933年在中国旅行仅七个月后所写的《独行中国》(Peter Fleming, *One's Company*, Jonathan Cape, 1934)。请参阅 *Red Star over China*, 1938, p.67。

多野手头有两张照片，但在1936年发表《"赤豹"毛泽东传》、需要插图时，选用了一直持有的脸型瘦削的那张；不久前得到的另一张，或许觉得不像、不自然，而没有采用。

波多野发表《"赤豹"毛泽东传》，比山本实彦出版《"支那"》还早数月，更比《周报》刊载《谈中国的共产党军队》早一年余。那么，《"支那"》和《周报》载"胖子毛泽东"照片和波多野的关系到底如何？对此，我们仅看波多野经历中如下一段就足够了。他在1932年5月辞离《时事新报》，不久加入外务省情报部，成为编外职员，从事有关中共的资料编辑、情报分析，供外务省内部参考，直至1938年。亦即，1936—1937年，波多野正供职于外务省情报部。

对！结论就是，《周报》载《谈中国的共产党军队》一文的作者，以及把"胖子毛泽东"的照片用作该文插图的，肯定都是波多野乾一。

4. 波多野乾一的中国共产党研究成就

1938年8月的政府公报附录《周报》刊载的《谈中国的共产党军队》一文，其署名虽是外务省情报部，但真实作者是情报部编外职员、中共问题专家波多野乾一（图50）。当然，文章未署波多野名，不可排除作者另有其人的可能。但翻检当时的外务省职员录，情报部（1932年以后，部长依次为白鸟敏夫、天羽英二、河相达夫）在编职员不多，而且，其中无人足可称作中共问题专家。在外务省，就此类专业性较强的领域收集情报、撰写报告等实际业务，官员本人不会做，一般是由编外职员承担的。

当然，虽说是编外职员，波多野的地位、待遇是相当高的。比方说，后来因官制改革，波多野从外务省调到兴亚院（1939年），虽仍属编外，但他获得的调职奖金高达 700 日元（高等官员待遇），远高于其他同类职员，第二位也只有 480 日元。[86] 当时日本的大学毕业生在银行或政府就职，第一年的月薪只有 70—75 日元。可见，波多野的地位，绝非人们按"编外职员"一词所想象的那样低。

波多野也曾使用笔名在《改造》杂志发表文章，1937 年改造社出版过他的《现代中国的政治与人物》。他和创造社老板山本实彦也颇有交谊。考虑到二人关系之密切，山本收入其《"支那"》的"胖子毛泽东"照片和强悍凶狠的朱德肖像，应该不是自己所收集，而是波多野把刚得到的照片赠给了他。其经过应该是这样的：1932 年，当时日本数一数二的中共问题专家波多野，被外务省以丰厚待遇聘为编外职员，开始收集并编辑有关中共的资料，并承担有关中国问题的对外宣传工作。1936 年上半年，他要在《世界知识》杂志发表毛泽东传时，通过某种途径获得了头戴礼帽、胖得像阔佬的"毛泽东"的照片和面相强悍凶狠的朱德肖像（或为《今日中国》所载）；但他在自己写的毛传中并未使用这张照片，而是使用了一直持有的来自苏联的肖像。在此前后，波多野将该照片赠给山本，山本于是将其插入不久后出版的《"支那"》一书。次年，波多野接受外务省情报部指示撰写、发表分析中共的《谈中国的共产党军队》，又出于某种意图，将前一年还有所怀疑的"胖子毛泽东"的照片，与前述朱德肖像一同刊登在《周报》上。

实际上，波多野所收集的中共资料，尽管并非完全准确，但所涉

---

[86]《興亜院事務嘱託波多野乾一外三十七名賞与ノ件外一件》（1939 年 12 月 8 日），《昭和十四年公文雑纂　内閣（四）　各庁高等官賞与一　巻四》，日本國立公文書館藏件，档案索引号：A04018435100。

范围极其广泛。在进入外务省情报部以前,他就用"榛原茂树"的笔名,就中共的历史和现状发表过《"支那"共产党略史》(《日本读书协会会报》,第 129 号,1931 年 7 月)和《中国共产党概观》(东亚研究会,1932 年 2 月)。尤其是篇幅逾百页的《"支那"共产党略史》,是日本有关中国共产党历史的第一篇研究论文,而且内容涉及"共产主义"一词在中国的来历、中国共产党第一次全国代表大会日期考证,是非常正规的党史研究论文。他被时任外务省情报部部长白鸟敏夫看中并被聘到外务省,正是因为他分析问题水准极高。入外务省不久,波多野即于 1932 年 10 月将此前的研究辑为一册,印成厚达七百页的《"支那"共产党史》(省内机密图书)。该书虽然是外务省内部资料,却是日本最早的中共党史研究专著(资料集)。

波多野当时对毛泽东的评价已经很高。在成为外务省编外职员后的 1933 年,他曾在《世界知识》杂志(6 月号)发表概论性的《中国共产党的核心人物》(《中国共産党の中心人物》)一文,其中称毛泽东为"巨星",对毛的介绍也颇为详细(无肖像)。他自那时起就称当时的共产党是"毛泽东时代",说留苏派慑于毛的实力而无所作为,不过是共产国际的电话机。实际上,毛泽东当时正受到冷遇,波多野作为局外人是无法窥知的;但他对毛泽东的评价极高,后来也从未改变。

1932 年以后,他继续在外务省带领其他人收集中文及俄文、德文、英文等中共资料,翻译后附上解说,冠以外务省情报部编《中国共产党○○年史》之名印制成册,从 1932 年史至 1937 年史,共印六册,供外务省内部参考。战后,这些曾经只有外务省内部人员才能读到的中共党史资料集的价值受到高度评价,以上述《"支那"共产党史》为第一卷(叙述 1920—1931 年共产党史),出版过七卷本《资料集成中国共产党史》，并注明为"波多野乾一编"。

然而，战后日本的中国史研究界对波多野的评价并不高。他所收集的丰富资料且不提，其研究被视为站在敌视中共的政治立场，是日本帝国主义的帮凶。在这点上，除外务省的波多野外，满铁调查部系统以大塚令三为核心的中共研究，也曾被批判为"调查乃出于当时日本的国家目的"，"官方的研究"。[87] 因为，在中国共产党取得胜利（中华人民共和国成立）之后，战后日本的中国近现代史研究即开始受到反向意识形态（即左翼意识形态）的强烈限制，认为研究活动应该肯定中国革命，必须符合共产党的立场和叙述。[88]

随着冷战体制的结束，此类共产党中心史观逐渐不再具有影响力。不过，对波多野而言，这种状况仍难言幸运。因为，其后的日本，越来越多的人不再关心中国共产党的历史；波多野的研究，或因原本即未出外务省，其价值至今仍很少为人所知，也没有受到恰当评价。但在中国共产党经过长征而出现在华北、其势力经西安事变再次趋于强大的1936—1937年，波多野在追踪、分析中共动向的同时，在《中央公论》《改造》《国际评论》《世界知识》等刊物上发表了一系列论述中国共产党的文章，是当时最受欢迎的"中国通"。

包括以外务省情报部名义发表者在内，波多野的著作堪称宏富。仅就毛泽东的略传、传记而言，如外务省情报部编、1932年底刊行

---

[87] 衛藤瀋吉《中共史研究ノート》（《中共史研究笔记》），《東洋學報》第43卷第2号，1961年。

[88] 关于战后日本中国近现代历史研究的状况（相关学者的口述史），请参阅石之瑜等编《战后日本的中国研究：口述知识史》，全3册，台北：台湾大学政治学系大陆暨两岸关系教学与研究中心，2011—2013年。

的《现代中华民国·"满洲国"人名鉴》"毛泽东"条等之记述(本书第一章,第25、26页),形式上虽为外务省收集所得,实际上应皆出自波多野之手。他后来撰写的论述中共领导人的文章,都少不了毛泽东;《中国共产党的核心人物》(1933年)、《"赤豹"毛泽东传》(1936年)等即其代表。这一系列评论,后来被编辑成大部头论集《现代中国的政治与人物》,在《周报》刊载"胖子毛泽东"照片的1937年8月由改造社出版。

不可忽视的是,曾提及毛泽东两张照片的《"赤豹"毛泽东传》虽然也收入该论集,但谈到照片的两处记述,有一处却被删除,即文章末尾包括上述"最近看到他的照片。原来听说他是肺病患者,但胖得滚圆,就好像某家公司的老板,令我大吃一惊"的一段未再出现;但"就他的照片而言,两年前看到的明显颧骨隆起,但最近看到的却是胖乎乎的,根本没有患肺病的样子,简直判若两人"一段仍在,显示他这时对"胖子毛泽东"照片仍然持怀疑态度。该论集出版于1937年8月,与《周报》刊载"胖子毛泽东"照片同时。这显示波多野让"胖子毛泽东"照片登上《周报》,是出于某种意图而有意为之。

那么,持有胖、瘦两张毛泽东肖像的波多野,为何在1937年选择他一直怀疑的"胖子毛泽东"照片,用作《谈中国的共产党军队》的插图而登在《周报》上呢?答案就在这篇文章之中。实则,除上述毛、朱外,该文还插入了另一张照片(图51)。该照片注明为"红军炮兵",展现红军士兵正在操作或从国民党军队缴获来的山炮的场面。该照片的来源很清楚,即1937年4月15日——先于《周报》约四个月——的《救国时报》,原注为"红军炮兵之一部"(图52)。

《救国时报》是中共在巴黎刊行的大版面杂志(基本上每五日刊行

图51 《周报》载"红军炮兵"照片

图52 《救国时报》载"红军炮兵之一部"照片

一次)。与前文介绍的法文版宣传册《今日之革命中国》一样,该杂志也是由莫斯科的中共驻共产国际代表团编辑,在巴黎印刷、发行的。该杂志仿巴黎杂志特色,经常刊载照片;而其中一张和《周报》所载相同。波多野点滴收集、编辑的资料集《中国共产党1937年史》,就收有采自《救国时报》的文章。[89] 故波多野及外务省情报部无疑曾收集《救国时报》。当然,应该不是波多野直接订购,而是日本驻巴黎大使馆等收集后,定期寄回外务省的。

《救国时报》是中共的杂志,刊载红军炮兵的照片,本不奇怪。但拍摄这张照片的记者不是别人,正是斯诺。关于斯诺著《红星照耀中国》及该书所使用的照片,后文将做详细探讨;要

---

[89] 《中国共产党1937年史》翻译、收入了《一年来华侨救国运动之检阅》(第75/76期合刊,1937年1月8日),注明译自《救国时报》。

之，这张照片，1937 年秋在英国出版的英文版并未使用，而 1938 年初美国出版的英文版却予以收录，并注明是斯诺所摄。说到这里，读者或许会奇怪：1937 年 4 月发行的《救国时报》，怎么可能转载 1938 年才出版的书中的照片？事情是这样的：《红星照耀中国》1937 年出版英文版之前，斯诺

图 53 《生活》杂志载斯诺拍摄的红军炮兵照片

曾把在陕北采访的记录和部分照片向某些大型媒体公开，其中 40 余张照片被美国《生活》(*Life*) 画报刊载于 1937 年 1 月 25 日号和 2 月 1 日号上，并附有说明。这张红军炮兵照片即其中之一（图 53）。[90]

据此，我们可以推断，与毛、朱肖像同时刊于《周报》的这张红军炮兵照片，先由《救国时报》转载自《生活》画报，而外务省情报部又从《救国时报》复制而来。当然，也有可能是外务省情报部直接取自《生活》画报，而未经过《救国时报》；但因下述两条理由，这个推测不成立。第一，假如直接看到过《生活》画报，毛泽东等人的照片也应从该画报一并借用，而不太可能只复制炮兵照片；第二，照片的剪裁范围（尤其山炮炮身部分）、《救国时报》和《周报》完全重合。

波多野手头有中共在巴黎刊行的杂志，此类杂志在 1937 年上半

---

[90] 丁晓平《解谜〈毛泽东自传〉》（中国青年出版社，2008 年）曾就《生活》杂志载照片做过介绍（第 248—249 页）。

年已经转载斯诺从陕北带回的照片。比如，斯诺为头戴八角帽的毛泽东拍的那张最有名的照片（图6），就在登上《生活》画报五个月后的1937年6月13日出现在《救国时报》上，同时刊载的还有斯诺为骑在马上的周恩来拍摄的照片。难道说，波多野在《救国时报》上看到了斯诺拍摄的红军炮兵照片，却没有看到真实的毛泽东、周恩来的照片？又或者，外务省情报部唯独没有收集到载有毛泽东照片的那一期《救国时报》？显然，那是不可能的。

5. 外务省情报部要隐藏什么

本书至此所探讨的信息复制、传播的复杂过程，如图54所示。左侧上、中两张图片是1927年国民党领导人合影的衍生品。从合影截取的毛泽东照片，经过剪切、加工，在1933—1936年间在苏联被收入革

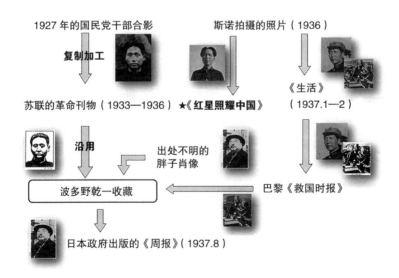

图54　毛泽东照片和信息的传播 a

命刊物,其中数张成为波多野的收藏品。其藏品还包括一张来路不明的"胖子毛泽东"照片。后来,斯诺成功进入陕北采访,这些资料的偏差得到纠正。斯诺的照片通过《生活》画报、《救国时报》等刊载、转载而流传开来,使旧有资料不再具有意义,并一举取而代之。而这对毛泽东形象的传播而言,意味着《红星照耀中国》一枝独秀时代的开始。

就这样,在波多野以外务省情报部的名义在《周报》发表《谈中国的共产党军队》的 1937 年 8 月,斯诺从中国共产党根据地带回的采访记录和照片的一部分,已逐渐登上各种媒体。提起《红星照耀中国》,人们首先认为它是"名著",所以更多地关注其单行本。但实际上,由于斯诺在单行本出版前先行公布、发表了毛泽东等共产党领导人的照片及采访记录,其影响在"名著"出版前的 1936—1937 年间已经出现并逐渐扩大。

1936 年 10 月 31 日的《时事新报》(东京),曾以《美国记者成功采访共产党地区 / 珍贵的采访记录》(《共産区踏査に米人記者成功 / 貴重な視察記》)为题,报道了斯诺结束采访回到北平(今北京)一事。该文剪报收于波多野留下的剪报集,现保存在东京的东洋文库(专门收藏东方学资料的图书馆)。该剪报的存在显示,斯诺进入共产党管辖地区采访并已取得重要成果一事,波多野几乎在同时就已知晓。那么,连中国的八卦杂志《社会新闻》、法国的中文杂志都巨细靡遗进行收集的外务省情报部及波多野,对公开媒体《生活》画报有关斯诺的报道,真的可能粗心到看漏或者视而不见吗?显然不可能。

仅就毛泽东照片而言,波多野选用"胖子毛泽东"照片时,是否知道已有斯诺拍摄的、头戴八角帽的毛泽东照片?换言之,他是故意为之，抑或是信息不足而导致的疏忽？这个问题值得思考。而疏忽还是故意，导向的结论显然是不同的。

第一，假如波多野真的认定毛泽东就是"胖子"，那么，极而言之，卢沟桥事变时的日本就是没有搞清敌人是谁就发动了战争。孙子说，"知己知彼，百战不殆"；但如果波多野真的有此误解，那就是"不知己，不知彼，每战必殆"。我们都已知道，和中国之间发生的"事变"，日本本来以为挥挥手就能解决，但结果竟拖了八年之久，而且最后没能取胜。斯诺在《红星照耀中国》中就日本如何评价毛泽东曾写道，"许多日本人都认为他是中国现有的最有才干的战略家"，[91]似乎认为日本的情报分析水平相当高。但如果连波多野这样的人物都没有能力鉴别一张照片，那么，斯诺的评价也太随便了。

第二，假如波多野等人明知道"胖子"照片上的人物不是毛泽东，却故意登在《周报》上予以公开，那就是有意散布虚假信息，其目的是让国民都对共产党带上负面印象。"共产党的首领胖乎乎的，好像某家公司的老板，红军司令则是啸聚山林的'土匪'"——要让读者对中国共产党产生这样的印象，这两张照片的效果胜过洋洋洒洒数千字的论文。再次借用中国古代经典（《论语》）的说法，这分明就是"民可使由之，不可使知之"的愚民手法。

那么，当时日本的媒体对待斯诺的态度怎样？首先看斯诺采访报道的译载情况。实际上，在《周报》于1937年8月刊载"胖子毛泽东"照片之前，斯诺报道的译文已经登上日本的著名杂志。图55就是该年

---

[91] *Red Star over China*, p.93; 董乐山译《西行漫记（原名：红星照耀中国）》，第65页。

图 55　《世界知识》1937 年 7 月号载译文

7月的《世界知识》杂志译载的斯诺的文章《中国共产党军队根据地探访》。其原文连载于伦敦的日报《每日先驱报》，但所用毛泽东及其夫人贺子珍、骑马的周恩来等人的照片，应该采自《生活》画报。也就是说，在《周报》刊载"胖子毛泽东"照片一个月前，人们就已经能够在书店摆放的杂志上看到真正的毛泽东照片。而且，《世界知识》正是波多野屡屡投稿的杂志，按常识来说，他不可能没有看到这篇译文。

再举一个例子。图 56 是日本著名杂志《改造》于 1937 年 6 月——《周报》刊载"胖子毛泽东"照片前两个月——译载的斯诺的采访报道，题名《中国共产党领袖毛泽东会见记》，是从前一年即 1936 年 11 月上海的英文杂志《密勒氏评论报》所载文章直译而来。该文中头戴红军帽的毛泽东照片，是英文杂志原有的。也就是说，波多野经常投稿的

图56 《改造》1937年6月号译载斯诺采访记

杂志相继刊载过毛泽东的照片,如果说他竟然没有察觉,那只能说情报部过于懈怠、工作也太不合格。但实际上,波多野所编资料集《中共产党1936年史》(1937年2月发行)曾经译介过斯诺发表的对毛泽东的采访记录。因此,要说他唯独没有看到采访记中的照片,岂非古今奇谈?

再来看一条证据。细读《谈中国的共产党军队》,文中录有红军士兵的统计数据;而这正是波多野当时已经读过斯诺采访记的铁证。该文称,红军指挥官的平均年龄是24岁;又说第一军团战士的出身,农民占58%、农村劳动者(手艺人、木匠、学徒等)占25%、工业劳动者占3%、小资产阶级知识分子占4%;这些数据与上海的英文报纸《大美晚报》(Shanghai Evening Post & Mercury)载斯诺论文《共产党与西北》(The Reds and the Northwest,1937年2月3—5日)一字不差。而该文的原文和日本驻上海总领事馆翻译该文后递交外务省的报告（3月24日），至今还保存在日本外务省外交史料馆中。[92]

证据已经足够了。真相就是，外务省情报部当时早就读过斯诺的采访记，也已看到采访记中的照片，但却将其隐藏了起来。而之所以隐藏，是因为满怀善意描述共产党及其领袖毛泽东的斯诺的姿态不能令他们满意。他们也担心毛泽东头戴红军帽、端正洒脱的照片，会在国民心中植入对共产党的好感。假如刊载了斯诺拍摄的毛泽东照片，就不得不提到斯诺的采访，其结果，就会导致对共产党及其领袖毛泽东抱有朴素共鸣的斯诺的见解流传开来。当然，政府可对有关斯诺的报道进行审查。事实上，当时当局对出版物——尤其对左翼文献和反对帝国主义的著作——的审查十分严格，哪怕是翻译的文章，文中如有"日本帝国主义的侵略"的字样，都会被删改成"××××主义的××"（"侵略"和"日本帝国"均为避讳词）。这虽然是当时的通常做法，但在政府官报上，显然不能这样做。

本来，外务省情报部是为向国内外公开、宣传正确和准确的信息而设。政府公报创刊《周报》，目的也本应是"公开政府各机构所获得有关内外形势、经济学术等之信息，密切政府与一般国民之接触，以利公正光明政治之推行"。[93] 但担负如此使命的机构，其职员竟然在媒体发表文章操纵舆论，不能不说日本政府对信息公开已不仅是迟钝和麻痹，而是有利用和操纵之嫌。反过来或许可以说，当时日本的政府

---

[92]　《公信第377号　「エドガー、スノー」ノ發表セル西北「ソ」區視察記譯報ノ件（1937年3月24日）》,《"支那"各地"共匪"關係雜纂　第10卷》, 外務省外交史料館藏件，分类项目 A-6-1-5-4-012（档案索引号：B02032001000）。

[93]　《发刊词》,《周报》, 第1期, 1936年11月。

和官员对共产主义的戒备已到了神经过敏的程度。

当然，波多野所处的立场也不难理解。或许，对斯诺进入中共管辖地区采访，并带回采访记录和毛泽东等人的照片，最能够理解其价值的，在日本恐怕也只有波多野本人。作为长年收集中共资料的专家，他马上就能明白斯诺的采访非同寻常。因为，当时人们都传说中共的根据地陕北很可怕，没有外国人进去了还能出来。

就在斯诺试图进入陕北的1936年春夏之交，波多野和大塚令三这两位日本著名的中共问题专家，也相继前往中国进行实地考察。不过，波多野只是在上海收集资料；大塚倒是在同年10月在《中央公论》上发表过旅行记，名为《中国苏维埃地区跋涉周游记》，但也不过是在5月乘火车和长途客车从杭州到长沙的沿途记录而已，[94]连一个"共匪"也没有碰到。这样的内容竟也称在共产党管辖地区"跋涉周游"，还刊载于著名杂志，无疑反映出当时日本人在中国考察的局限；也可知斯诺的陕北之行及其采访记录，对当时的日本是如何地石破天惊。换言之，对以中共问题专家自居的人来说，刊载斯诺拍摄的毛泽东照片，无异于承认自己在收集情报方面彻底吃了败仗。

话说回来，即使不想公开斯诺拍的照片，不刊载就行了，何必拿出另一张来路不明、难辨真伪的照片？或许，波多野有理由认为这可能就是毛泽东，因而不忍割舍。不过，随着斯诺拍摄的照片越传越广，外务省似乎也不能再佯装不知而继续使用"胖子毛泽东"的照片。例如，后来，《宪友》（宪兵职员团体杂志）等其他杂志曾相继转载《谈

---

[94] 《中国苏维埃地区跋涉周游记》（《"支那"ソウェート地区踏破記》），《中央公论》，1936年10月号。他的行程是杭州至南昌（火车）、南昌至长沙（长途客车）。

中国的共产党军队》，但都删除了照片。[95] 也就是说，这些杂志认为内容尚可，但对照片却都感到莫名其妙。

考虑到上述情况，对上述图 54 加以修正后，即为图 57。左侧图片没有变化，但看得出斯诺带回的采访记录、照片已经传到日本。至于毛泽东的肖像，斯诺拍摄的照片已先于《周报》而刊载于《世界知识》《改造》等日本杂志，斯诺发表在上海《大美晚报》上的文章和数据，无疑也已为波多野及外务省情报部所掌握。但是，如上所述，日本政府的正式刊物却隐瞒了斯诺文章（毛泽东的采访记录和照片）的存在，对国民秘而不宣。

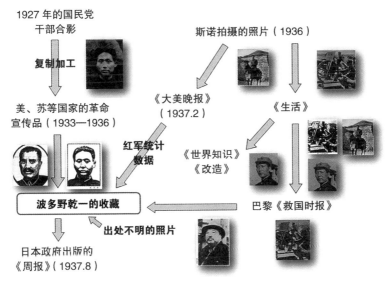

图 57 毛泽东照片和信息的传播 b

---

[95] 转载《谈中国的共产党军队》的刊物有：《宪友》，第 31 卷第 11 期，1937 年 11 月；外务省情报部编《国际时事解说》，三笠书房，1937 年 11 月。

6. "胖子"到底是谁？

曾作为中共问题专家在外务省收集、分析中共资料的波多野乾一，后来转到兴亚院、大东亚省工作，身份仍是编外职员；战争结束后任《产经新闻》社论委员。其间仍继续发表有关中共的著作，并于1961年将他在外务省时编到1937年的《中国共产党〇〇年史》重新出版，此即七卷本《资料集成 中国共产党史》。他曾表示将继续刊行1938年以后的中共党史，但因两年后即去世而未能实现。其藏书中，价值较大的赠给东京的东洋文库，作为"波多野文库"单独保存。不过，据其家人称，波多野去世后不久，曾有学者模样的人来到家里，拿走了不少藏书。

至此，上文提到的照片上的"胖子"到底是谁，就成了波多野留下的最后一个谜。不过，说实话，本书作者至今没有答案，对照片上的人到底是谁不得而知。当然，肯定不会是毛泽东。而关于谁、出于什么目的将其刊载出来，上文已有明确论述。因此，最后这个问题，未尝不可留给有兴趣的人去解决。但是，既然本书已经就毛泽东早期的肖像等问题进行了多方探究，如果最后无法弄清这张最有趣的面孔属于谁，难免留下遗憾。

不用说，为解决这个问题，本书作者曾经像发布通缉令那样，每逢见到国内外相关学者就指着这张照片问是否认识此人，也阅读了波多野在刊载这张照片前后以及战后所发表的文章，还仔细查阅了"波多野文库"。可是，借用办案警察的口吻来说就是：十分遗憾，本专案组至今没有得到可靠线索，无法断定此人是谁。不过，嫌疑人是有的。那就把嫌疑人请来先问问吧。照片上的容貌是唯一线索：体型微胖、不太浓密的八字胡。

第一位是图 58 所示人物，名叫冯玉祥（1882—1948），民国时期活跃于中国北方的军人。他原来属于直系，1924 年以后支持国民党，也曾支持北伐，是位开明人士。南京国民政府时期屡屡与走向独裁的蒋介石发生冲突，也曾集结反蒋阵营与蒋展开大战。他本人生活极为节俭，而且是虔诚的基督教徒，因而又被称为"基督将军"。这壮实的身躯和容貌五官，是不是像那个"胖子"？

图 58　冯玉祥

只是，如果"胖子"照片是波多野所收集，而他又因某种理由认为这可能就是毛泽东的话，"胖子"是冯玉祥的可能性就几乎为零。因为，冯玉祥是民国时期无人不晓的大人物、一等一的将军，随处都有他的照片。不知他是谁的外行姑且不论，像波多野这样有名的"中国通"，不可能连冯玉祥的照片都认不出。"胖子"应该是波多野也从未见过的人物。

那么，图 59 所示这位如何？上半身稍微前倾，但看得清脸型、五官相近，尤其那八字胡，是不是很像？

图 59　李杜

把照片中"胖子"头上的帽子摘下来，可能更像。他叫李杜（1880—1956），是民国时期活跃于东北的军人。李杜不如冯玉祥那样著名，而且，在1935—1936年的行动有些神秘，被误认成毛泽东，也不是没有可能。因为，为把毛泽东的孩子秘密护送到苏联而扮成商人、一路陪同到欧洲的就是他。这件事有些复杂，大体经过如下。[96]

李杜原为张作霖、张学良帐下爱将。众所周知，1931年"九一八事变"后，张学良的东北军未予抵抗即行南撤，但在黑龙江一带，部分不肯投降的将士却奋起抵抗关东军。李杜就是这些将士之一。失败后，李杜于1933年避往苏联，后途经欧洲于同年6月回到上海。在上海，李杜通过参加抗日救国活动逐渐与共产党建立了联系，后来，为了在东北再次兴兵抗日和得到苏联的武器供应，李杜甚至曾向共产党提出合作抗日，并要求入党。[97]

已于1935年冬到达陕北的中共中央，为重启已经瘫痪的城市工作，翌年春派文化工作干部冯雪峰（1903—1976）前往上海。他的任务是设法开展抗日统一战线工作，并重建党组织。此外还带有一项特殊使命，那就是找到流落上海的毛泽东的孩子，并把他们护送到安全地点（莫斯科，当时设有抚育革命家子弟、遗孤的机构）。[98] 毛泽东和杨开慧育有三子，一直随母亲生活。1930年，杨开慧被湖南军阀逮捕、

---

[96] 参阅《关于刘鼎36年6、7月间到上海的情况和其它一些事情的参考材料》，《冯雪峰全集》第8卷，人民文学出版社，2016年，第374页；王希亮《李杜将军传》，黑龙江人民出版社，1985年，第101—103页。

[97] 史纪辛《李杜入党问题考》，《党的文献》，2004年第3期。史纪辛推断，经此申请，李杜被接纳为"特别党员"。

[98] 前引《关于刘鼎36年6、7月间到上海的情况和其它一些事情的参考材料》，《冯雪峰全集》第8卷，第373—374页。

杀害后，孩子们失去依靠，党组织于是把他们安排在上海的幼稚园生活。后来，上海的党组织又遭破坏，亟须再次转移这三个孩子。

在上海保护孩子的，是后来帮助斯诺前往陕北的神秘的"王牧师"，原名董健吾。他表面上是一位热心人道活动的牧师，经营孤儿院等，实际上是共产党的秘密党员。[99] 通过董健吾等人找到孩子的冯雪峰，把护送孩子去莫斯科这一间谍故事般的绝密任务交给了已要求入党的李杜。李杜隐瞒身份，带孩子离开上海，据说是在1936年6月底。中国至今存有李杜用"王元华"之名申领的护照，上面还附有三名偕行幼童的照片，[100] 即毛泽东的长子岸英、次子岸青和董健吾的儿子。毛泽东还有三子岸龙，据说在上海失踪，上海的党组织多方寻找无果。李杜等一行中，还有中共交通员杨承芳。[101]

7月下旬，李杜和孩子们顺利抵达巴黎，王明派亲信康生专程从莫斯科赶来迎接。李杜一行希望继续前往莫斯科，但苏联方面对李杜似乎不太放心，只接纳了毛泽东的两个孩子，而没有给李杜和董健吾的孩子发放签证。[102] 把毛泽东的孩子与其他人区别对待，是共产国际最高负责人季米特洛夫报告斯大林后决定的，可见是高度政治性的选择。[103] 就这样，李杜把毛泽东的孩子托付给康生后，又带着董健吾的

---

[99] 董霞飞、董云飞《神秘的红色牧师董健吾》，北京出版社，2001年。

[100] 刘凤仁、廖怀志、石成壮编《李杜将军画传》，中国文史出版社，2011年，第114页。该书称李杜一行共9人。

[101] 《关于36—37年间我和杨承芳联系的经过》，前引《冯雪峰全集》，第9卷，第167页。

[102] 王金昌《冯雪峰忆1936年毛岸英兄弟赴苏经过》，《百年潮》，2010年第2期。

[103] 《季米特洛夫给斯大林的信》（1936年7月29日），"俄藏档案"，全宗495，目录79，案卷294，第5页。

孩子踏上回国的旅程；而说服苏联首脑为东北抗日提供支援的目的则落了空。后来，李杜继续持同情、支持共产党的立场，还向莫斯科的中共代表团传送过情报等[104]；但终其一生没有再登上政治舞台的中心。

与毛泽东渊源如此之深、容貌又和被误作"毛泽东"的照片如此相像——现实中还真有这样的人，简直太过巧合。他在旅途中如慈父般照顾毛泽东的孩子，被人当作毛泽东也不奇怪。或许可以创作这样的故事情节：不清楚毛泽东容貌的日本情报组织获得情报，称毛的儿子与父亲一同去了欧洲，于是不知从哪里搞到了"毛泽东儿子之父"的照片，然后……

不过，要使此类情节成立，还必须将常识暂且搁置一旁，激活更大的想象力，以回答下述问题：且不管是日本的外务省还是其他机关，他们既然获知中共组织将执行确保领袖家人安全的特殊任务，而且予以监视，甚至搞到了照片，怎么可能没有其他情报、报告加以辨识和验证？[105]而且，哪家情报机构如此没有常识，会相信毛泽东本人会带着自己的孩子满世界跑？

而上述想象不可能成立的关键根据是，在据信为李杜的所有照片中，至今没有一张与"胖子"照片一致。近年来，李杜被称作爱国军人，而且还曾搭救过毛泽东的孩子，中国学者为他出版了几部传记；有的传记还附有几张李的照片，[106]但都不是上述"胖子"照片。除非

---

[104] 王明《关于来自李杜将军的信息（1937年1月1日）的报告》（1937年3月4日），"俄藏档案"，全宗495，目录74，案卷278，第59页。

[105] 史纪辛《李杜入党问题考》称，李杜未能实现访苏，乃因日本方面事先获得了情报；但没有日本方面的资料佐证。

[106] 参阅《李杜将军画传》。

固守"阴谋史观",坚称李杜的欧洲之行被日本情报机构探知,所以有了这张照片,否则,"胖子"是李杜也好,不是李杜也罢,都只能在找到与此一致的照片之后才能下结论。而在那之前,不能认定李杜就是那个"胖子"。

在李杜带毛泽东的孩子出发前往欧洲,也是波多野面对两张"毛泽东"照片挠头的时候,有一个外国人为了一睹毛泽东真容而正准备前往陕北的"红色中国"。他就是斯诺,也是本书后半部分的主角。本书至此介绍和分析的有关毛泽东的肖像、评传以及人们由此形成的对毛的印象和认知,都因为斯诺的此次采访,而一下子不再具有任何意义。

第五章　斯诺前往"红色中国"

1. 绝佳的采访时机

美国记者斯诺离开陕北延安进入中共管辖地区，是在1936年7月7日前后。这位密苏里州的青年怀揣着成为世界著名记者的梦想而游历世界各地，途经上海时下船，原打算只作短期停留。自那时起，已经过去将近八年。其间，斯诺迷上中国并住了下来，作为欧美报社（伦敦《每日先驱报》、纽约《纽约太阳报》）的特约记者专门报道中国，逐渐萌生了亲自到"红色中国"采访的想法和愿望。现在，多年的愿望眼看就要实现了。

之所以说他进入中共管辖地区是在7月7日"前后"，是因为延安当时还在国民党方面控制之下，从延安越过相当于分界线的"两不管"地带进入中共根据地，徒步需要走一到两天。斯诺此后在陕北的经历充满传奇。他结束全部采访计划回到西安是10月22日，抵达当时在北平租住的家里是10月25日。算起来，实际采访时间约三个月。

斯诺说，前往"红色中国"时，北平的中共地下组织事先给了他一份用"隐色墨水"写给毛泽东的介绍信；除了瘦毛驴驮着寝具和一些食物外，他自己身背两部相机，还带了二十四卷胶卷。[107] 不过，《红星照耀中国》一书虽然也零星地提到他本人在采访中的经历，但对采访过程却始终讳莫如深。比如事先如何准备、谁为他居中介绍和联系等重要问题，都只字未提。当然，这样做的目的是要避免累及帮助他的人；用现在的说法，为报料人保守秘密是记者必须遵守和履行的原则。但也难说斯诺不是有意为之，即避而不谈反倒可以为自己的经历罩上神秘的面纱。比如"隐色墨水"写的介绍信云云，就很像间谍小说里使用的小道具。

后来，甚至在《红星照耀中国》早已确立其名著之地位后，斯诺仍不愿意谈论陕北之行的详细经过，偶尔披露的一些所谓内幕，也不完全是事实。其结果，《红星照耀中国》中的斯诺就给了读者这样的印象，即不顾危险、只身冒险的记者。

当然，他的采访无疑充满了危险。西北内陆十分贫困，而且屡屡有鼠疫、伤寒等传染病流行。事实上，美联社在得知他进入陕北后，曾于10月下旬引用西安某传教士的话报道说，美国记者斯诺已经遇害；这个消息还登上了斯诺故乡密苏里的报纸。[108] 因此，斯诺回到北平后的第一件事，就是在众多记者面前公开露面，以澄清谣传。[109] 连斯诺的"死讯"都被传得沸沸扬扬，可见他前往陕北采访，在外界看

---

[107] *Red Star over China*, pp.46, 57；董乐山译《西行漫记（原名：红星照耀中国）》，第15、29页；Edgar Snow, *Journey to the Beginning*, Random House, 1958, p.155（中译本：宋久等译《斯诺文集 I 复始之旅》，新华出版社，1984年，第186页）。

[108] "American Newspaper Man Reported Killed in China"，*Joplin Globe*（Missouri），October 27, 1936.

[109] 《共産区踏査に米人記者成功 / 貴重な視察記》，《時事新報》〔東京〕，1936年10月30日。该文报道，从陕北采访归来的斯诺于10月29日发表了谈话。

来纯粹是不要命的莽撞行为。

　　但是,斯诺的采访实际上并非莽撞行为,而是经过慎重、缜密的准备和交涉,在经过失败后才得以实现的。他曾在1936年春第一次尝试进入陕北遇阻,后来再次向中共中央书面递交了采访计划。对主动前来的美国"愣头青"记者,答应采访的中国共产党,当时也并未豁达、宽容到可以让他自由采访、随便发表。共产党对来自外部的人一直充满戒备和警惕。当时,陕北的中共根据地有一位苏联来的外国军事顾问(李德,原名奥托·布劳恩[Otto Braun]),据说他曾怀疑斯诺是美国派来的特务。一位自由记者出于个人兴趣而要采访共产党,本身就不可思议,更何况斯诺来得也过于顺利。[110]

　　当然,毛泽东等共产党领导人在答应斯诺进入根据地之前,肯定对斯诺进行过必要调查;他们也是经过反复权衡、深思熟虑的,此点不应忘记。不过,斯诺的采访虽说是双方目的吻合且经过周密准备的结果,综观起来,却也可以说是"天时、地利、人和"三种要素绝妙结合才得以实现的奇迹。

　　如果把天时称作时机,那么,1936年夏就是斯诺实现其采访计划的最好不过的决定性时机。假如放在一年以前,共产党几乎不可能接受斯诺前来采访。1935年秋天到达陕北的共产党及红军,刚刚结束一年有余的漫长行军。还有,《八一宣言》在1935年发表后,为抗日而结成统一战线已经成为共产党的基本路线,中共正在积极争取统一战线的支

---

[110] Helen Foster Snow (Nym Wales), *My China Years: A Memoir*, New York: William Morrow and Co., 1984, pp.200, 263;中译本:华谊译《旅华岁月——海伦·斯诺回忆录》,世界知识出版社,1985年,第192、253页。

持者与合作者，也正需要有记者向外界宣传这一新方针。《八一宣言》是在莫斯科起草、发表的，毛泽东等中共中央领导人在到达陕北之前并不知情；后来共产国际派来张浩（林育英），新方针这才传达到陕北。[111]

在陕北安顿下来的共产党，为按照新方针在上海、天津等地重新开展工作而开始派出交通员，是在1936年春；斯诺通过宋庆龄（孙中山遗孀，当时秘密支持共产党的工作）、史沫特莱向中共中央提出采访要求，也正是这个时期。要采访，当然不可能说去就去，需要有相应的"后勤支持"，即必须有信息沟通、人员转送的渠道和通道。而上一章提到的冯雪峰（委托李杜护送毛泽东之子去苏联的共产党交通员）受命来到上海是4月下旬；斯诺的采访要求正是通过史沫特莱、由冯雪峰传递给中共中央。此前（同年3月），斯诺曾经尝试进入根据地而没能成功，很大程度上就是因为他和中共中央之间还没有建立起联络渠道。

斯诺提出采访要求时，陕北的中共中央和莫斯科之间的无线电联系尚未恢复，这对斯诺是又一幸事。陕北完成大功率通信设备的安装和密码调试并恢复了长征开始后被迫中断的无线电联系，是在1936年6月，[112]而这时中共中央已经决定允许斯诺前来采访。为什么说无线电尚未恢复对斯诺有利呢？因为，如后所述，当时的共产国际未必完全相信斯诺的政治立场，假如知道有美国记者要来采访，至少会"提醒"中共中央要对他好好审查。或许，无线电的开通再早几个月，或者斯诺的采访要求再晚几个月，共产国际都很有可能插手阻拦。

下面再看地利。共产党和红军在长征之前和之后，其根据地都在

---

[111] 李海文、熊经浴《张浩传》，当代中国出版社，2001年，第115—120页。
[112] 李永昌《中共中央与共产国际电讯联系》，《百年潮》，2003年第11期。

内陆；但是，长征后的新根据地陕北已经是西北，而在陕北对红军实施军事封锁的则是张学良的东北军。东北军先是统帅张作霖被关东军炸死，"九一八事变"后又被日军赶出东北，被迫移驻内地。当时的东北军在抗日方面与共产党立场一致，双方正在开展秘密谈判，至斯诺前往陕北时，两军事实上已经停战，张学良的指挥部所在地西安也已有了共产党的秘密交通站。蒋介石（国民政府）当然已察觉到双方动向可疑，并十分警觉，西安周围的特务组织也瞪大眼睛严密监视。在这种情况下，斯诺仍被从西安护送到延安、又从延安被护送到封锁线，就是因为得到了张学良的默许。[113] 放在共产党在赣南根据地被重兵长期围困的时候，要如此长途跋涉、突破封锁是难以想象的。

最后是人和，也就是人脉关系。即使有了天时、地利，如果提出要求的不是斯诺，而是其他人，那么采访是否能被接受、是否能够成功，也很值得怀疑。中国当时有许多外国记者为报社、通讯社采访、撰稿，就职业经历、对中国社会的理解以及语言水平看，许多外国记者比斯诺强得多。单就语言而言，斯诺虽然具备日常会话能力，但读写汉字仍很困难，阅读中文资料时必须有助手帮助。[114]

---

[113] 关于西安事变前中共与张学良的关系，请参阅杨奎松《西安事变新探》，《杨奎松著作集 革命》（四），广西师范大学出版社，2012年。

[114] 关于斯诺的汉语能力，各说不一。马汝邻《和斯诺相处的日子》（收于前引《纪念埃德加·斯诺》）、黄华《随斯诺访问陕北和目击红军大会师》（《百年潮》，2006年第10期）等文称，口头交流勉强过得去，但可以说读不懂文章。斯诺的夫人尼姆·韦尔斯也差不多，甚至还闹过笑话。据说她自以为是在说中国话，但陕北的红军士兵却回答说"我不懂英语"。前引 Helen Foster Snow, *My China Years: A Memoir*, p.277；中译本：前引《旅华岁月：海伦·斯诺回忆录》，第266页。

但是，斯诺却拥有通过支援救国运动和采访、交流而建立起的深厚而广泛的社会关系。从 1934 年发表其第一篇现场报道《远东战线》（*Far Eastern Front*）时起，他就对日本的对华政策持批判态度；后来，日本加紧策划所谓"华北自治"后，北平、天津爆发抗议运动，斯诺与妻子一起多方支援学生们的抗日救国运动，并参与发动了 1935 年的"一二·九运动"。他本人并非所谓左翼党派人士（共产党员），这反倒让人相信他是公正、诚实、敢于行动的记者，赢得了倾向共产党的中国学生和青年的好感。将斯诺希望到陕北采访的愿望间接传达给共产党组织的，就是因参加救国运动而遭到追捕时被他搭救过的左翼爱国学生。

而且，斯诺与鲁迅、宋庆龄等著名人士也建立了他人不可比拟的牢固的信赖关系。尤其是宋庆龄，斯诺曾为撰写她的传记而数次前去采访，通过她加深了对中国的了解，并受到她的巨大影响。[115] 虽然至今仍未见公开详细经过，但实质上等于共产党秘密党员的宋庆龄，无疑曾为之牵线搭桥，提供了全面支持。[116] 从宋的角度看，斯诺虽然十分关注共产党且对之抱有强烈好感，却又不属于任何左翼党派，这或许再理想不过了。斯诺的这一立场和姿态，也使《红星照耀中国》的叙述和描写赢得了广泛信赖，并富有非同寻常的感染力。

---

[115] Snow, *Journey to the Beginning*, pp.82—84；中译本：前引《斯诺文集 I 复始之旅》，第 96—99 页。

[116] 杨奎松称，当时的宋庆龄似乎是中共特殊党员。请参阅前引杨奎松《民国人物过眼录》，第 362—365 页。另，斯诺在谈到他与宋庆龄的关系时说，"我不知道宋庆龄那时是否是共产党员。也许，她是根据共产党的原则行事的，但又留在党外，因为作为孙中山的遗孀，她首先对他负有义务"（Snow, *Journey to the Beginning*, p.86；中译本：前引《斯诺文集 I 复始之旅》，第 101 页）。

可以说，上述时间、空间、人脉三个要素的绝妙结合，造就了斯诺具有历史意义的陕北采访的巨大成功。若非彼时、彼地、彼人，《红星照耀中国》这部名著是不可能问世的。

2. 同行者和支持者——海德姆、史沫特莱、冯雪峰、刘鼎

一名外国记者怀揣着用"隐色墨水"写成的介绍信——《红星照耀中国》这种颇为刺激的描述，让许多读者认为斯诺进入"红色中国"是只身探险。实际上不是那样。他进入陕北的中共根据地时，还有一名外国人同行，他就是黎巴嫩裔美国青年、医生乔治·海德姆（George Hatem, 1910—1988，图60）。住在上海的海德姆与斯诺同行，进入"红色中国"后留在了根据地，并加入了中国共产党。后来改名"马海德"，将毕生精力献给了中华人民共和国的医疗卫生事业，故中国人多尊称他为"马海德大夫"。

海德姆与斯诺一同到陕北一事，曾长期不为人知。因为，海德姆曾要求斯诺保密。记者姑且不论，一名外国青年医生主动跑去加入共产党，如果传出去，亲朋好友肯定会受到牵累。直到1960年斯诺访华后写了《大洋彼岸》（又名《今日的红色中国》，1962年刊），

图60　海德姆（马海德）

此事才被公开，[117]后来海德姆本人也在回忆录中予以承认。[118]

多年后才被公开的事实还不止于此。海德姆在改革开放后撰写回忆录披露、后来公开的有关资料予以证实的另一个令人意外的事实是，他们在1936年夏成功进入陕北根据地之前，曾在同年春天尝试前往陕北而归于失败。[119]不过，由于斯诺生前对此未做证实，恐怕许多人仍不知道他们曾两次前往陕北。

二人前往陕北时是怎样的关系？是否偶遇？主导者是谁？这些问题都不清楚，二人的说法也小一致。斯诺说，他和海德姆是1936年6月在西安的宾馆里初次相遇，按事前约定在那里一起等候共产党方面使者（王牧师）的到来。[120]不过，6月应该是第二次尝试。但关于二人的关系，斯诺在这里也顾左右而言他。

海德姆的记忆也模糊不清。他说，1936年6月前往西安的途中，他在郑州火车站第一次见到斯诺；但在另外的回忆录中又说，他在上

---

[117] Edgar Snow, *The Other Side of the River, Red China Today*, New York: Random House, 1962, pp.261-265; 中译本：新民节译《斯诺文集 IV 大河彼岸》（又名《今日的红色中国》），新华出版社，1984年，第202-203页。1968年《红星照耀中国》英文版所附人名录提及海德姆要求保密一事。

[118] 《"我热爱中国!"——马海德谈斯诺》，《新闻战线》，1982年第2期；Ma Haide, "Fifty Years of Medicine", *Beijing Review*, Nov. 17, 1984. 此前，中国发行的英文杂志上刊登的斯诺略传中曾提到同行者有马海德。请参阅 Chiang Shan, "Edgar Snow and His 'Red Star over China'", *Peking Review*, Apr. 21, 1978。

[119] 前引《"我热爱中国!"——马海德谈斯诺》；前引 Ma Haide, "Fifty Years of Medicine"；吴殿尧《刘鼎与〈西行漫记〉》，《百年潮》，2013年第7期；吴殿尧《刘鼎传》，中央文献出版社，2012年，第120、125、505页。

[120] Snow, *The Other Side of the River*, pp.261-265（中译本：前引《斯诺文集 IV 大河彼岸》，第202—203页）。

海时就认识斯诺。[121] 还说，3月他曾尝试进入陕北，却没能成功；但对斯诺是否同行却只字未提。关于被选中的为何是他和斯诺，海德姆还写道，斯诺与共产党没有直接联系，而他则一直在宋庆龄身边协助共产党工作，因而更受信任；他的行李除了药品外，最底下就藏着要传递给中共中央的秘密文件。[122] 而对斯诺的报道文章及回忆录，他还说，"（斯诺）为了出名，总是不停地夸大其词讲一些故事……也不一定准确，但因没有恶意，我们也就睁一只眼闭一只眼"。[123]

也就是说，斯诺不愿多谈与共产党的事前接触，而海德姆则试图突出自己在其中的作用；对他们的说法反复比对和分析，顶多只能知道宋庆龄、史沫特莱曾为他们提供过帮助，而出发前的准备过程，依然不得其详。而且，宋庆龄和史沫特莱在其中的具体作用也不得而知：她们是仅仅转达了斯诺的愿望，还是中共方面为加强对外宣传而先要求她们协助，恰巧斯诺也有此希望，因而顺水推舟促成了采访？对此，中国的一般说法是，到达陕北后的毛泽东曾致密电给上海的宋庆龄，希望她介绍医生等医疗人员和正直、公正的外国记者来陕北，以向国内外报道中共的新政策（抗日民族统一战线）；此时斯诺恰好来拜访宋庆龄，他和海德姆遂被选中。[124] 当然，没有资料可用来确认是否如此，这种电视剧般的情节，仍是难辨真伪。

---

[121] 下文海德姆的证词、回忆，除特别注明外，均引自 Edgar Porter, *The People's Doctor: George Hatem and China's Revolution*, University of Hawaii Press, 1997, pp.56–61。

[122] Ibid., pp.58–59. 不过，海德姆所说的秘密文件（共产国际第七次大会文件），在他带到前，早已被传递给陕北的中共。

[123] E. Grey Dimond, *Inside China Today: A Western View*, Norton, 1983, p.136.

[124] 前引武际良《埃德加·斯诺》，第 164—165 页。

此外，将斯诺的愿望报告给中共中央的冯雪峰，也只说是史沫特莱向他提出的；至于详情，则和斯诺等人一样，也几乎未置一词。[125] 当事人的回忆如此相互矛盾，或许意味着斯诺和海德姆本人对接送他们到陕北的渠道也未必完全清楚。

总之，留在陕北的海德姆，不仅参加了陕北的医疗工作，在斯诺离开后，仍从陕北向已回到北平的斯诺随时传送情报。现已确认，海德姆曾向斯诺提供过自己和红军一起行军的日记，还就如何报道陕北转达过共产党方面的要求和订正意见。1936年12月西安事变后，共产党对事变的态度和应对措施等，也曾由海德姆通报给斯诺；因此，斯诺对事变的报道和评价，一定程度上应曾受到海德姆的影响。[126]

如果说斯诺和海德姆是不清楚具体环节和经过的情况下被接送到陕北的"洋客"，允许他们进入根据地的是中共中央，那么，具体负责联络、接送的则是上海的共产党员冯雪峰和刘鼎。冯雪峰，如前所述，是中共中央为重建组织而于1936年4月派到上海的地下党组织负责人。而刘鼎（1903—1986，图61）则是共产党派到张学良身边做统一战线工作的交通员，同时负责在上海、西安、陕北之间秘密转运物

---

[125] 《关于刘鼎36年6、7月间到上海的情况和其它一些事情的参考材料》，前引《冯雪峰全集》第8卷，第374页；《关于36年在上海的几件事》，前引《冯雪峰全集》第9卷，第219页。

[126] 海德姆写给斯诺的书信及日记等部分资料，请参阅 Porter, *The People's Doctor: George Hatem and China's Revolution*, pp.86-97; Snow, *Random Notes on Red China, 1936-1945*, Harvard University Press, 1957, p.1；中译本：奚博铨译《红色中华散记》，江苏人民出版社，1991年，第1页。

150 — "红星"——世界是如何知道毛泽东的？

图 61　刘鼎

资，也就是地下交通线负责人。由于事涉机密，《红星照耀中国》避谈刘鼎，[127] 但具体安排斯诺往返陕北的就是他。

据刘鼎回忆，原定斯诺和海德姆 1936 年 3 月到西安，由刘安排他们进入陕北；但随后张学良和周恩来要举行秘密会谈（4 月 9 日夜，延安），刘必须陪同，故突然离开了西安；二人无法取得联系，空等数日，不得不返回上海。[128] 这就是《红星照耀中国》没有提到的未成功的第一次尝试。不过，打乱了斯诺二人计划的这次秘密会谈，加强了张学良和共产党的合作，已经停战的两军间的人员来往、物资输送及通信也更加密切；而这也保障了斯诺二人第二次陕北之行的成功。这就是所谓"福祸相依"吧。

这些动向，斯诺等人当然无从知晓。不过，他们并未因失败而放

---

[127]　比如，斯诺等来到西安郊外见到邓发后，和他们同行的"穿着东北军将校军服的青年"（英文 1968 年版，第 52 页），或许就是刘鼎。此外，1957 年刊《红色中华散记》所收苗剑秋有关西安事变的回忆中，曾出现"刘鼎"的名字；1962 年刊《今日之红色中国》中，也述及曾影响过海德姆的共产主义者"Liu Ting"（Snow, *Random Notes on Red China, 1936-1945*, pp.8-9（前引《红色中华散记》，第 11 页）; Snow, *The Other Side of the River: Red China Today*, pp.263-264（前引《斯诺文集 IV 大河彼岸》，第 206 页）。

[128]　前引吴殿尧《刘鼎与〈西行漫记〉》；程中原《在斯诺"西行"之前》，《党的文献》，1992 年第 1 期。

弃。回到上海后，他们再次通过宋庆龄提出采访要求。[129] 幸运的是，延安秘密会谈结束后陪周恩来回到瓦窑堡（陕北中共中央所在地）的刘鼎，于 4 月 13 日向中共中央报告了斯诺的希望，[130] 而冯雪峰也已于 4 月底来到了上海。也就是说，第一次尝试失败后，陕北和上海之间的联系终于建立了起来。至此，斯诺要来陕北一事才开始出现在共产党方面的记录中。

首先是中共中央政治局 5 月 15 日的会议记录。记录显示，当日讨论了如何回答外国记者的书面提问（共产党的基本对外政策）。[131] 记录中不见提问记者的名字，但提问内容与后来斯诺在陕北对毛泽东的采访完全一致。[132] 由此可知，"外国记者"就是斯诺，而且斯诺本人的采访要求，至迟在这之前已经传递给毛泽东等人，中共中央也已在认真考虑如何回答。

另一件显示斯诺第二次前往陕北经过的重要资料，是 5 月 28 日冯雪峰写给陕北中共中央的长篇报告。这是身负多项秘密使命的冯从上海发给陕北的第一份报告。报告中，冯明确提到海德姆和斯诺的名字，转达了他们的行程计划，并要求准备接应。相关部分如下：

---

[129] 斯诺首先回到上海，4—5 月间似曾与鲁迅等人会面，5 月 19 日暂时返回北平。关于斯诺这段时间的情况，请参阅张小鼎《一次长达"几小时"的重要会晤考》，《鲁迅研究动态》，1987 年第 6 期。另外，宋庆龄本人留下的文章中没有关于斯诺前往陕北的内容。

[130] 前引吴殿尧《刘鼎传》，第 187—188 页；前引吴殿尧《刘鼎与〈西行漫记〉》；金冲及主编《周恩来传》第 1 卷，中央文献出版社，1998 年，第 381 页。

[131] 程中原著《张闻天传》（修订版），当代中国出版社，2006 年，第 187—188 页。最早注意到该会议记录的意义的，应是前引程中原《在斯诺"西行"之前》。

[132] 1936 年 7 月 15 日，毛泽东就书面提问接受了斯诺的采访，相关内容在 1937 年 8 月发表于《美亚》（Amerasia）。

> 前次要进来之外国医生坚决要来，现在已送来，他的名字叫 S·G·HATEM［即乔治·海德姆，亦即马海德］，另有一个叫 EDGAR·SNOW［即埃德加·斯诺］的美国记者亦来，此人系来参观，三月后即要出来，此二人均十分热情并十分可靠，尤其是医生。他买了三四百元的药带来……收到此信后，即刻请派人到延安接两个外国人——HATEM 与 SNOW，他们六月三日从沪动身，估计六月十三四日一定可到延安。[133]

这份报告值得注意的有这样几点。首先，报告称海德姆和斯诺都"十分可靠"，但斯诺是要"参观"三个月，即期限既定的考察和采访；而一直希望进入共产党地区的海德姆则随身携带许多药品，似乎已决心投身中共。关于采访时间，斯诺在《红星照耀中国》中写道，进入根据地后第一个见到的人周恩来就给了他一份为时 92 天的采访计划，建议按此采访，而他对共产党方面如此大度深感震惊；[134]但冯雪峰的报告则显示，如此长时间的采访计划，应是斯诺事前提出的。此外，假如该报告所言不虚，那么，斯诺和海德姆是从上海一路同行的。

冯雪峰的报告也有令人费解之处。首先，如前所述，刘鼎等人称斯诺曾与海德姆一同尝试进入陕北而没有成功；冯报告中的确称海德姆曾希望进入陕北，但却没有说斯诺也曾如此。其次，斯诺的书面

---

[133] 前引吴殿尧《刘鼎传》，第 249 页，原文把 EDGAR 误写作 EDGAI；史纪辛《对鲁迅先生送礼物慰问中共领导人一事考》(《北京党史》，2001 年第 5 期)。当时控制延安的是东北军，而非中共。斯诺等人乘坐东北军的汽车从西安到达延安，然后由此进入中共控制地区。

[134] Snow, *Red Star over China*, p.71；董乐山译《西行漫记（原名：红星照耀中国）》，第 42—43 页。

提问虽然早已传给中共中央,但从报告看,冯似乎对此并不知情。最后,交通等应是由刘鼎安排的,但报告对此也没有提及。

当然,冯雪峰刚来上海,或许仅是不了解此前经过。报告现在只公开了一部分,上述引文中省略的部分,公开时已经被隐去,[135] 因此全文无从查考。省略部分前面写的是海德姆"买了三四百元的药带来",据此推断,省略部分应与斯诺有关。本书作者曾就省略部分是何内容请教过引用该报告的中共中央文献研究室的专家,得到答复说,档案馆也看不到全文。这部分被隐去,就几乎准确了解冯雪峰如何看待斯诺和海德姆,让人怀疑就接受斯诺前来采访一事是否曾发生过什么至今不便公开的事情。或许,该报告也谈到护送毛泽东之子前往莫斯科事,所以不便全文公开。在这里,我们只好期待该报告全文早日公开。

3. 未能送达的礼物——刘鼎和"鲁迅的火腿"

在上海送走斯诺的是冯雪峰,在西安迎接斯诺的则是刘鼎。6月12日,刘从西安电告陕北的周恩来,斯诺二人已到,马上安排他们去陕北。[136] 但斯诺等人进入陕北的计划却一再被推迟。因为,6月下旬,中共中央所在地瓦窑堡突然遭到国民党部队袭击,中共中央不得不向保安紧急转移,根据地形势扑朔迷离。[137] 斯诺的目的地也因之从瓦窑堡

---

[135] 冯雪峰的这份报告,前引史纪辛《对鲁迅先生送礼物慰问中共领导人一事考》曾有部分引用,后来,前引《刘鼎传》又引用、介绍了一部分;但最近出版的《冯雪峰全集》(人民文学出版社,2016年)之第7卷,仍仅收节录,且"内容尚未公开的文字"等字句被删除。

[136] 前引《刘鼎传》,第250页。

[137] 有学者认为,瓦窑堡被攻陷,是中共方面的大意和形势判断错误所致。请参阅刘东社《赤都瓦窑堡失陷史事钩沉——西安事变纵横考之六》,《陕西教育学院学报》,2004年第2期。

改为保安。他们从延安（当时有东北军驻守）徒步进入"两不管"地带后，险些遇到土匪的袭击；在安塞县的一个小村庄见到前来迎接的周恩来，已是抵达西安近月后的 7 月 9 日。周恩来提前一天在此等候。[138]

保安镇的居民们好像已得到斯诺等人要来的通知，斯诺等预定到达的 7 月 12 日那天，许多人一大早就涌上街头等待两个"洋人"的到来，街道也提前打扫得干干净净；但他们白等了一整天。[139] 第二天，二人被众人迎进保安，场面之热烈，在小镇保安难得一见。《红星照耀中国》所记述的，就是斯诺从那时起所看到的情景。

斯诺结束采访、离开"红色中国"时，其交通、安全同样由刘鼎负责安排。斯诺顺利往返陕北和成功采访，离不开刘鼎在幕后鼎力相助。同年秋天，刘鼎还安排同为记者的斯诺夫人进入陕北，但因不具备条件，未能成功。[140]

斯诺在《红星照耀中国》中没有提及助其实现采访的刘鼎和冯雪峰，其理由不难理解；但后来也一直对他们避而不谈，则应是考虑到他们在中华人民共和国成立后的处境（如后所述，《红星照耀中国》本身的发行也受到限制）。中华人民共和国成立后，冯雪峰曾在文艺界占有重要地位，担任过中国作家协会副主席、人民文学出版社社长等要职，但后来文艺界运动不断，冯也被打成"右派""叛徒"；虽然 1979 年恢复了名誉，但冯本人和斯诺都已经不在人世。

刘鼎在 1953 年突然被解除第二机械部副部长职务，并受到留党察看两年的处分。不久后"文化大革命"开始，刘过去的各种经历受到

---

[138]　前引《刘鼎传》，第 251 页。
[139]　童小鹏《军中日记》，解放军出版社，1986 年，第 219—222 页。
[140]　前引《刘鼎传》，第 472 页。

批判，最后被囚禁七年。[141] 斯诺对刘鼎的境遇自然不会不关心，他在"文化大革命"期间的 1970 年访华时，曾与周恩来谈起 1936 年的事，问刘鼎现在怎么样了，但周没有作答。[142] 斯诺肯定明白周恩来为何不回答。在这种情况下，斯诺如果提到曾在 1936 年得到过刘鼎的帮助，对刘没有任何好处。刘 1975 年出狱，改革开放后曾写过回忆录，但对曾协助斯诺前往陕北一事，一直不愿多谈。[143]

在时过境迁，斯诺采访陕北开始受到称赞后，刘鼎仍不愿公开谈论自己在其中的贡献，恐怕不纯粹是因为长年在地下战线工作而养成了寡默、谦虚的性格特点，而是仍在痛悔随斯诺一同捎到陕北的"鲁迅的火腿"中途丢失。所丢失的的确是至今仍享有盛誉的高级馈赠珍品"金华火腿"，但也只是火腿而已，何至如此？问题绝非如此简单。因为，这与鲁迅曾在多大程度上支持共产党有关，因而对鲁迅和共产党都是极其重要的问题。下面简单介绍和斯诺一同上路的这份珍贵礼品的故事。

晚年的鲁迅和共产党关系较为密切，这无可置疑。冯雪峰被派往上海时，高层曾指示他要首先与鲁迅取得联系，[144] 鲁迅本人也对故交冯雪峰十分信任（图 62）。然而，对共产党坚持要文化、文艺政策反映政治路线变化的态度，以及部分左翼共产党员对他的批判，鲁迅也并

---

[141] 前引《刘鼎传》，第 421—432、471—478 页。

[142] 同上书，第 472 页。

[143] 直至 1985 年前后，马海德去看望在同一家医院住院的刘鼎和艾黎，三人谈起往事时刘鼎才提到他曾暗中帮助斯诺采访，此事才为人所知。请参阅前引《刘鼎传》，第 505 页。

[144] 《有关 1936 年周扬等人的行动以及鲁迅提出"民族革命战争的大众文学"口号的经过》(1966 年)，《冯雪峰全集》第 8 卷，第 3 页。

图 62　鲁迅一家与冯雪峰（前排左）家人合影（1931 年）

非完全接受。[145] 据说鲁迅为祝贺长征结束而赠给已在陕北的共产党领导人的礼品，就是所谓"鲁迅的火腿"。假如真有其事，火腿无疑就是中国文学界泰斗、中国知识分子良心象征的鲁迅曾经支持共产党的物证。但是，1936 年夏随斯诺由上海捎去的火腿却不知所终；[146] 事后被追究责任的，就是地下交通负责人刘鼎。

当时，鲁迅所患肺结核已至晚期，卧床不起，数月后即去世；购、送火腿的当然不是他自己，而是委托别人代办。这个"别人"就

---

[145]　《有关 1936 年周扬等人的行动以及鲁迅提出"民族革命战争的大众文学"口号的经过》(1966 年)，《冯雪峰全集》第 8 卷，第 4—8 页。

[146]　史纪辛《对鲁迅先生送礼物慰问中共领导人一事考》，《北京党史》，2001 年第 5 期；史纪辛《再谈鲁迅与中国共产党关系的一则史实》，《鲁迅研究月刊》，2001 年第 7 期；史纪辛《鲁迅托送金华火腿慰问中共领导人史实再考》，《鲁迅研究月刊》，2003 年第 10 期。

是冯雪峰。[147] 在此前后，冯雪峰还曾代鲁迅写了《答托洛茨基派的信》，并用鲁迅的名义发表。[148] 该信称中国托派为"卖国贼"，在多大程度上体现了鲁迅的本意？卧床的文豪鲁迅是否真正同意发表？关于这些问题，学术界至今仍有争论。[149] 总之，深得鲁迅信任的冯雪峰，按鲁迅嘱托给共产党领导人送去了火腿，但火腿却在途中不翼而飞。

冯雪峰给中共中央的上述 5 月 28 日报告明确写道，受鲁迅委托购八支火腿，送给党的八名领导人，已让斯诺等外国人一行捎去，所以，火腿随斯诺等人一同到了西安，应属无疑。[150] 何以丢失，真相已无从稽考，但受到怀疑的自然是刘鼎。事实上，冯雪峰得知陕北没有收到火腿，大为吃惊，又送了一次，并于 9 月给党的领导人递交报告，指责负责地下交通的刘鼎在西安截留了物资，鲁迅的火腿也因此未能送达。[151] 冯后来甚至说，火腿被刘鼎等人在路上吃掉了。[152]

---

[147] 《谈有关鲁迅的一些事情》(1972 年 12 月 25 日)，前引《冯雪峰全集》第 9 卷，第 384 页。

[148] 前引《有关 1936 年周扬等人的行动以及鲁迅提出"民族革命战争的大众文学"口号的经过》(1966 年)，收于前引《冯雪峰全集》第 8 卷，第 10—11 页。

[149] 认为《答托洛茨基派的信》并非出自鲁迅授意的代表性著作，是长堀祐造《鲁迅与托洛茨基——〈文学与革命〉在中国》(平凡社，2011 年)。有关讨论，请参阅杨姿《"同路人"的定义域有多大？——论长堀祐造近作〈鲁迅与托洛茨基——《文学与革命》在中国〉》，《鲁迅研究月刊》，2016 年第 7 期。

[150] 前引史纪辛《对鲁迅先生送礼物慰问中共领导人一事考》。

[151] 前引史纪辛《鲁迅托送金华火腿慰问中共领导人史实再考》。该文所引冯雪峰 1936 年 9 月 12 日给中共中央的报告，内称"刘（鼎）常将我送去之人与物随意延搁，我今始知将鲁（迅）送给兄等之火腿随便扣留，尤为岂有此理"。

[152] 《关于刘鼎 36 年 6、7 月间到上海的情况和其它一些事情的参考材料》，前引《冯雪峰全集》第 8 卷，第 378 页。

冯雪峰虽然再次送了火腿，但陕北的共产党领导人收到后要致信感谢时，鲁迅已不在人世。从某种角度看，鲁迅送火腿给共产党领导人，其政治意义比斯诺前往陕北有过之而无不及，弄丢火腿实在是责任重大，尤其在鲁迅和毛泽东皆被神化的20世纪六七十年代，怎么定性也不过分。假如刘鼎就如何护送斯诺撰写回忆录，就不得不提到并解释火腿的事；但他无疑不愿再触及这个问题。

4. 董健吾和韦尔斯

斯诺成功采访陕北、《红星照耀中国》横空出世，幕后曾得到许多人协助；除上述冯雪峰、刘鼎外，还有本书屡屡提及的宋庆龄，以及斯诺等人到西安后前来接应的说英语的"王牧师"（Pastor Wang）等。不过，在《红星照耀中国》中，冯、刘、宋三人的名字基本被隐去，具体接应、护送的秘密交通员只有"王牧师"一人。

关于"一度在国民党中担任过高级官员"的这位牧师，斯诺在1938年还在说，"我现在也不能泄露他的真实姓名"。[153] 不过，这一说法应属故作神秘，实际上斯诺也不知道"王牧师"的真实身份（如前章第6节所述，"王牧师"是在宋庆龄周围工作的中共秘密党员董健吾），而且后来在很长时间内也一直想知道他到底是谁。据说，1960年访华、与毛泽东谈话时，斯诺曾问那位"王牧师"后来怎么样了；毛泽东不知道"王牧师"的事，但周恩来听到询问后，随即让工作人员去查。中国红十字会当时的党组书记浦化人后来查明，有位叫董健吾

---

[153] Snow, *Red Star over China*, p.17；董乐山译《西行漫记（原名：红星照耀中国）》，第16页。

的，就是当年的"王牧师"。[154]

调查结果似乎转告给了斯诺，1968年出版的《红星照耀中国》英文版，第一次在"王的原名"处加了"Wang Hua-jen, a member of the national executive committee of the Chinese Red Cross"（王化人，现任中国红十字会全国执行委员会委员）的注释（第419页）。但是，或许是中国方面将调查结果转告斯诺的过程中产生了误解，该注显然把"浦化人"的身份安到了"王牧师"身上。也就是说，斯诺去世前一直认为"王牧师"的真名叫"王化人"。

据说，把斯诺平安护送到陕北后，董健吾在抗战时期又潜入沦陷区的傀儡政权，为共产党的工作提供谍报支持。但在1949年以后，他因地下工作的经历（尤其在潘汉年领导下工作过的经历）受到怀疑而遭到迫害，疾病缠身，没有得到充分治疗，于1970年去世。同年访华的斯诺与十年前一样希望见到"王牧师"，但没能实现。[155]

直到董和斯诺都已去世多年之后的1979年，"王牧师"的真实身份（中共秘密党员董健吾）才被公开。该年，董健吾恢复名誉，《红星照耀中国》新译本（董乐山译）也在中国出版。实际上，董乐山在1979年初以前，也没有怀疑1968年版原著的注释，说王牧师是"后来在红十字会工作的王化人同志"。[156]但在该年底新译本出版时，原注被另一条短注"这个王牧师的真名叫董健吾"所取代。[157]董乐山或许在

---

[154] 周蕙《董健吾》，《中共党史人物传》第68卷，中央文献出版社，2000年，第408页。

[155] 同前，第412页。

[156] 《斯诺在西北苏区的摄影采访活动》，《董乐山文集》第2卷，第76页。

[157] 前引董乐山译《西行漫记（原名：红星照耀中国）》，第16页。

校订译稿的过程中得知了上述关于浦化人的调查结果。董健吾其人及其贡献,大概在其子等在新译《西行漫记》出版时撰文载于《文汇报》,方为世人所知。[158]

《红星照耀中国》本身影响极大,而且书中记述的人物后来发生了历史性的成长和巨大变化,因而其著者自不待言,与采访及该书有关的许多人的命运都因之改变。上述冯雪峰、刘鼎如此,宋庆龄或董健吾也如此。关于宋庆龄的作用,因多与她在新中国成立后的境遇有关,故将在下面论述,此处就对斯诺的采访和撰述贡献最大的、斯诺当时的伴侣尼姆·韦尔斯(Nym Wales,1907—1997,图63;原名海伦·福斯特·斯诺[Helen Foster Snow];下文简称"韦尔斯")的作用,以及所谓毛泽东曾审查《红星照耀中国》之说,一并加以探讨。

韦尔斯早就有志做一名记者,1932年与斯诺结婚后,即成为斯诺报道中国的伙伴。斯诺自陕北归来后的1937年,她自己也进入中共的陕北根据地,并从各方面深入采访达四个月之久。后来以"韦尔斯"之名发表的《红色中国内幕》

图63 尼姆·韦尔斯在陕北采访

---

[158] 董惠芳等《写在〈西行漫记〉重印出版的时候》,《文汇报》1980年2月26日,收于前引《纪念埃德加·斯诺》。

(*Inside Red China*，中文版名《续西行漫记》)、《阿里郎之歌——中国革命中的一个朝鲜共产党人》(*The Song of Ariran*)，与《红星照耀中国》一样，都是享誉世界的报告文学杰作。关于其一生历程，她本人写有自传，也有详传出版。[159] 斯诺在北平撰写《红星照耀中国》时，韦尔斯曾从陕北寄来照片等新资料；共产党方面希望改动某些内容时，也通过韦尔斯向斯诺转达。

以《红星照耀中国》所收照片为例，1937年英国第一版的16张中，有5张出自韦尔斯之手；1938年美国版照片较多，计61张，其中12张为韦尔斯所拍摄。对韦尔斯的采访成果，斯诺也非常尊重，使用其照片时都注明拍摄者是韦尔斯。韦尔斯的照片、信件，通过共产党的信使或来中共地区短期访问的外国人（如拉铁摩尔 [Owen Lattimore]，1937年6月访问陕北）传递到斯诺手中。[160] 斯诺戏剧般地成功采访陕北，激起了人们对陕北根据地的好奇心，尤其在中共中央于1937年1月（西安事变后）迁至延安后，国内外记者为一睹"红星"的风采而纷纷来到陕北。

斯诺结束采访回到北平是1936年10月底，《红星照耀中国》脱稿是在翌年7月底，亦即斯诺耗时九个月才写成《红星照耀中国》。其间发生了西安事变等，共产党所处的政治环境巨变连连，党的方针也随

---

[159] 分别是 Helen Foster Snow（Nym Wales），*My China Years: A Memoir*, New York: William Morrow and Co., 1984（中译本：华谊译《旅华岁月：海伦·斯诺回忆录》，世界知识出版社，1985年）；Kelly Ann Long, *Helen Foster Snow: An American Woman in Revolutionary China*, Denver: University Press of Colorado, 2006（中译本：马焕玉 [马珂]、张雨金译《海伦·斯诺评传》，北京出版社，2016年）。另有武际良《海伦·斯诺与中国》，人民出版社，2011年。

[160] Thomas, *Season of High Adventure*, p.164；前引《冒险的岁月》，第200页。

之不断变化；而由于韦尔斯从陕北传来最新消息，斯诺才能在撰写《红星照耀中国》时反映共产党对时局的最新立场。《红星照耀中国》早期版本献辞"To NYM"（献给尼姆），无疑是对韦尔斯通力合作的感谢。

不过，必须清楚认识的是，韦尔斯向斯诺传递情报，却不只是记者间互相合作的美谈，有些内容是共产党方面对撰述提出的要求。既然共产党方面在采访结束后曾要求订正，难免让人怀疑斯诺的职业操守，即他是否曾因此违心地屈从采访对象？而这又与《红星照耀中国》是否可信有直接关系。

5.《红星照耀中国》是否经过毛泽东审查？

张戎（Jung Chang）曾出版《毛：不为人知的故事》（*Mao: The Unknown Story*，2005年，本书简称《故事》），主张《红星照耀中国》在出版前曾经过毛泽东审查并被迫修改，因而令世界哗然。该书充满狡辩和强词夺理，严肃的历史学家自然不会信以为真。但是，张氏坚持把毛泽东描写为独裁者，言之凿凿；而面对那些无法验证的"阴谋"、似是而非的"秘密资料"，人们似乎极易被征服。这些都使张氏该书至今仍受到热捧。

关于对提高、确立毛泽东的声望厥功至伟的《红星照耀中国》的成书过程，《故事》是这样写的：

> 毛泽东把重要的情报和完全虚构的内容混在一起讲给斯诺听，斯诺完全相信了，他评价毛泽东和中国共产党领导层率直、无心计、纯洁。……许多人都被这些完全欺骗了。毛泽东小心上再加小心，还检查了斯诺写的所有东西，并加以改正。……斯诺

在《红星照耀中国》中没有谈到这些背景，反而写到毛泽东"从来不加任何检查"。[161]

按此说法，斯诺不仅完全被毛泽东改善自己形象的谋略所欺骗，而且竟然抛弃记者应该坚守的原则而接受了毛泽东的审查，还隐瞒了接受审查的事实；假如这一切都是真的，那么，《红星照耀中国》的价值，从其执笔时起就需大打折扣。实际上，日本也有些作家、记者对《故事》独特的叙述方法和解释囫囵吞枣、不辨真假，煞有介事地说毛泽东曾检查过《红星照耀中国》，斯诺上了他的当、被他当枪使了。[162]

斯诺的确曾请毛泽东检查、确认过采访记录。但必须指出，对此，他在书中并未隐瞒，而是坦承无讳。为什么要请毛检查？因为斯诺的采访都是通过翻译进行的。如前所述，斯诺的中文连日常会话都勉强，而毛泽东的湖南方言口音又很浓重，双方无法直接沟通；斯诺读写汉字也很困难，对方写下来也读不懂。

因此，重要的采访自然都通过翻译（采访毛泽东时，翻译是时任中共中央宣传部副部长吴亮平）进行，斯诺做笔录，然后请人把英文笔录译成中文，再请毛泽东本人确认，以期准确传达毛的主张。对此，《红星照耀中国》记述道：

---

[161] Jung Chang and Jon Halliday, *Mao: The Unknown Story*, London: Jonathan Cape, 2005, p.190. 张戎的这个看法，似乎受到了布雷迪《洋为中用》（Anne-Marie Brady, *Making the Foreign Serve China: Managing Foreigners in the People's Republic*, Rowman & Littlefield Publishers, 2003, pp.43–50）的影响。

[162] 池原麻里子《スノー未亡人の激白／夫、エドガー・スノーは毛沢东に骗されていた》,《诸君》, 2006年6月号；谭璐美《毛沢东とエドガー・スノー》,《外交》, 第24号, 2014年。

我把毛泽东对我所提出的问题的回答,〔按照翻译所翻译的那样〕用英文全部记下来,然后又译成了中文,由毛泽东改正,他对具体细节也必力求准确是有名的。[163]

考虑到采访的许多内容都与共产党的基本政策有关,极其敏感,因此,毛泽东"对具体细节也必力求准确"而要求检查采访笔记,毋宁说是理所当然的;而对斯诺而言,既然采访需要跨越语言障碍,则在采访过程中请毛泽东确认自己的记录是否有误,也是必要之举。这种做法,一般不称之为"审查"。更何况,虽说《红星照耀中国》中借助翻译采访的部分的确曾经过采访对象确认,但全书逾半内容是斯诺回到北平后用英文写成的,共产党方面要在出版前对这一部分进行检查是不可能的。

当然,要说毛泽东等人对斯诺的稿件全然无意事前检查,恐怕也不是事实。因为斯诺曾说:"有一两次毛泽东要我在他们的区域内写出对他的采访文章来";但斯诺称那样做得不到出版社和读者的信任,坚持回北平后再动笔,毛泽东最后也表示同意。[164] 也就是说,作为记者,斯诺坚守了自己的立场。此外,毛泽东自传部分,毛本来希望使用第三人称(即传记体),但《红星照耀中国》依然使用了第一人称(即自传体)。自传体当然更显真切,但斯诺后来披露,他这样做,事先并未

---

[163] Snow, *Red Star over China*, p.106;董乐山译《西行漫记(原名:红星照耀中国)》,第 79 页。为确保准确,斯诺曾请毛泽东审阅采访记录一事,在 1936 年采访记录最早发表于《密勒氏评论报》时就已做了说明。

[164] Snow, Author's Preface, *Random Notes on Red China, 1936-1945*;前引《红色中华散记》,第 41 页。

征得毛泽东的同意。[165]

为证明毛泽东"检查了斯诺写的所有东西,并加以改正",《故事》还举出另一个证据,即北平的斯诺于1937年7月26日写给延安的韦尔斯的信。就在战火日渐迫近的情况下,终于写完《红星照耀中国》的斯诺,却从韦尔斯处收到共产党有关人士的传话,希望他能删除部分内容。对此,斯诺甚为不满,回信说:"不要再给我寄人们希望更改他们〔中共干部〕生平的便条了。……如此下去,那么多东西被砍掉,读起来真像《恰尔德·哈罗尔德》(Childe Harold)了。"所谓"恰尔德·哈罗尔德",指英国诗人拜伦的游记体叙事长诗《恰尔德·哈罗尔德游记》。斯诺是在讽刺,假如采访部分删除过多,《红星照耀中国》就变成游记了。

多年后,韦尔斯将其采访记录整理后出版了《延安采访录》,上述斯诺的回信也收入其中。[166] 由该信可知,1936年,斯诺采访的几位共产党人,曾要求斯诺暂时不要发表,其中有周恩来和陈赓。二人的要求,通过尚在延安的韦尔斯转达给了正在执笔《红星照耀中国》的斯诺。[167]

为什么要推迟发表?一切都因为,较之1936年夏秋采访的时候,

---

[165] 《西行漫记》复社版,1938年,第215页。强烈主张使用自传体的是韦尔斯。请参阅 Helen Foster Snow, *My China Years: A Memoir*, p.202;前引《旅华岁月:海伦·斯诺回忆录》,第195页。

[166] Nym Wales, *My Yenan Notebooks*, Helen F. Snow, 1961, p.166(中译本:安危译《延安采访录》,贵州人民出版社,1989年,第346页)。不过,韦尔斯为斯诺该信加了一条短注,称该信并未寄到身在延安的她的手中,她也不记得曾读过该信。

[167] 周恩来的要求见于1937年6月18日信(由韦尔斯转给斯诺),陈赓的要求见于1937年5月21日、6月23日信(由韦尔斯转给斯诺)。请参阅 Wales, *My Yenan Notebooks*, pp.21–22, 162–164;前引《延安采访录》,第45、335、337—338页。

中国的政治形势，尤其是国共关系走向在1937年夏天已经发生了巨大变化。周恩来和陈赓都与蒋介石因缘颇深。周恩来在第一次国共合作时期曾在黄埔军官学校任政治部主任，顶头上司就是校长蒋介石。陈赓与蒋介石的关系更具传奇性。他也曾在同一时期任蒋介石的侍卫参谋，而且在战场上救过蒋一命；后来在国共两党对抗时期他曾被逮捕，但或因蒋介石念及旧恩，陈不仅免于死刑，而且竟能够越狱逃出樊笼。

面对斯诺，他们谈得比较自由、随便，甚至不避讳对蒋介石的揶揄和嘲讽。但在西安事变后，国共两党就合作抗日开始协商，情况因之大变；到了1937年春夏，共产党干部被禁止发言冒犯蒋和国民党，否则将被视为破坏统一战线。所以，周、陈一年前对斯诺讲过的话，无论如何不能公开发表。[168]

在转达共产党方面的要求时，韦尔斯建议斯诺要认真对待，而斯诺也在权衡利弊后，接受要求删除了相关内容。[169] 比如，关于周恩来，斯诺曾于同年3月9日在伦敦《每日先驱报》上发表过他采访到的周恩来的生平，其中写道，蒋介石鉴于周恩来的影响太大，未能将他赶出黄埔军校；但在《红星照耀中国》中却不见此类与蒋有关的记述。至于陈赓，《红星照耀中国》原本单立一章述其生平，但交稿前该章被临时删除；直到1957年《红色中华散记》重新收录该章，陈与蒋介石相互救助的传奇经历才为世人所知。

---

[168] Snow, *Journey to the Beginning*, p.158；前引《斯诺文集Ⅰ 复始之旅》，第190页。

[169] 在前引1937年7月26日的信中，斯诺请韦尔斯转告周恩来、陈赓，他同意他们的要求，并请他们放心。此外，周恩来还通过韦尔斯对斯诺的报道暴露了中共机密（军事和情报通信）表示不满（Wales, *My Yenan Notebooks*, p.16；前引《延安采访录》，第340页），但斯诺表示他没有做那样的事情，也不打算那样做（Ibid., p.166；前引《延安采访录》，第346页）。

不探讨当时的具体经过、时代背景，而仅抓住斯诺曾接受共产党有关人士取消发表的要求，就得出《红星照耀中国》曾经过毛泽东审查的结论——《故事》的这种逻辑，与该书其他叙述方法一样，完全是强词夺理。实际上，比如斯诺回到北平后的1936年12月，毛泽东曾通过海德姆传话给斯诺，希望修改、删除采访记录（已登载于11月的《密勒氏评论报》），但斯诺却并未理睬。[170] 可见，他的立场是，发表过的东西，即使采访对象有要求，也绝不答应修改；这足以表明，在事关记者的职业操守时，斯诺是从不妥协的。

不过，《故事》的评述——毛泽东只把精心准备的内容告诉斯诺，而天真的美国记者信以为真，照本宣科，以充满热情的笔触写出《红星照耀中国》，为共产党抬轿子——换个角度和立场看，似乎也有那么几分道理；但那唯有在如下情况下才能成立，即把毛泽东没有如实讲述置于道德是非观之下加以衡量，认为没有说实话是有悖于伦理的行为。

在历史研究中，以及在传媒界，毛是否说了实话或者是否说了全部实话，这并不是一个简单的是非问题，甚至一般不被视为一个需要严肃处理的问题。因为，假如看不透采访对象的真实意图，对其叙述全盘接受，只能证明记者不成熟；因此责备采访对象避谈于己不利的内容，是没有道理的。采访者与受访者之间，本身存在一种"博弈"的关系。

斯诺的第二任妻子罗伊斯·惠勒（Lois Wheeler，1922—2018；斯

---

[170] 海德姆1936年12月3日通过书信传达的毛泽东的订正要求，请参阅 Porter, *The People's Doctor: George Hatem and China's Revolution*, pp.90–91；不过，斯诺并未同意。请参阅该书页315之注42；Hamilton, *Edgar Snow*, p.95（前引柯为民等译《埃德加·斯诺传》，第94—95页）。

诺和韦尔斯于 1949 年离婚）在 2006 年接受日本记者电话采访时说，斯诺在 1970 年访华时，对中国的"文化大革命"表示难以理解。[171] 某日本记者似根据上述电话采访，并将《故事》的相关叙述加以发挥而写成的文章载于《诸君》杂志 2006 年 6 月号，其标题为《斯诺遗孀披露丈夫斯诺著〈红星照耀中国〉被毛泽东欺骗》。不过，"斯诺遗孀"作何想法不得而知，斯诺本人应该从未感到自己写《红星照耀中国》时受到了毛泽东及共产党的欺骗。因为，如果那样认为，不仅否定了《红星照耀中国》的价值，也等于承认自己作为记者的人生毫无意义和自豪可言。

总之，斯诺在韦尔斯等许多人帮助下，完成了史无前例的采访。三个月的采访结束时，斯诺把相机和未用的胶卷赠给新结交的共产党朋友陆定一，请他拍了好照片寄到北平，然后就踏上了回程。斯诺似乎期待他拍一些采访期间未能谋面的朱德的照片，但据说后来收到的照片上却是盛开的鲜花。[172] 或许，相机就得用来拍美丽的物品，是中共党员的朴素观念吧。斯诺在"红色中国"生活三个月，对这些中共党员产生了极大好感。记者在采访过程中，其感情、价值观不知不觉间倾向采访对象，这种情况，现在称作"融洽"（rapport），过于接近则称为"过分融洽"（over rapport）。而斯诺通过其特殊的采访经历，

---

[171] Thomas, *Season of High Adventure*, pp.320—340；前引《冒险的岁月》，第 403—429 页。

[172] Snow, *Red Star over China*, p.437（李方准、梁民译《红星照耀中国》，河北人民出版社，1992 年，第 381 页）；前引 Helen Foster Snow, *My China Years: A Memoir*, p.258（前引《旅华岁月：海伦·斯诺回忆录》，第 248 页）。这件事，陆定一本人曾这样说："原来，斯诺先生离开陕北的时候，把他的照相机留交给我，嘱咐我拍些照片，留作记录。由于我对此没有恒心，未能成功。'文革'大劫，这个照相机不知去向。"陆定一《序》，《历史的脚印：童小鹏摄影资料选集》，文物出版社，1990 年。

的确曾有过"融洽",这是不可否认的。

共产党方面也有不少人对斯诺颇有好感,有些人还把用自己的相机(应该是从土豪、地主那里没收来的)拍摄的照片以及日记送给斯诺作参考。[173] 反映共产党在瑞金时期、长征时期状况的照片十分罕见,现存该时期的照片,许多都是斯诺从陕北带回的。[174]

就这样,斯诺带着"好几磅重的共产党杂志、报纸和文件"[175]等,于10月12日离开保安。当时,蒋介石的嫡系部队正在不断向陕西集结,以替代不愿进攻共产党的张学良部。两广事变解决后,国民党内已经不存在反蒋势力,蒋介石于是再次组织大规模"围剿",试图消灭最后的敌人共产党。毛泽东担心战事一起就再无可能越过封锁线,因此反复催促刘鼎安排斯诺离开陕北。[176] 已经与共产党建立合作关系的张学良部则准备了卡车,将斯诺捎到了西安。

---

[173] 如《红星照耀中国》记述,邓发曾将他收藏的照片及日记赠予斯诺。Snow, *Red Star over China*, p.53;董乐山译《西行漫记(原名:红星照耀中国)》,第 23 页。邓发拍摄的部分照片,收于中共广东省委宣传部等编《邓发百年诞辰纪念画册》,中共党史出版社,2006 年。

[174] 斯诺在陕北拍摄、收集的照片,与韦尔斯所拍照片一道,藏于密苏里大学堪萨斯分校档案馆(埃德加·斯诺档案)、杨百翰大学档案馆(海伦·斯诺档案)、斯坦福大学胡佛研究所档案馆(尼姆·韦尔斯档案),可自由查阅。其中,密苏里大学档案馆(埃德加·斯诺档案)的资料状况,曾有张虹《美国密苏里大学特藏馆所藏斯诺文献概况及其学术价值》(《中共党史研究》,2016 年第 9 期)加以专门介绍。另外,斯诺及相关人等在 1949 年以后曾将部分照片赠予中国。这部分照片极难查阅,但后来经各种方式复制、加工、转引,已广为流传,但其拍摄者、拍摄时间、拍摄地点等方面的错误信息也传播甚广。因此,斯诺所拍摄、收集的照片,有必要构建一数据库,以整合其摄影作品及最早发表等信息。

[175] Snow, *Red Star over China*, p.368;董乐山译《西行漫记(原名:红星照耀中国)》第 353 页。

[176] 前引《刘鼎传》,第 253 页。

惊天动地的西安事变——张学良发动兵谏、动用部队监禁前来西安督战的蒋介石——则发生在 12 月 12 日拂晓,亦即斯诺结束在"红色中国"采访的两个月之后。正在整理采访记录、撰写《红星照耀中国》的斯诺得知此一消息,想必非常震惊。

第六章 "红星"终于升起
——名著的诞生及其后

1.《红星照耀中国》的诞生

斯诺于 1936 年 10 月 25 日回到北平,无暇与妻子韦尔斯分享重逢的喜悦,就立即着手整理从陕北带回的资料;这些资料中,仅采访笔记就有 16 册之多。[177] 呈现毛泽东等真正形象的宝贵的胶卷,则委托给德国人经营的北平最好的照相馆冲印。[178] 胶片在陕北保安也能冲印,[179] 但偏僻乡下的设备老旧,为慎重起见,斯诺把它们带回了北平。照片洗印得很清晰,而且,据传是纳粹党员的照相馆老板也没有太关注拍摄内容。[180] 斯诺在韦尔斯帮助下对照片进行了整理,并依次邮寄

---

[177] Snow, Author's Preface, *Random Notes on Red China, 1936-1945*;中译本:《红色中华散记》,第 40 页。

[178] 前引 Helen Foster Snow, *My China Years: A Memoir*, pp.198-199;中译本:前引《旅华岁月:海伦·斯诺回忆录》,第 190—191 页。

[179] 前引童小鹏《军中日记》,第 239 页。

[180] 前引 Helen Foster Snow, *My China Years: A Memoir*, pp.198-199;中译本:前引《旅华岁月:海伦·斯诺回忆录》,第 190—191 页。

给了美国的出版社和代理人。后来《生活》画报和《红星照耀中国》刊载的，就是这些照片。

此外，鲜为人知的是，斯诺去陕北时，还带去了16毫米摄影机，并拍了不少胶片，留下了珍贵的镜头。摄影机是从北京大学的外国教员詹姆斯·怀特（James White）那里借来的，现保存在北京的博物馆中。[181] 斯诺在陕北拍摄的镜头，后来由他本人编辑成数分钟的纪录短片，在小范围放映过。[182] 斯诺1968年编辑制作的纪录电影《人类的四分之一》（*One Fourth of Humanity*）也使用了1936年拍摄的影像。考虑到摄影机是当时最先进的器材，这一切显然表明斯诺对陕北采访倾注了巨大热忱。[183] 顺带说一下，此时的胶片中有斯诺和骑在马上的周恩来握手的场面，估计摄影者应是海德姆。因为，能够理解斯诺的意图和指示，并会操作先进摄影机的，当时只有海德姆。

斯诺回到北平后，采访报告还没写一个字，就已成为名人。因为，谣传进入"红色中国"后就不知去向、据信已遇害的他，竟突然完好无损地出现在人们面前。他从采访别人的记者成为受访对象，不得不首先对其他报社讲述此次采访的大致过程。因此，斯诺关于共产党的第一篇评论，不是由他本人执笔，而是出自其同行记者之手。管见所及，最早报道斯诺谈话（10月29日）的，是华北的主要英文日报

---

[181] 中国革命博物馆编《中国革命博物馆藏品选》，文物出版社，2003年，第152页。

[182] 前引武际良《埃德加·斯诺》，第270—271页。

[183] 所拍摄的影像资料，现藏于密苏里大学堪萨斯分校档案馆（埃德加·斯诺档案馆）。中央电视台于2016年10月播放的文献纪录片《震撼世界的长征》第8集"精神永存"，插入了数分钟的《人类的四分之一》，其中就有戈兰茨版《红星照耀中国》所收照片的影片资料，如"工人剧团的丰收舞""青年先锋队的统一战线舞"等。

之一《京津泰晤士报》(*Peking and Tientsin Times*)（30 日）。在斯诺本人的文章见报之前，这篇所谓路透社消息，作为报道斯诺探险和陕北共产党最新动向的第一篇文章而被各地报刊争相转载。[184] 日本也有《时事新报》《大阪朝日新闻》于 31 日报道了斯诺平安归来的消息。

自然，斯诺本人也开始基于采访记录发表文章。首先于 11 月 14 日（及 21 日）在上海的英文杂志《密勒氏评论报》上刊载了对毛泽东的采访，并配以照片。此外，单行本《红星照耀中国》第一版刊行前，其各章节原稿的部分内容也曾发表于他任特约记者的伦敦《每日先驱报》等。

出版单行本之前先行零星发表，似乎让人不好理解；不过，这种做法在当时十分普遍，而且斯诺也有这样做的理由。即使笃定单行本必定畅销，独家采访要整理成书也需要数月时间；斯诺有理由担心其间或有其他记者再去采访共产党，并先于自己报道。事实上，斯诺从"红色中国"归来的消息传出后，其他记者也开始前往陕北。到了 1937 年，在斯诺成功往返的鼓舞之下，除以共产党支持者自任、一直试图率先进入中共地区的史沫特莱及合众通讯社天津特派员厄尔·利夫（Earl Leaf，1905—1980）之外，曾报道长征途中中共和红军动向的《大公报》的范长江也前往陕北采访，连燕京大学的中国学生也开始不断前往陕北参观。甚至还有好事的外国人尝试娱乐性冒险，即租用汽

---

[184] 斯诺回到北平后不久就接受采访，报道以《与中国红军共处四个月／美国记者不寻常的经验》（Four Months with China's Red Army / American Journalist's Unusual Experience）为题，发表于 1936 年 10 月 30 日的《京津泰晤士报》上。此后，这篇报道和斯诺本人的采访报道一起被《救国时报》及《亚细亚》（*Asia*）等转载。请参阅《红军主力集中西北抗日／美记者畅谈苏区红军现状，坚决执行共产党的新政策》，《救国时报》，1936 年 11 月 10 日；Direct from the Chinese Red Area, *Asia*, Feb., 1937.

车从西安进入"红色中国",在那里停留数小时。[185]因此,斯诺也不可能慢条斯理地专注于撰述,等到出版单行本再公开采访内容。

在文章见诸报端的同时,斯诺拍摄的众多照片,以及从共产党有关人士那里获得的照片也相继公开,并引起轰动。而集中刊载这些照片的,是创刊不久的美国《生活》画报。该杂志1937年1月25日号、2月1日号分两次刊载了40余张。据说,该杂志从斯诺那里共购得照片73张,每张作价50美元。[186]关于《生活》购买照片的数量,另有记录作75张、价1000美元;另一说作25张、共1000美元。[187]考虑到英文版《红星照耀中国》单行本售价3美元,如此多的独家照片原件仅值1000美元,似嫌过低。但斯诺因此名扬于世,并预先为单行本做了宣传,所以也不算吃亏。半年后,《生活》杂志刊登据说为卡帕(Robert Capa, 1913—1954)所拍摄的《倒下的战士》(The Falling Soldier),[188]

---

[185] 前引 Helen Foster Snow, *My China Years: A Memoir*, p.239;中译本:前引《旅华岁月:海伦·斯诺回忆录》,第229页。1937年正式或非正式地访问陕北的国内外记者、研究者,有史沫特莱、范长江、厄尔·利夫、维克多·基恩(Victor Keene,《纽约先驱论坛》特派员)、詹姆斯·贝特兰(James Bertram)等。这些人的情况,请参阅 Margaret Stanley, *Foreigners in Areas of China Under Communist Jurisdiction Before 1949*, Center for East Asian Studies, University of Kansas, 1987。此外,关于范长江的报道活动,请参阅徐向明《范长江传》(南京大学出版社,2002年)之第5—6章;关于燕京大学访问团,赵荣声《步着斯诺的后尘到延安去》(收于前引《斯诺在中国》)述之甚详。另,丁晓平《世界是这样知道长征的》(中国青年出版社,2016年),运用许多图像资料,就有关长征等中共动向的报道概况做了介绍,很有参考价值。

[186] 前引 Helen Foster Snow, *My China Years: A Memoir*, p.219;中译本:前引《旅华岁月:海伦·斯诺回忆录》,第211页。

[187] 请分别参阅裘克安译《斯诺陕北之行的自述》,《新闻战线》,1979年第4期;前引 Thomas, *Season of High Adventure*, p.151;前引《冒险的岁月》,第184页。

[188] 众所周知,关于该照片,至今仍有争论,如所拍摄的是否中弹的瞬间、拍摄者是否卡帕本人等。

使卡帕一举成为著名的战地记者。传媒界利用照片唤起和激发读者想象力的时代已经到来。

与此同时,《红星照耀中国》中最精彩的部分"毛泽东传",也由美国杂志《亚细亚》自1937年7月开始连载(至10月)。[189] 这些报刊的报道,使斯诺的名字在《红星照耀中国》出版以前就已经为传媒界所熟知。斯诺在1937年底前发表的报道文章(仅限于对中共地区的采访)如表2所示。

表2 《红星照耀中国》刊行前斯诺发表采访报道一览表

发行年月	文章名	报刊名及期号	备考
1936年10月30日	Four Months with China's Red Army / American Journalist's Unusual Experience	*Peking and Tientsin Times*《京津泰晤士报》	回到北平后接受路透社记者采访
1936年11月14、21日	Interviews with Mao Tse-tung, Communist Leader	*China Weekly Review*, Vol.78, No.11–12《密勒氏评论报》	毛泽东照片(图6)第一次见诸报端
1936年11月21日	Edgar Snow Says Original Report of His "Red" Interview Contained Misstatements	*China Weekly Review*, Vol.78, No.12	对《密勒氏评论报》11月7日刊载斯诺谈话提出抗议和订正要求

---

[189] 对于刊载于《亚细亚》的原文及照片,埃德加·斯诺笔录,汪衡译,丁晓平编校《毛泽东自传——中英文插图影印典藏版》(中国青年出版社,2009年)一书曾做介绍。

(续表)

发行年月	文章名	报刊名及期号	备考
1936年12月30—31日，1937年1月4、7日，3月9—11、17—18日	Truth about Red China	*Daily Herald* (London)《每日先驱报》	连载9次。3月18日预告"next: Long March"，但未见下文
1937年1月20日	Red Army Leader Directs Big Campaign-With China's Red Army	*Shanghai Evening Post & Mercury*《大美晚报》	主要为对周恩来的采访，内容与上述《每日先驱报》1937年3月9日报道相同
1937年1月25日，2月1日	First Pictures of China's Roving Communists / An Army of Fighting Chinese Communists Takes Possession of China's Northwest	*Life*, Vol.2, No.4–5《生活》	
1937年2月	Direct from the Chinese Red Area	*Asia*《亚细亚》	部分转载上述《京津泰晤士报》10月30日报道
1937年2月3—5日	The Reds and the Northwest	*Shanghai Evening Post & Mercury*	
1937年4月15日	Soviet Strong Man: Mao Tse-tung	*Democracy*, No.1《民主》	
1937年7月8日	Life Begins at Fifty	*Democracy*, No.5	徐特立传
1937年7—10月	The Autobiography of Mao Tse-tung	*Asia*	连载4次

(续表)

发行年月	文章名	报刊名及期号	备考
1937年8月	Chinese Communists and World Affairs: An Interview with Mao Tse-tung	*Amerasia*《美亚》	
1937年8—9月	Soviet China	*New Republic*《新共和》	连载4次
1937年9月	Soviet Society in Northwest China	*Pacific Affairs*《太平洋事务》	
1937年10—11月	The Long March	*Asia*	
1937年11月6日	I Went to Red China	*Saturday Evening Post*《星期六晚邮报》	

* 注：带下划线者为在中国国内发行的英文刊物。

斯诺的采访记录，在杂志上发表的同时，经不断修改、调整，于卢沟桥事变发生后的1937年7月下旬终于脱稿。幸运的是，当时北平还没有发生成规模的战斗，因而稿件得以顺利投寄。[190] 随后，斯诺经天津先到青岛，然后移居上海。而《红星照耀中国》则由与斯诺关系密切的伦敦左翼出版社维克多·戈兰茨（Victor Gollancz）以"左翼图书俱乐部"（LEFT BOOK CLUB）名义于同年10月出版。此即所谓戈兰茨版，或曰英国版。该版本封面注有"非公开发售"（Not for sale to the public），显示其读者对象仅限于"左翼图书俱乐部"会员。

---

[190] Snow, *Journey to the Beginning*, p.187；中译本：前引《斯诺文集 I 复始之旅》，第224页。

三个月后，即 1938 年 1 月，美国版由纽约的大出版社兰登书屋（Random House）正式出版。实则，早在 1934 年 3 月，斯诺已经与兰登书屋签下合同，准备出版有关中国共产主义运动的著作，并收到预付金 750 美元。[191] 如此看来，戈兰茨版是出于某种同志情谊而出的试行版，而兰登书屋版才是计划出版的正式英文版；二者的结构、内容均无变化，区别仅在于兰登书屋版大幅更换、增加了照片，使其增至 61 张。

照片丰富是兰登书屋版的重要特征。但如前所述，斯诺在陕北拍摄以及共产党有关人士赠给他的照片，已有相当部分转让给《生活》画报，并由其先行刊载 40 余张。《生活》画报已刊载的照片，有约 20 张也收于兰登版；但奇怪的是，戈兰茨版却一张也没有采用。而且，较之兰登版，戈兰茨版所用照片质量较差，显然是特意为试行版选用的。从这点也可知，兰登版才是正式版，而戈兰茨版则是暂定版。

此处就照片再做探究。如本书开篇所示，斯诺拍摄的毛泽东照片有两张（图 5、图 6）。其中最为人熟知的是头戴八角帽的一张，即图 6。但奇怪的是，《红星照耀中国》的戈兰茨版和兰登版以及后来的各版本，使用的都是图 5。换言之，除发表于《密勒氏评论报》的第一篇报道外，斯诺从未在其自著单行本《红星照耀中国》中使用过图 6。我们之所以熟悉图 6，是因为《生活》画报先于《红星照耀中国》刊载过，并且构图、清晰度都较好，各报刊曾争相转载。而《红星照耀中国》使用的图 5，其光线和毛泽东的表情捕捉，怎么看都像是外行拍摄的。较之图 6，这

---

[191] Thomas, *Season of High Adventure*, p.112；前引《冒险的岁月》，第 135 页；裴克安译《斯诺陕北之行的自述》，《新闻战线》，1979 年第 6 期。

张照片后来没有广为流传,人们也就很少有机会看到它。

这两张完全不同的照片,斯诺为什么弃用端正清秀、神采奕奕的图6,而特意选用粗糙的图5?首先可能是照片的所有权、使用权的问题。如前所述,图6是斯诺转让给《生活》画报的诸多照片中的一张。转让合同内容不详,但转让后再使用,或许会受到限制。在这方面,欧美传媒界的权利意识较强,比如围绕斯诺为英语圈杂志所撰稿件的独家刊登权,就曾有几家杂志社诉诸法庭。[192] 不过,斯诺到底是这些照片的拍摄者,而且《红星照耀中国》单行本也收有其他曾刊发于《生活》画报的照片。

较之合同限制等,更可能的是斯诺本人为展现毛泽东的独特性格而有意为之。《红星照耀中国》描述毛泽东的随和性格,甚至某些率性举动时,每每带有赞赏的语气;照片的选用或也反映了斯诺对毛泽东的观感。《红星照耀中国》里描写的毛泽东,比如在和斯诺谈话时,甚至会缓缓松开腰带,把手伸进裤子里去摸虱子;但斯诺描写这一场面,不仅没有任何恶意,反而让人感到毛泽东十分亲切,是性情中人。[193] 而能够展现共产党领袖在人前不拘小节、性格随和形象的照片,显然不是图6,而是图5。

2. 赞扬与批判

《红星照耀中国》在 1937 年 10 月于英国、1938 年 1 月于美国出

---

[192] Snow, *Journey to the Beginning*, p.191(中译本:前引《斯诺文集 I 复始之旅》,第 229—230 页)。

[193] Snow, *Red Star over China*, p.96;董乐山译《西行漫记(原名:红星照耀中国)》第 69 页。

版后，立刻引起巨大反响，并成为畅销书；报纸、杂志上的书评也大都评价极高，[194] 斯诺就此确立了其名记者的地位。只不过，在一片赞扬声中，也夹杂着令人沮丧的批判。批判不是来自反共派，而是出自同一战壕的左翼阵营。

作为记者，斯诺同情中国学生的抗日爱国运动，也能够理解社会主义，但却不是所谓左翼党派人士（共产党员）。这种立场和色彩为《红星照耀中国》赢得了信赖，增加了其吸引力，但同时也让他对共产国际代表苏联国家利益的倾向，以及斯大林的独裁倾向产生了反感，并在书中偶有微妙的表述。而这招致了美国共产党等左翼的批判。美国共产党曾以《红星照耀中国》充满"托洛茨基派"见解为由，拒绝在其关联书店出售该书。[195]

在 21 世纪的现在，人们阅读《红星照耀中国》，恐怕已经不会将其与托洛茨基主义联系起来，许多人甚至不知道"托洛茨基派""托洛茨基主义"为何物，故此处稍作解释。"托洛茨基派"（托派）、"托洛茨基主义"都是从与列宁齐名的俄国革命领导人托洛茨基（Trotsky）的名字派生而来的政治术语。列宁去世后，苏联彻底形成了以斯大林为核心的共产党专政体制，表现出重视本国利益的倾向；而对此表示反对、呼吁继续参与和领导世界革命的，就是托洛茨基。托洛茨基在包括如何指导中国革命等许多问题上批判斯大林，在激烈的权力斗争中落败后，于 1929 年被逐出苏联。

---

[194] Thomas, *Season of High Adventure*, pp.170-178；前引《冒险的岁月》，第 208—220 页。

[195] Snow, *Random Notes on Red China, 1936-1945*, p.20；前引《红色中华散记》，第 26 页。

然而，一些共产主义者对斯大林的苏联式社会主义的僵化思考方式、威权主义、官僚主义等弊病甚为不满，其中不少人赞同托洛茨基的"不断革命"等主张（"托洛茨基主义"），中国共产党创立时期的领导人陈独秀，在因国民革命失败而被撤销职务后，得知托洛茨基的思想，觉察到自己是斯大林政策的替罪羊，也加入了中国的托派运动。[196]

只不过，所有国家托派的实力都较弱，当时共产主义运动的主流是苏联共产党推行的社会主义，以及拥戴该模式的共产国际和各国共产党，而其总帅就是斯大林。在主流派眼中，托派就是自称共产主义者而对苏联、共产国际的政策吹毛求疵。而在1937年，托派批评开始采取反法西斯统一战线政策的共产国际："以与法西斯战斗为由而与资产阶级携手，不就是向阶级敌人投降吗？"

共产国际也把托派的主张视为"假马克思主义"，视托派为"革命的敌人"；到了20世纪30年代后半期，更批判其为破坏统一战线、为法西斯张目的叛徒，甚至指其为"卖国贼"，在各国推动揪批托派的运动。前一章曾介绍，中共党员冯雪峰在帮助斯诺前往陕北的时期，曾代替鲁迅写过《答托洛茨基派的信》，并于1936年6月以鲁迅的名义发表；这也是借助鲁迅的权威指责托派为"卖国贼"的举措之一。

---

[196] 唐宝林《中国托派史》，台北：东大图书，1994年；唐宝林《陈独秀全传》，香港中文大学出版社，2011年，第443—502页；长堀祐造《陈独秀》，东京：山川出版社，2015年，第77—87页。另，鉴于近年出现重新评价陈独秀的动向，最近日本出版了陈独秀著作集（长堀祐造等编《陈独秀文集》全3卷，平凡社，2016—2017年），其被批为"托洛茨基主义者"时期的文章亦收入其中。

就这样,当时的左翼阵营到处都可见这样一种狂潮,即凡是对共产国际、斯大林的做法多少提出异议的人,都会被贴上"托派"的标签。[197] 久而久之,一说"托派",即指某人戴着革命家的面具反对革命,而不管他是否真的信奉托洛茨基的思想。

斯诺之所以受到批判,也并非因为他信奉托洛茨基主义,而是因为他的态度、文章流露出的反共产国际、反斯大林的倾向和对统一战线论的怀疑态度(就中国而言,即怀疑与国民党合作的结果),被认为与违逆共产国际方针的托派一样。《红星照耀中国》出版时,"托派"一词正在脱离与托洛茨基思想的关系,而成为标示某人不忠诚于斯大林的符号。

关于自己应选怎样的立场,以及应该与托洛茨基主义保持距离,斯诺和韦尔斯并非毫不介意。西安事变后,中共遵照共产国际、苏联的方针进一步接近国民党(蒋介石);对此,在北平撰写《红星照耀中国》的斯诺就曾在写给妻子的信中表露过担忧。韦尔斯则回信说,"如果你要像你来信中说的那样去写","在'左翼分子被称为托派'的情况下,'一定会树敌不少'"。[198] 也就是说,斯诺知道那样写会招致批判。《红星照耀中国》出版后,韦尔斯的担心果然成为现实,书中

---

[197] 一般的观点是,自 1937 年 11 月王明、康生从莫斯科回国后,中共反托派运动进入实质性阶段,整风运动中也曾出现许多过激的情况。其实早在斯诺到达陕北后不久,中共领导张闻天就曾给他讲解托派主张的错误,由此可见当时反托派运动已经渗入中共的工作。请参阅 Snow, *Random Notes on Red China, 1936-1945*, pp.82–85;前引《红色中华散记》,第 94—98 页。

[198] 《斯诺写给尼姆·威尔斯的信》(1937 年 6 月 9 日)和《尼姆·威尔斯写给斯诺的信》(1937 年 6 月 23 日),收于 Nym Wales, *My Yenan Notebooks*, pp.25–26, 163–164;前引《延安采访录》,第 54、340 页。

对共产国际路线的怀疑,被左翼党派人士视为托派观点的反映。

中国共产党的干部也曾对此表示不满。《红星照耀中国》第一版出版后,斯诺曾于1938年7月来到正在组织会战的武汉,见到秦邦宪(博古);秦就《红星照耀中国》论述共产国际和中共关系的部分对斯诺说:"你的批评有点过火。你说的都是真话,但现在的情况是,我们目前不愿意谈这些事。"[199] 秦邦宪或因曾留学苏联而更加重视与共产国际的关系;但秦也是斯诺在陕北采访时一起打过桥牌的牌友,对于他的此番忠告,斯诺应该不会当作耳旁风。[200]

至于毛泽东,他或许也不太赞成共产国际优先重视统一战线的指示,因此并不反对《红星照耀中国》的观点,而且对斯诺率先冒险前来采访尤其欣赏。毛读不懂英文原著,但1937年夏天以后,他似乎已通过翻译对斯诺的报道有所了解。[201] 对毛泽东而言,斯诺的《红星照耀中国》和其妻韦尔斯的《红色中国内幕》(《续西行漫记》),是外国记者报道中国的两大杰作,令他十分满意。[202] 当时,德国共产党员希伯(Hans Shippe, 1897—1941)是以抨击托派的尖锐笔触激烈批判《红星照耀中国》的左翼文化人士之一。据说他曾特意前往延安,直接向

---

[199] Snow, *Random Notes on Red China, 1936-1945*, p.22; 前引《红色中华散记》,第30—31页。

[200] Snow, *Red Star over China*, p.349; 董乐山译《西行漫记(原名:红星照耀中国)》,第330—331页。

[201] 毛泽东似乎是通过本章第4节所述《外国记者西北印象记》了解斯诺报道内容的。请参阅张小鼎《〈西行漫记〉在中国——〈红星照耀中国〉几个重要中译本的流传和影响》,《出版史料》,2006年第1期。一说毛泽东曾读过《红星照耀中国》全译本。Snow, *Random Notes on Red China, 1936-1945*, p.73; 前引《红色中华散记》,第84页。

[202] 吴黎平(吴亮平)《前言》,《毛泽东1936年同斯诺的谈话》,人民出版社,1979年,第5页。

毛泽东追问如何评价《红星照耀中国》，但毛明确支持斯诺，还批评了希伯。当然，斯诺得知此事是多年以后了。[203]

被美国共产党等左翼阵营指为托派、受到口诛笔伐的斯诺，多半为表示让步而对《红星照耀中国》做了修改。密苏里大学堪萨斯分校档案馆藏"埃德加·斯诺档案"，收有斯诺1938年3月就修改《红星照耀中国》致美国共产党总书记白劳德（Earl Browder，1891—1973）的信。信中称，《红星照耀中国》是为如实描述和评价中国革命运动而撰，并无恶意攻击共产国际和各国共产党之处，其容易被误解为诽谤共产党的部分，已通知出版社今后出改订版时予以删除。[204] 面对美国左翼阵营不允许对苏联、共产国际和斯大林有半句不满的强大压力，斯诺不得不选择妥协。

毛泽东曾于1937年6月致信白劳德，希望美国人民支援中国的抗日统一战线和抗日斗争，并期待相互支持。[205] 当时《红星照耀中国》应该快要完稿，但毛在信中对斯诺及其采访却只字未提。具有讽刺意味的是，一年后，毛泽东曾求援的白劳德却干涉斯诺出版《红星照耀

---

[203] Snow, *Random Notes on Red China, 1936-1945*, pp.20—22、73—74；前引《红色中华散记》，第28、84—85页。后来，希伯留在中共管辖地区做了一名记者，后在中国去世。他的中文纪念文集，有汉斯·希伯研究会编《战斗在中华大地——汉斯·希伯在中国》，山东人民出版社，1990年。

[204] Hamilton, *Edgar Snow*, pp.93、96（前引《埃德加·斯诺传》，第92、95—96页）；Thomas, *Season of High Adventure*, pp.179—180（前引《冒险的岁月》，第220—222页）。此外，斯诺的这个想法也传达到了莫斯科。请参阅《美国共产党驻共产国际代表给苏联国家出版社的信》（1938年9月以后），Harvey Klehr, et al. eds., *The Soviet World of American Communism*, Yale University Press, 1998, pp.343—344。

[205] 《毛泽东年谱（1893—1949）》（修订本），上卷，中央文献出版社，2013年，第684页。

中国》。假如毛当时多说一句，称贵国记者斯诺曾前来采访中共中央，不久应有专著出版，请予以支持云云，则美国左翼阵营批判《红星照耀中国》的调门或许要低得多。当然，那时毛泽东本人也并不知道斯诺的书到底会如何。

斯诺受到左翼党派的批判后，开始修改《红星照耀中国》。修改时间在第一版于1938年1月出版后招致批评的同年春夏之间，地点似为他离开北平后暂时栖身的上海。改动的内容并不多，基本都是考虑到苏联、共产国际和斯大林的立场而进行的修改和删除。

下面引用的英文段落，下划线部分在改订版中被删除，从中可了解修改状况。为便于理解，附录译文于后。

And finally, of course, the political ideology, tactical line, and theoretical leadership of the Chinese Communists have been under the close guidance, if not positive detailed direction, of the Communist International, <u>which during the past decade has become virtually a bureau of the Russian Communist Party. In final analysis this means that for better or worse, the policies of the Chinese Communists, like Communists in every other country, have had to fall in line with, and usually subordinate themselves to, the broad strategic requirements of Soviet Russia, under the dictatorship of Stalin.</u>（第一版和改订版均见于原书第374页）

中文译文：最后，当然，中国共产党的政治思想、策略路线、理论领导都是在共产国际的密切指导之下，如果说不是积极具体指挥之下，<u>而共产国际在过去十年中实际上已经成了苏俄共产党的一个分局。说到最后，这意味着不论是好是坏，中国共产

> 党像每一个其他国家的共产党一样,他们的政策必须符合,而且往往是必须从属于斯大林独裁统治下苏俄的广泛战略需要。

出于同样原因和倾向而修改的还有几处。[206] 不过,并非如斯诺向白劳德承诺的那样尽数删除,不少语句修改后仍对斯大林语含讥刺。比如,关于毛泽东在中共管辖地区的地位,斯诺称其影响比任何人都大,受到民众的普遍尊敬,同时说"在毛泽东身上没有搞英雄崇拜的一套。我从来没有碰到过一个共产党人,口中老是叨念着'我们的伟大领袖'"。该句显然是对斯大林的影射,但改订版仍保留原句。[207] 看来,记者的职业意识不允许斯诺对美国共产党唯命是从。

那么,托派们对《红星照耀中国》的看法又是怎样的?就在到处开始乱贴"托派"标签的时期,可谓真正托派的伊罗生(Harold Robert Isaacs,1910—1986)在《红星照耀中国》出版后不久刊行的《中国革命的悲剧》一书(通过论述共产党在国民革命中的失败批判斯大林的错误)中这样评论《红星照耀中国》:

> ……斯诺中伤说:"托派们因其'立场的逻辑'而依从蒋介石,并向警察出卖自己的同志",其实他那句话是人云亦云,他自己一点也没有理解托派的"立场的逻辑"。同时,他根据自己的立场这

---

[206] 1938年修订版之第148、373、376、378、381、385、441、449页也做了同样的修订。参见 Hamilton, *Edgar Snow: A Biography*, pp.95-96;前引柯为民等译《埃德加·斯诺传》,第93—96页。

[207] Snow, *Red Star over China*, p.92;董乐山译《西行漫记(原名:红星照耀中国)》,第64页。

一个奇怪的"逻辑",对依从蒋介石、并将工人农民出卖给资产阶级的共产党给予热烈的赞美。[208]

也就是说,从伊罗生等托派的角度看,只要对信奉共产国际路线的中国共产党做善意的描述,即使文章对该路线隐晦地表示一些怀疑,仍与盲从该路线没有多大差别。换言之,只要把中国共产党放在国际共产主义运动中加以评述,无论怎样斟酌权衡,也不可能获得在意识形态方面存在尖锐对立的所有左翼派系的称赞。

如今,社会主义阵营的主将苏联解体已近三十年,国际共产主义运动也面临挑战,我们无法切身感受到苏联以及共产国际往日威望之高,名气之盛。如撇开国际共运的背景而阅读、评论《红星照耀中国》,那充其量是一个身处后意识形态时代的人的独特读法,绝不是当年知识分子群体对这本书的态度。

改订版《红星照耀中国》于1938年秋由兰登书屋刊行。新版除考虑到与"托洛茨基主义"保持距离而做修改外,结构也有所调整。由于时局变化,展望未来走向的最后一章被重写,并追加了第十三篇《旭日上的暗影》(Shadows on the Rising Sun)。新加的第十三篇,如其标题所示,是对抗日战争全面爆发后的战局的评述和预测,下限为1938年7月。

---

[208] H. Isaacs, *Tragedy of the Chinese Revolution*, London: Secker & Warburg, 1938, pp. 436–437. 此外,伊罗生对《红星照耀中国》的评价,只出现在1938年的第一版中,其后的版本都做了删除处理。

3.《红星照耀中国》英文版的修改

《红星照耀中国》的再次修改，是在1944年。当时，斯诺已经离开中国回到美国。1944年版（兰登书屋）删除了1938年改订版追加的第十三篇《旭日上的暗影》，代之以《尾声 1944》（Epilogue 1944）。因为斯诺认为，随着抗日战争的推进，战争爆发时写的东西，到了1944年已经没有意义；而"红星"们借助自己的采访而为世界所知，并已经通过长期抗战，如他所期待的那样成长为一大势力，他对此深感自豪。因此，他撰写了《尾声1944》以抒发这种感受。1944年版没有使用照片，是版面的另一显著变化；但其原因，序文只字未提，故不得其详。

1968年的扩充修订，使《红星照耀中国》发生了最后的重大变化。[209] 1944年改订版出版后，中国发生了巨变；先是抗战取得胜利，后来又有中华人民共和国成立。斯诺曾在陕北采访过的共产党人成为新中国的领导者，毛泽东更是备受拥戴。其间，尽管仍存在各种限制，但中共及其领袖们的信息也越来越详细、准确。共产党本身也已今非昔比，《红星照耀中国》中的人物在其后的三十年中经历了人生沉浮。不妨说，正因为《红星照耀中国》是同类著作的先驱，故其缺陷也难以掩盖，大幅修订已属必要之举。

同时期的斯诺，因"清共"（red purge）而离开美国后，在1950年下半年出版了《红星照耀中国》的后续著作（《红色中华散记》，整理并收入《红星照耀中国》未收资料；《复始之旅》[*Journey to the*

---

[209] 1968年，英国的戈兰茨公司也出版了增补修订版（first revised and enlarged edition），内容与格罗夫版完全相同。1972年，企鹅出版社出版过"鹈鹕丛书"版，斯诺为该版写了序言，仅对附录和补注做了一些修正，主体基本沿用1968年版。

Beginning]，自传性著作）。经此类前期准备而于 1968 年出版的，就是纽约格罗夫出版社（Grove Press）出版的《红星照耀中国》。该版问世后不久，斯诺即赴华访问。这是他 1972 年去世前最后一次访华。

当时，毛泽东发动的"文化大革命"正如火如荼，这使斯诺陷入了两难境地。《红星照耀中国》虽已入名著之列，但形势所迫，书中信息必须做大量更改。实际上，1944 年修订时，斯诺曾尝试全面改写，但未能实现。[210] 改写采访报告是十分困难的。因为即使仅更改具体信息，也无法避免运用后见之明而改变采访时（因不知晓而形成）的观点；这种行为，虽然目的是为读者提供更准确的信息，可实际上却必将掩盖采访时的认识、冲淡当时身临其境的感受。

最终，1968 年版《红星照耀中国》只针对明显的文字错误等做了订正和补充（正文部分相关记述予以补述和注释，如毛泽东父亲毛顺生名字的拼音，旧版均作"Mao Jen-sheng"，新版本则改为"Mao Shun-sheng"），但章节仍从 1944 年版，正文也未做重大改动。

这一态度，在处理记述朱德生平的第十篇第四章《关于朱德》时表现得最为明显。斯诺 1936 年在陕北采访时，朱德还在长征途中，没有到达陕北。斯诺只好请朱德原来的部下等介绍其半生经历；《红星照耀中国》中称朱德年轻时生活浪漫、吸食鸦片、蓄妾等，都不是朱德本人的回忆。这样的内容，姑且不论斯诺在 1937 年出版戈兰茨版时是否已发觉不妥，到了 20 世纪 60 年代，其错误显然已不容忽视。1968 年修订时，该章本可全面改写，但"为了保持原著的形式和精神"，作为"没有记录的那个时代的一部红军故事"，[211] 斯诺只做了若干修改，

---

[210] Edgar Snow, Introduction, *Red Star over China*, New York: Random House, 1944.

[211] Edgar Snow, *Red Star over China*, 1968, p. 436.

原来的文字基本保留。也就是说，斯诺没有借助朱德的传记等新资料重写该章，而选择保留采访时形成的认识，表现出其作为传统报道作家的自觉意识；而当时已明确的共产党有关人士的经历、因篇幅限制未能收入旧版的部分采访报告等，则在正编外另置约 80 页附录。此外，旧版记述使用的现在进行时，也被改为过去时，使叙述语气发生了较大变化。

较之旧版，1968 年版更换了所使用 55 张照片绝大部分。1938 年版所收 61 张照片中，继续用于 1968 年版的仅 16 张；更换的 45 张中，此前在杂志及《西行漫记》等中文版中均未公开过的多达 21 张。可见，对斯诺而言，1968 年版是其记者生涯的集大成之作。还有一点值得注意：1937 年版、1938 年版和 1968 年版所使用的照片，都是斯诺夫妇在陕北所拍摄或自共产党方面获取的，而没有一张是其他记者的作品或者后世拍摄的。

斯诺（和韦尔斯）都不是摄影记者，用现在的眼光看，他们所拍照片，有一些难称佳作。而且，到了 1968 年，毛泽东的也好，反映中国革命的也好，拍摄技术高、印制精良的照片已极易获取。尽管如此，斯诺一直坚持使用自己的摄影作品，这可以说是他作为《红星照耀中国》的作者而表现出的一种自负，即他本人才是 1936 年时的中国共产党和毛泽东的真正目击者和见证人。

4. 中文版《红星照耀中国》——《西行漫记》和斯诺

斯诺的采访报道用英文发表后，不久即被译为中文，并以各种形式传遍中国各地。而最有名的是 1938 年 2 月由上海复社出版的《西行漫记》（图 64），受该书感染而改变了人生的中国青年，可谓不计其数。所谓改变了人生,指开始向往共产党,并决心把一生献给革命。在中国,此类心声甚至曾被编为文集(《〈西行漫记〉和我》)出版。[212]

但是,不可忽视的是,在《西行漫记》出版前,斯诺发表的文章就已经对中国舆论界产生了巨大影响。如前所述,达在《红星照耀中国》出版之前,斯诺就已经把正在执笔的该书原稿部分章节分别发表在中外英文杂志上。但是,当时言论封锁很严,毛泽东有关共产党政策的谈话、共产党治下民众的生活状况,尤其是照片等,很难见诸公开发行的中文报刊。抗日战争前,确有上海的综合杂志《东方杂志》曾于1937年7月刊载过《根除"赤祸"声中之赤色人物》,还转载过《生活》画报刊登的8张照片;但中文报刊登载的此类文章,也仅此一例而已。

图64 上海复社版《西行漫记》封面

中文期刊最早比较正式地译介斯诺采访的,是分别在北平和巴黎发行的《燕大周刊》和《救国时报》。前者是燕京大学学生自治会的期刊。众所周知,斯诺在该校任教,也曾支持该校的救亡运动,与该校关系极为密切。《燕大周刊》在1936年12月发表了《毛泽东访问记》

---

[212] 中国史沫特莱・斯特朗・斯诺研究会编《〈西行漫记〉和我》,国际文化出版公司,1991年。

（E. 乐施——原署名如此）。[213] 后者则是在莫斯科编辑、在巴黎出版的中共系统的期刊，中国国内的言论政策对其鞭长莫及。该报 1936 年 12 月（第 73 期）也刊登了《毛泽东先生论抗日救国联合战线》，其后又从伦敦《每日先驱报》等翻译了斯诺的报道，直至翌年。[214] 但是，《燕大周刊》是学生组织出版的小型期刊，《救国时报》也毕竟是在遥远的巴黎发行，对中国国内的影响都极其有限。

在国内较为集中地翻译、介绍斯诺采访的，是 1937 年 4 月在北平秘密出版的有关中共根据地的评论集《外国记者西北印象记》（图 65）。该书约 300 页，书末版权页记"上海 丁丑编译社刊 1937 年"；《译者序》（未署名）日期为 1937 年 4 月 1 日；所收文章，除斯诺的采访[215]外，还有韩蔚尔先于斯诺发表的报

图 65 《外国记者西北印象记》封面

---

[213] 原文是 Snow, Interviews with Mao Tse-tung, Communist Leader, *China Weekly Review*, Vol. 78, No. 11–12, Nov. 11, 14, 1936。

[214] 《毛泽东先生论抗日救国联合战线》原文是 Snow, Interviews with Mao Tse-tung, Communist Leader, *China Weekly Review*, Vol. 78, No. 11–12, Nov. 11, 14, 1936；译自《每日先驱报》的文章如斯诺《一个非常的伟人》(《救国时报》，第 90 期，1937 年 3 月 25 日），原文 Strong Man with a Charmed Life, *Daily Herald*, March 11, 1937；斯诺《少年的长征》(《救国时报》，第 91 期，1937 年 3 月 31 日），原文 Crusade of Youth, *Daily Herald*, March 9, 1937。关于《救国时报》对斯诺的相关报道，请参阅蓝鸿文《巴黎〈救国时报〉宣传报道的一大亮点：斯诺陕北之行》，《国际新闻界》，2005 年第 4 期。

[215] 施乐《毛施会见记》、乐施《红党与西北》、施乐《红旗下的中国》。

告(《中国红军》《中国红军怎样建立苏区》《在中国红区里》[216])等。

韩蔚尔(Norman Hanwell,1909—1941)是研究中国的青年学者,加拿大籍。他曾于20世纪30年代中期前往四川等地,对红军撤退后的中共根据地进行采访,并在美国杂志《亚细亚》发表过几篇报告(不久后斯诺的报告也刊于该杂志)。应该说韩蔚尔实在不走运。因为,假如后来没有斯诺的采访发表,他的采访或许会大受关注。但斯诺的采访见报后,韩蔚尔的报道就几乎不再具有任何价值。韩蔚尔距成为斯诺也仅一步之遥。

《外国记者西北印象记》于20世纪70年代在中国被发现,后来被称作"《西行漫记》的雏形本"。[217]之所以称之为"雏形",是因为其中收有斯诺的3篇采访(包括来历、最早出处不详者),而且载有斯诺所拍照片34张(含封面)。3篇文章,有的无法确认原文,有的后来发表于英文杂志;34张照片,有的此前未见发表,有的则只见于《红星照耀中国》1968年版。这意味着什么?答案只能是,《外国记者西北印象记》是在斯诺积极配合下出版的。

多年后,斯诺回忆道:"关于西北之旅,从1936年底到第二年初完成了一部分,我将在报纸上连载的原稿的抄本交给了中国教授。他们将这些翻译成中文,以《中国西北印象记》为名出版。"[218]此处

---

[216] 原文分别为 The Chinese Red Army, *Asia*, 1936年5月号; When Chinese Reds Move In, *Asia*, 1936年10月号; Within Chinese Red Areas, *Asia*, 1937年1月号。

[217] 王福时《重版前言》,《前西行漫记》,解放军文艺出版社,2006年。

[218] Snow, *The Other Side of the River, Red China Today*, p.773;中译本《斯诺文集Ⅳ 大河彼岸》未见该段引文。斯诺在这本书的另一处也说:"此书英文版尚未发行时,中译本已经面世,并且首次向中国人民提供了有关中国共产党的真实消息。"(Ibid., p.4;中译本,第2页)

所谓《中国西北印象记》,就是《外国记者西北印象记》。而当时担任翻译的中国人(曾帮助斯诺采访、撰述、整理稿件的王福时、郭达、李放等人)后来的回忆则暗示,斯诺曾同意并支援过该书的出版。[219] 对《印象记》所收文章、照片的出处进行仔细梳理并做综合判断可知,这部秘密出版的评论集,显然是在斯诺通过提供未刊稿件、照片等积极参与之下问世的。

如前所述,斯诺的报道文章,即使在国民政府统治下的中国,在英文媒体发表仍是可能的(当然也曾受到干涉[220]);但要在中文媒体发表则非常困难。公开发行的中文杂志开始翻译和介绍斯诺的采访,还须待抗日战争爆发后的1937年8月。该月,上海的《文摘》杂志从《亚细亚》翻译并连载了《毛泽东传》,[221] 其9月号又刊载《毛泽东论中日战争》。[222] 在这期间,斯诺在中国国内似乎表现得并不厌恶参加政

---

[219] 王福时《抗日战争前夕斯诺帮助出版的一本书》,前引《斯诺在中国》;王福时《重版前言》,《前西行漫记(原名:外国记者西北印象记)》;郭达《我和斯诺的几次相处》,李放《〈西北印象记〉翻译始末》,前引《纪念埃德加·斯诺》。

[220] 国民党对斯诺在英文媒体上发表采访记录也表示过不快,并施加了压力。为抗议这种压力,斯诺曾给国民政府外交部情报司司长写过信(1937年2月4日)。请参阅《斯诺陕北之行自述(续)》,《新闻战线》,1987年第5期;Thomas, *Season of High Adventure*, pp.97-98;前引《冒险的岁月》,第114—115页。

[221] 《文摘》杂志连载的汪衡译《毛泽东自传》,于1937年11月由上海文摘社出版单行本。此后,依据斯诺的采访记录而由不同译者、编者译编的各种毛泽东"自述传记"大量出版发行,故无法对这些为数众多的版本作精确考证。相关考证,请参阅前引丁晓平《解谜〈毛泽东自传〉》,及张国柱等编《尘封的红色经典:早期毛泽东传记版本图录》(陕西人民出版社,2008年)、程宸编《毛泽东自传珍稀书影图录》(国家图书馆出版社,2009年)。

[222] 原文为1936年11月14日《密勒氏评论报》(Vol.78, No.11)载"Interviews with Mao Tse-tung, Communist Leader"中的"On Japanese Imperialism"。

治活动和政治运动,这与国外视他为公正、中立的记者大不相同。

还在前往陕北之前,斯诺就曾与韦尔斯一同积极支持北平学生的抗日爱国运动,1935年"一二·九运动"的爆发也与他们有莫大关系。《外国记者西北印象记》是非正式译本,为其提供原稿、照片,不符合欧美的著作权规范;但斯诺重视的恐怕不是著作权问题,而是要使自己的著作尽快影响现实世界。这种姿态,在出版《红星照耀中国》的正式中文译本《西行漫记》的过程中也可见到。

中文版《红星照耀中国》,最为人熟知的是王厂青等译《西行漫记》(上海:复社,1938年2月)。关于该书翻译、发行的经过,已有协调者胡愈之(中共党员)的回忆录[223]等资料出版,尚未揭开的谜底已经不多。比如关于书名,如果把"Red Star over China"直译为中文,恐怕难以通过审查,于是译作《西行漫记》,等等。据胡回忆,他在抗日战争爆发后滞留上海,与恰好也来此地的斯诺相识,得到了刚从伦敦寄到的《红星照耀中国》(戈兰茨版),经确认斯诺其人和该书都值得相信之后,组织几名青年共同翻译。1937年12月开始翻译,翌年1月出版(实际出版似在2、3月间)。

胡愈之说,中文版的出版如此迅速,除译者倾注了热忱外,也离不开斯诺的合作和帮助。据说,斯诺把手头仅有的一册英文原著拿给他们参考,还订正了记述错误,甚至提供了原著没有收入的照片。的确,《西行漫记》插入照片51张,其中约20张此前未见发表,戈兰茨

---

[223] 胡愈之《中文重译本序》,董乐山译《西行漫记(原名:红星照耀中国)》,三联书店,1979年,后收入《胡愈之文集》,生活·读书·新知三联书店,1996年。胡愈之《一次冒险而成功的试验——1938年"复社"版〈西行漫记〉翻译出版纪事》,《读书》,1979年第1期,后收入《纪念埃德加·斯诺》。

版原著及上述《外国记者西北印象记》等都未收入。[224]

《西行漫记》的内容，有几处做了修改。首先是时局变化导致的修改。由于该书出版于国共合作建立之后，故删除了批判国民党的语句。例如，徐海东向斯诺讲述国民党军对革命根据地的群众如何残暴时，斯诺问道："你是说这都是国民政府的军队？"徐回答："是的，他们是汤恩伯将军的第13集团军和王均将军的第3集团军。"但在《西行漫记》中，该段文字（英文原著1937年版，第316页）被删除。因为，在国民党还是共产党敌人的1936年说的这番话，到了国共两党合作抗战的1938年初，显然已经不合时宜。

此外，第十一篇第五章"That Foreign Brain-Trust"（那个外国智囊）被全部删除。该章记述的是当时苏联派驻中共的德国军事顾问（中文名"李德"，英文原著记作"Li Teh"，未记原名"Otto Braun"；1900—1974）的作用和影响。删除该章或是出于政治方面的考虑，也就是为了为不损害共产党（或共产国际、苏联）的形象，特别是避免被误读为间接批判共产国际。

《西行漫记》之《译者附记》称，与英文第一版不同的部分，即包括章节删除在内的修改，都是斯诺所为。[225] 据此判断，上述修改，在斯诺把稿件交给译者前即已完成。让我们比照上述英文改订版对此加以探究。如前所述，1938年秋出版的改订版，斯诺曾删除了对苏联、共产国际的批判性或曰"不恰当"的语句；这些修改在《西行漫记》中是如何处理的？

---

[224]　51张照片中，1937年版原著只收入一张。
[225]　《译者附记》，《西行漫记》，复社版，第19页。该附记没有署名，但被收入《胡愈之文集》第4卷。

比如，本书第 185、186 页对照介绍原文的部分，《西行漫记》基本照译原文；但有一处，即"under the dictatorship of Stalin"，本意为"从属于斯大林独裁统治下的苏俄"，却仅被译作"苏俄"。另外，1938 年英文改订版修改的相当部分，在《西行漫记》中早有改动或删除。由此可知，这些修改并非译者或胡愈之所为；斯诺交给他们的是修改后的底稿，《西行漫记》是从斯诺修改过的稿件翻译而来。

同样，《关于朱德》一章，英文原著第一版及以后各版对朱德生平的记述皆不准确，对此，前文已有介绍；但在《西行漫记》中，这部分改为朱德自述的形式；斯诺在此处加了注释，称英文版朱德传信息错误较多，故依韦尔斯所提供资料予以改写。[226]

如此看来，《西行漫记》的翻译底稿是斯诺为出版中文版而特意修改过的，因此，与其说是《红星照耀中国》原著的译本，不如说是《红星照耀中国》的特别版。该特别版，从其顾虑到了苏联和共产国际的感受看，可谓 1938 年的英文第一版与改订版的中间形态；而从全面改写朱德传、大量使用新照片来说，则是英文版《红星照耀中国》未能实现的完成形态。如前所述，在对英文版《红星照耀中国》施以改订时，斯诺每次都试图大幅改写，但考虑到该书已晋身名著之列，最终没有显著改动其结构和内容。但若以中国人为读者对象，则第一版即可呈现较为完善的形态——《西行漫记》或许就承载了斯诺的这种愿望。

---

[226] 《西行漫记》，复社版，第 427 页。斯诺为《西行漫记》所加附注还有一些内容也有较大价值。例如，关于前文曾简略提及的毛泽东自传部分，毛原来希望以第三人称（传记体）发表，但在美国杂志社的强烈要求下最终以第一人称（自传体）发表。斯诺明确表示，这个做法未曾征得毛的同意（第 215 页）。

不过，如果说《西行漫记》没有掺杂译者、胡愈之即中共方面的任何意图，恐怕也并非事实。比如，斯诺为《西行漫记》写的序言中，有一句"在蒋介石委员长贤明领导之下"；这一表述，很可能与周恩来等人要求暂缓发表一样，是胡愈之等人考虑到当时的政治形势而改写的。而删除有关国民党军队残暴行为的记述，或许也并非斯诺所为，而是译者的权宜之计，目的是通过当局审查。然而，虽然如此煞费苦心，《西行漫记》在国统区仍立即遭到查禁，蒋介石甚至曾亲自下令追究该书出版处。[227]

然而，或是因发行该书的复社远在国民政府已经鞭长莫及的上海（1937年11月为日军占领），《西行漫记》虽遭查禁，却依然能够一再出版，并与各种形式的缩简版、仅截取毛泽东传记部分的盗版一同广为流传。[228] 近年，该时期刊行的各种版本的"毛泽东自传"在中国成为收藏爱好者的新宠，甚至有印制精美的图录出版。[229] 假如要全面研究《红星照耀中国》在中国的影响，这些缩简版及盗版自然必须加以收集和分析。不过，这些刊物在旧书市场上已经非常昂贵。比如，《毛泽东自传》第一版（汪衡译，1937年11月，图66；《西行漫记》刊行

---

[227]　《蒋介石日记》（美国斯坦福大学胡佛研究所藏），1939年3月15日条；张克明《国民党政府对斯诺著作的查禁》，《复旦学报（社会科学版）》，1985年第1期。

[228]　关于《西行漫记》的影响，中国已有许多文章曾作论述，如吴明《〈西行漫记〉版本评介》（《北京党史》，1993年第4期）、前引张小鼎《〈西行漫记〉在中国——〈红星照耀中国〉几个重要中译本的流传和影响》。此外，当时在上海的日本人也曾说，《西行漫记》有两个译本/版本（日森虎雄《前言》，《中国共产党研究资料 西行漫记》，第1卷，参谋本部，1940年；岩村三千夫《书评〈红星照耀中国〉》，《历史评论》，1947年5月），但在中国没有研究涉及这一问题。

[229]　前引程宸编《毛泽东自传珍稀书影图录》。

前译自《亚细亚》、连载于《文摘》杂志，后辑录成册）标价 4 万元，另有珍本价格更是高达七八万元。此类版本多达数十种，要购买齐全，多少钱也不够用。因此，版本收集就交由精于此道的收藏爱好者去做，此处对私印版、盗版不做详细探讨。而《西行漫记》在 1949 年以后中国的遭遇，学界鲜有提及，故下文就此稍做论述。

图 66　《毛泽东自传》封面

5.《红星照耀中国》在新中国——被隐匿的名著

在中华人民共和国成立前，《西行漫记》等《红星照耀中国》的各种中文版大量出版，对扩大中国共产党及其领袖毛泽东的影响发挥了巨大作用；而由中共发行的斯诺著作也不在少数。然而，奇怪的是，1949 年以后长达十年之内，《西行漫记》却没有再版。[230] 斯诺来到新中国访问的 1960 年，《西行漫记》终于重新排版，由三联书店重印发行，但却被指定为"内部读物"。也就是说，该书的刊行是隐秘行为，一般读者求购无门。关于这一奇怪现象，在中国较早研究斯诺的张小鼎基于亲身体验这样回顾道：

---

[230] 严密地讲，1949—1950 年间，上海也曾出版以《长征 25000 里》《西行漫记》为题、与复社版内容略有不同的译本（前引张小鼎《〈西行漫记〉在中国——〈红星照耀中国〉几个重要中译本的流传和影响》），这可能是中译者在 1939 年 3 月所写"小引"中提到的《红星照耀中国》的另一个译本。

及至"文革"期间，万马齐喑，百花凋谢，极"左"思潮空前泛滥，在"打倒一切"的声浪中，《西行漫记》也惨遭禁锢。在许多单位和部门，它被加盖"严控"之类印戳后密封于图书馆和资料室中停止出借。尤令笔者无法忘怀的是，70年代后期，因宣传工作需要，按照有关规定，手持中央国家机关盖有大印的公函，前往历史悠久、藏书宏富、闻名国内的图书馆查阅"复社"版《西行漫记》时，在报告文学等名著栏目和新闻报道等专业书籍内竟然遍查不着，最后却在"严控"类书目里，发现它与希特勒《我的奋斗》等臭名昭著的书籍，并列归放在同一著录卡片盒内。[231]

使毛泽东闻名于全世界的著作，在新中国却形同"禁书"——读到这里，不少人可能大感意外。那么，曾在1949年以前将其积极用于宣传党和其领导人的共产党，为什么突然改变态度而无视该书的存在？

原因有二。其一，斯诺在1949年前后的言行，令中国共产党非常不安。当然，对中国共产党取得胜利和中华人民共和国成立，斯诺也送上了衷心祝福。就像自己看好并一直守护的神童长大成人、建功立业，斯诺的喜悦是发自内心的。不过，作为分析中国问题的专家，斯诺认为中共的胜利与斯大林式的社会主义有所不同，是某种民族主义形态共产主义政党的胜利。[232] 具体而言，斯诺把毛泽东、中华人民共

---

[231] 前引张小鼎《〈西行漫记〉在中国——〈红星照耀中国〉几个重要中译本的流传和影响》。

[232] 应该说，斯诺在写作《红星照耀中国》一书时就认为，在中共和毛泽东的共产主义运动中，存在有别于苏联、共产国际的独特性，即朴素的民族主义要素。

和国与铁托和南斯拉夫同样看待。[233] 不妨说，斯诺的观点在当时自成一家之言。

但是，斯诺的观点，与中国共产党试图以中苏同盟为基础建设新中国的方针和意识形态格格不入。在包括中共在内的社会主义阵营看来，斯诺不认为苏联和中国是铁板一块，等于在嘲笑中苏不睦。而这种见解出自斯诺本人之口，中国的反弹也就十分强烈。1952年的某个时期，中国的英文杂志甚至点名批判斯诺诽谤苏联，是"美帝国主义的走狗"。[234] 在冷战时期特有的思维模式大行其道的当时，斯诺在中共眼中绝非中国人民的朋友。[235]

20世纪50年代，斯诺出版《红色中华散记》和自传《复始之旅》等《红星照耀中国》后续著作后，中国对斯诺更加不满。下面让我们以斯诺曾经披露的《红星照耀中国》诞生的背景与和宋庆龄的关系为例加以解释。宋庆龄在新中国成立后留在大陆，就任中央人民政府副

---

[233] Snow, Will Tito's Heretics Halt Russia?, *Saturday Evening Post*, Dec. 18, 1948; Snow, Will China Become a Russian Satellite?, *Saturday Evening Post*, Apr. 9, 1949. 针对前一篇文章，有人发表批评文章，认为斯诺自写作《红星照耀中国》以来没有任何进步。请参阅 William Steinhaus, Yugoslavia, China and Snow, *China Weekly Review*, Feb. 19, 1949（中译本：淑之译《南斯拉夫·中国·和斯诺》，《世界知识》，第19卷第7期，1949年2月26日）。

[234] Israel Epstein, Fooling the People, *China Monthly Review*（Shanghai），Jan. 1952, pp.38-39（伊斯雷尔·爱泼斯坦 [中文名"艾培"]《欺骗人民》，《密勒氏评论报》）。另，多年后，爱泼斯坦曾撰写回忆录（Epstein, *My China Eye : Memoirs of a Jew and a Journalist*, San Francisco: Long River Press, 2000；中译本：沈苏儒等译《见证中国：爱泼斯坦回忆录》，新世界出版社，2004年），其中只提到与斯诺之间的友谊，而未提及曾发生过此类冲突。

[235] 1954年，斯诺曾发表《毛泽东的恋爱》（松冈洋子译，《中央公论》，东京，1954年7月号）。此类文章，斯诺当然不是为揭秘而写，只是想把毛泽东描写成一个有血有肉的人物；但中共方面难免认为是对毛泽东的中伤。

主席,成为中国共产党继承孙中山、完成革命大业的象征。

宋庆龄曾帮助斯诺前往陕北采访一事,斯诺在《红星照耀中国》中曾着意隐去,[236]直到1958年出版自传,才第一次吐露这一事实。[237]实际上,斯诺在20世纪30年代曾数度采访宋庆龄,但当时宋处境微妙,"不能公开发表意见";因此,宋的谈话,以及她为斯诺采访陕北提供方便等,当时都不能发表。那之后已过去二十多年,而且中华人民共和国也已成立,斯诺感到"既然她的地位已经明确,我说一点她的情况,也不至于有滥用她对我的信任之嫌了",于是在自传中披露了"在不能公开的前提下记录的"宋的谈话。[238]

然而,斯诺没想到,在宋庆龄的"地位已经明确"之后,其谈话仍被视为不宜公开。例如关于宋的家庭(宋家只有庆龄一人留在大陆)、关于孙中山生前希望以基督教葬礼安葬自己;还有,斯诺批判托洛茨基时,宋庆龄曾把托洛茨基的《被背叛的革命》递给他,嘱他一读,说书中"有不少真理";等等。[239]斯诺或许觉得,支持共产党的宋庆龄是已故孙中山的化身,又身居国家副主席的要职,据实披露此类情节,对她不会有什么影响。

后来,斯诺把自己的著作寄给宋庆龄等"朋友",迟迟未见任何反应;正在百思不得其解之际,却收到了宋的抗议信,内称斯诺"错误

---

[236] 1968年版注释部分有两处提到宋庆龄,中国人略传中也有宋庆龄的传记,但内容非常简单。

[237] Snow, *Journey to the Beginning*, p.152(前引《斯诺文集Ⅰ复始之旅》,第182页)。

[238] Snow, *Journey to the Beginning*, p.84(前引《斯诺文集Ⅰ复始之旅》,第99页)。

[239] Snow, *Journey to the Beginning*, pp.92、94(前引《斯诺文集Ⅰ复始之旅》,第109、111—112页)。

引用自己的话,而且态度是既不诚实又不友好"。[240] 与中华人民共和国的历史认识存在分歧的谈话被斯诺公之于众,使宋庆龄陷入尴尬。也就是说,斯诺"多嘴"了。接到宋庆龄抗议后,斯诺在1960年8月16日致信宋庆龄进行解释,并赔礼道歉,保证以后会修改;但至其去世仍未修改。据说,宋庆龄后来曾通过外交途径要求修改,未能如愿。[241] 斯诺失去信任,无疑是《西行漫记》长期不得再刊的原因之一。

《西行漫记》受到冷遇的另一个原因是,《红星照耀中国》描述的革命史及毛泽东的形象,和书中人物的逸事、评价等,与共产党在1949年前后确立起来的正式历史叙述已经发生了偏离。《西行漫记》出版后,在毛泽东主导下,共产党把毛塑造成了绝对正确而伟大的革命领袖,并于1945年通过《关于若干历史问题的决议》将其形成定论。《红星照耀中国》中的毛泽东形象的确依然魅力不减,但毛的形象在1949年以后已被进一步抬高,成为完美无瑕的领袖;毛对斯诺曾经的直言不讳,[242] 如今已有些不合时宜。再者,《红星照耀中国》中描述的人物,经其后十余年大浪淘沙,有些人已不宜正面描述(如被定为"党的叛徒"等)。该书被当作"内部读物",就是因为其中有些内容不便让一般人了解。

共产党对斯诺的看法和评价,随着中苏对立逐步加剧而改善,到

---

[240] 《宋庆龄复海伦·福斯特·斯诺》(1959年)、《宋庆龄复詹姆斯·贝特兰(James Bertram)》(1959年)。原信为英文。请参阅上海宋庆龄故居纪念馆编译《宋庆龄来往书信选集》,上海人民出版社,1995年,第461、473页。

[241] 请参阅前引《宋庆龄来往书信选集》第474页之编者注释,以及郑培燕《宋庆龄纠正斯诺臆想未果》,《世纪》,2011年第2期。

[242] 当然,毛泽东也并非无所顾忌地讲述自己的生平和历史观,如关于富田事件、1932—1934年的不公正遭遇以及长征途中与张国焘的斗争,他都是有所保留的。

了 1960 年，斯诺终于得以来华访问。被称为"中国人民的朋友"的斯诺要回来，理当要准备些礼物，那就是 1960 年《西行漫记》再版；但又不希望一般民众阅读此书，于是才将其指定为"内部读物"。如此看来，《西行漫记》再版的目的就是为迎接斯诺来访，对其表明善意。

但是，《红星照耀中国》的实际遭遇却有些尴尬。新中国成立初期，曾有数种毛泽东传问世，但都不能提及《西行漫记》。如前所述，毛泽东的出生、成长即青少年时期的资料，只有《红星照耀中国》所记值得信赖；但引用时却不能写明作者姓名、著作名称。翻看那时的毛传，常见的引用方式是"一美国记者著《西行漫记》第 × 章"。[243] 此类尴尬也存在于对外交流。如后所述，战后日本青年视《红星照耀中国》为理解中国革命的圣书，许多人通过阅读该书才对中国革命产生了共鸣。于是，1960 年代日本学生来华交流时，屡屡出现尴尬的场面。他们激动地谈起阅读《红星照耀中国》的感受，但与之交流的中国青年却既不知道斯诺是谁，也不知道有《西行漫记》一书。[244]

围绕《红星照耀中国》的信息管制出现松动，是在"文化大革命"时期。当时，各地红卫兵组织为"向毛主席学习"而非正式地编刊过各种毛泽东著作集，而《红星照耀中国》的毛泽东自传部分，也曾以《毛泽东自传》《毛主席的回忆》等名称被大量复印、反复刊行。在《西行漫记》本身仍难觅踪影的情况下，其自传部分却迅速而广泛地流传开来。[245]

---

[243] 李锐《毛泽东同志的初期革命活动》，《中国青年》，1953 年第 13 期。

[244] 斋藤朋子《艾格尼丝·史沫特莱之墓》，《学生参观团访问中国》，齐了会，1966 年，第 56 页。

[245] 准确地说，"文革"时期流传的自述，有从《西行漫记》中抽取其自述部分的，也有 1949 年以前流传的各种"毛泽东自传"的翻印。请参阅前引程宸《毛泽东自传珍稀书影图录》，第 114—120 页。

后来，应毛泽东邀请，斯诺于1970年8月至翌年2月访华。这也是他生前最后一次访问中国，并带走了毛泽东希望改善美中关系的口信（欢迎美国总统尼克松访问中国，改善中美两国关系）。访华期间，1970年12月25日的《人民日报》在头版刊载了斯诺与毛泽东在天安门城楼上共同庆祝国庆的照片，但其说明却仅称斯诺是"美国友好人士"。[246]这一说明难以反映斯诺与毛泽东的关系，当然也未透露他是《西行漫记》的作者。不仅如此，翻遍斯诺访华期间的《人民日报》，也找不到一篇文章提及他和《西行漫记》的关系。这就是《红星照耀中国》当时在中国的遭遇，对许多中国人而言，《西行漫记》无疑是未知读物。

当然，由于当时的中苏关系不但远非坚如磐石，而且已经尖锐对立，甚至风闻可能兵戎相见，所以，对斯诺早在1949年就已预见到中苏分歧，中国共产党方面已经没有必要再去探究其见解是否恰当。回到日内瓦后，斯诺因罹患癌症而卧床不起，中国共产党于是在1972年初派出马海德等人组成医疗小组加入治疗。2月15日斯诺去世，共产党又以毛泽东、周恩来、宋庆龄等人的名义，对这位"中国人民的朋友"表达了深切哀悼。他们的唁电，虽然称赞斯诺首次向全世界报道毛泽东和中共的革命运动的功绩，但却都没有提及《西行漫记》。[247]当然，《西行漫记》也没有为纪念斯诺去世而再刊或重译。

---

[246] 《人民日报》，1970年12月25日。
[247] 三个人的唁电都刊登在1972年2月17日的《人民日报》。后来在北京召开的斯诺追悼会上，曾提到《西行漫记》是闻名中外的名著。《人民日报》，1972年2月20日。

6. "文化大革命"后重译《红星照耀中国》——董乐山译本与吴亮平译本

"文化大革命"结束后,《红星照耀中国》得以正式重译,计出版中文译本四种,其中一种在香港出版。[248] 其后至今,斯诺及其《红星照耀中国》被置于世界与中国革命、国际视野中的中国共产党这一背景下加以理解,巩固了其名著地位。若从研究角度讲,各新译本本应分别加以探讨,但限于篇幅,此处仅介绍"文革"结束后于 1979 年 12 月出版的两种新译本。其一为董乐山译《西行漫记(原名:红星照耀中国)》(三联书店,下文简称"董译本"),其二是斯诺采访毛泽东时曾担任翻译的吴黎平(吴亮平,1908—1986)重新整理的节译本《毛泽东 1936 年同斯诺的谈话》(人民出版社,下文简称"吴译本")。1979 年是中美两国正式建交之年,故该年再版《红星照耀中国》可以理解;但同一时期出版的两种译本之间是否存在某种关系,则不得而知。只不过,考虑到该书的特殊价值和中国当时的出版体制,依常识而言,很难说这两种译本是分别策划、刊行的。

首先看被称作《红星照耀中国》经典译本、[249] 现在仍最为通行的董译本。重译《红星照耀中国》的计划产生于美国总统福特访华的 1975 年冬。中国方面曾委托斯诺为信使,打开了中美关系的新局面,故在对美关系的关键节点重新推出这部名著,无疑具有关乎国家外

---

[248] 除本节介绍的两种外,尚有李方准、梁民译《红星照耀中国》(河北人民出版社,1992 年),香港版则是陈云翻译《西行漫记:新译本》(全 2 卷,南粤出版社,1975—1977 年)。

[249] 阳鲲《三联书店版、董乐山译〈西行漫记〉——Red Star over China 汉译史上的经典译本》,《湘潭大学学报(哲学社会科学版)》,2015 年第 2 期。

交的象征意义。三联书店是民国时期创办的出版社,历史悠久,以出版高品位社科著作而闻名;三联书店委托的译者是著名翻译家董乐山(1924—1999)。[250] 董曾供职新华社外文翻译部,是翻译专家,当时刚摆脱"文化大革命"的政治迫害而恢复工作。

据说,一开始他曾考虑在旧译《西行漫记》的基础上,参照后来出版的英文新版等加以修订和补记,但后来发现不如全面重译。[251] 董认为,重译这部名著,不必遵循当时"中国历史叙述的常规",应"悉照原文,不加改动,只有在必要的地方添个译注附在页尾"。最终,出版社同意了董的主张。[252]

读者或许认为,悉照原文、仅于必要处添加译注,这是最基本的翻译方法,是常识。然而,当时的"中国历史叙述的常规"却并非如此。所谓"常规",原指写史须遵守的"为尊者讳"的原则。"文化大革命"结束前,顾及伟人、领袖的颜面而避免秉笔直书这一"常规",甚至带有强制性。在那个时代,翻译时悉照原文、不依译者的判断而作修改这一天经地义的做法,是完全行不通的。而这却是董乐山作为翻译家翻译这部名著时抱定的信念。

董译的底本是1937年刊行的戈兰茨版第一版。如本章所述,《红星照耀中国》的英文版原著曾经斯诺本人数次修改,因此,应取哪个版本为底本,颇费思量。在20世纪70年代后半期,最新的英文版本

---

[250] 董乐山《斯诺和他的〈红星照耀中国〉》,刘力群主编《纪念埃德加·斯诺》,新华出版社,1984年。

[251] 董乐山《我的第一本书》,李辉编《董乐山文集》第1卷,河北教育出版社,2001年。

[252] 董乐山《〈西行漫记〉新译本译后缀语》,前引《董乐山文集》第1卷。

应是1968年的扩充改订版；但董没有采用这个版本。或许他认为，这部已成经典的名著，最早刊行的版本才是其本来面目。董译本定名，在已为人熟知的"西行漫记"之外附记"原名：红星照耀中国"，其原因在此。但是，如前文已指出，戈兰茨版等各种英文版本，都存在极大缺陷。如朱德传是基于错误转述成文的，斯诺曾以注释方式提请读者加以注意，但基本上没有修改；唯一施以订正的，是1938年的中文版《西行漫记》；但该版本所收朱德传只有中文，斯诺交给译者的英文原稿已不复存在。[253] 因此，在董译本中，只有朱德传是从《西行漫记》采录的，译者对此也有说明。

严格地说，董译本与任何英文版本都不完全对应。但如上所述，对斯诺而言，1938年版《西行漫记》是英文版《红星照耀中国》未能实现的最完善形态，故董乐山如此处理也并无不妥。董译本的出版恰逢"改革开放"的时代思潮日趋高涨，因而很受读者欢迎，发行量极大，至1982年已刊行165万册。[254]

然而，主张翻译应"悉照原文"的董译本，遇到对党的领袖有冒犯之嫌的部分，也曾考虑政治因素而不惜修改。如关于因相思相爱而结合在一起的毛泽东和杨开慧，《红星照耀中国》原著称其婚姻"这好

---

[253] 中国在纪念斯诺诞辰一百周年时出版了中英对照的《西行漫记 / Red Star over China》（外语教育与研究出版社，2005年），收录了复社版《西行漫记》的朱德传，即《关于朱德》（第746页之后）。对应的英语部分（有中共中央文献研究室的建议），则从1937年戈兰茨版和尼姆·韦尔斯的 Inside Red China（《续西行漫记》）抽取对应部分而汇集在一起；而在这些英文著作中没有对应内容的部分，则将复社版的相关中文部分翻译成英文。

[254] 前引董乐山《斯诺和他的〈红星照耀中国〉》。在2018年围绕《红星照耀中国》的中文版版权发生纠纷时，继承三联书店版版权的人民文学出版社公开声称《红星照耀中国》累计销量已逾300万册。

像是由一种试婚制开始的"（原著 1937 年版，第 153 页）。但这难免让人联想起"未婚同居"，按当时的社会观念，是对伟大领袖的冒犯，因而董译本没有译出。[255] 这也就是"中国历史叙述的常规"吧。此外，作为中文译本，有些本应查实的汉字人名仍不准确，译注等也难称充分，仍有重新修订的余地。[256]

同一时期刊行的吴译本，是吴黎平（吴亮平）对如下两部分重新翻译而成：《红星照耀中国》有关毛泽东自述的部分（第四篇《一个共产党员的由来》、第五篇《长征》）和当时英文杂志刊载的斯诺采访毛泽东的报告。中文半通不通的斯诺，采访时离不开翻译；而采访毛泽东等党的高级领导人时，担任口译的是当时的党中央宣传部副部长、党内头号语言学专家和理论家吴亮平。对红军战士等人的一般性采访，翻译兼助手是燕京大学毕业的黄华（当时化名"王汝梅"）。

对毛泽东的采访，包括其自述在内，先由吴口头译为英语，斯诺将其记录和整理后，再经吴亮平或黄华译成中文，交毛泽东确认；若有不妥，毛会稍作修改，而后再经黄照译后退还斯诺。斯诺的采访记

---

[255] 该句在 1968 年版英文原著中也被删除。或许，斯诺也曾考虑过要照顾毛泽东的面子。因此，假如董译本以原著最新版本为底本，本来是没有必要删除的；但因底本为 1937 年版，于是不得不删除。关于包括此处在内的董译本的删改，前引阳鲲《三联书店版、董乐山译〈西行漫记〉—— Red Star over China 汉译史上的经典译本》列举得较为全面。

[256] 特别是毛泽东自述部分"一个共产党员的由来"，有的人名明显不准确。例如，毛 1918—1919 年在北京游学时经常与之谈论"无政府主义"的朋友（原书为 Chu Hsun-pei），董译本作"朱谦之"，但应作"区声白"（参见：邬国义《毛泽东与无政府主义——从〈西行漫记〉的一处误译谈起》，《史林》，2007 年第 2 期）；1929 年前后导致毛泽东的红军部队陷入困境的红军领导（原书为 Liu En-kung），董译本作"刘恩康"，但应是"刘安恭"等等。此外，董译本所收照片，是从各种版本收集而来（又没有说明出处），与底本戈兰茨版差别较大。

录就是这样形成的。[257]而后还要再翻译成中文,才被收入《西行漫记》或《毛泽东自述》。对自己担任翻译的采访多年后竟成为影响深远的名著的一部分,吴亮平深感责任重大。正是这种责任感,促使他决计对其订正、整理后重新翻译。所谓"责任",应来自如下认识。

中华人民共和国成立后,毛泽东的主要著作和讲话,作为伟大领袖的思想结晶而被收入《毛泽东选集》,成为不可更易的金科玉律。但斯诺记录的毛泽东的讲话(含自述在内),却没有一篇被收入。因为,在中国共产党看来,自述不过是非正式的讲话记录。可是,"文化大革命"时期粗制滥造的各种毛传已在社会上造成不可忽视的极大影响。对此,曾代替毛泽东倾听、传达的吴亮平感到,有责任替毛泽东和斯诺将讲话记录提升为正式记录,至少有责任订正容易招致误解的地方。吴本人在《前言》中这样说:

> 〔关于毛泽东自述部分,〕还有个别地方,按我的记忆确实不符合毛泽东同志谈话原来意思,不能不作必要的订正。斯诺当时是通过我的口译,才了解到毛泽东同志谈话的内容的,如果我作为当时的口译者对斯诺的个别记叙文字作些必要的修订,以便更准确地表达毛泽东同志的原意,那么我想,要是斯诺今天还在,是不会反对的吧![258]

---

[257] Snow, *Red Star over China*, pp.106, 130;董乐山译《西行漫记(原名:红星照耀中国)》,第79、105页。吴黎平《前言》,《毛泽东1936年同斯诺的谈话》,人民文学出版社,1979年,第6—7页;Snow, Author's Preface, *Random Notes on Red China, 1936-1945*;前引《红色中华散记》,第39页;黄华《亲历与见闻——黄华回忆录》,世界知识出版社,2007年,第27页。

[258] 吴黎平《前言》,前引《毛泽东1936年同斯诺的谈话》,第7页。

自己是当时的口译者,所以斯诺不会反对由自己订正——这一逻辑能否讲得通姑且不论,吴有关毛泽东的出身所加的注释,应该就是他为更准确地表达毛泽东的原意所做的修订。《红星照耀中国》记述,毛说自己的父亲原为"贫农"(poor peasant),因头脑灵活,后来小有财产而成为"中农"(middle peasant),再后来成为"富农"(rich peasant)。对这一部分,吴译本加了详细的注释,即自己(吴亮平)译作"rich peasant"传达给了斯诺,又把此处写作中文"富农"给毛泽东看,毛并未修改;1949年以后毛家的成分定为"中农",但与斯诺的此类记述并不矛盾;等等。

不用说,新中国成立后,尤其在"文化大革命"时期,家庭出身是个人最重要的属性,所以"文革"时期大量流传的毛传记述毛自称出身"富农",肯定引发了不小的混乱;[259] 而"文革"结束后不久出版的吴译本,其使命就是消除"误解"、形成准确文本。在译本公开出版前,吴亮平还印制样书数百部,寄给中共中央领导人等,以征求意见。[260] 从吴的此类努力,以及该书由中国最具权威的人民出版社出版来看,吴的意图显然是要提高毛泽东自述的地位,使其尽量等同于正式记录。

斯诺生前曾评论吴亮平说:"〔在1936年当年〕已是党内有一定声望的马克思主义理论家。毛泽东对他显然颇为赏识,政治局其他委员也都如此。……我不知道他现在〔1957年〕的职务,但对他(显然)

---

[259] 竹内实《增補毛沢東ノート》(新泉社,1978年)之第8页记述,"文革"时期,曾有人攻击毛泽东的"富农"出身。

[260] 吴黎平《前言》,《毛泽东1936年同斯诺的谈话》,第8页。

没有跃居高位始终感到不解"；[261] 意即吴在自己采访陕北时就已经位居中央宣传部副部长，而且能力出众，但后来却没有受到重用，令人不解。实则，斯诺离开陕北后不久，吴就被诬陷为"托派"，并被撤销了党内要职；"托派"嫌疑被撤销后，吴仍对毛泽东推行的部分路线态度消极，因而其后半生颇不得志。[262] 颇具讽刺意味的是，斯诺、韦尔斯等在陕北时，提醒他们要警惕托派的正是吴亮平。[263]

吴译本收录的，是《红星照耀中国》中毛泽东自述的部分，和《密勒氏评论报》等 1936 年刊载的斯诺的三篇采访报告，都是毛泽东借助吴亮平翻译而讲述的内容；因此，和上述董译本一样，也与《红星照耀中国》英文版的任何版本都不对应。吴亮平曾与张闻天关系密切，在"文革"中似曾因此而身陷困境。[264] 或许，就是在那样的日子里，他看到自己也曾亲身参与的毛泽东自述以各种形态流传，于是感到有必要将其整理成准确的版本——哪怕仅限于自己参与的部分亦可。这或许就是 1938 年以后遭受冷遇的一位党员忠诚于毛泽东的表现方式。

---

[261] Snow, *Random Notes on Red China, 1936-1945*, p.47（前引《红色中华散记》，第 54 页）。吴 1957 年的职位是国务院化学工业部副部长。

[262] 唐宝林《官越做越小的吴亮平》，《炎黄春秋》，2011 年第 9 期。怀疑吴是"托派"的，是 1937 年 1 月来自共产国际的电报。请参阅《共产国际执委会书记处给中共中央书记处的电报》（1937 年 1 月 28 日），收于中共中央党史研究室第一研究部编译《共产国际、联共（布）与中国革命档案资料丛书》（15），中共党史出版社，2007 年，第 279 页。

[263] Nym Wales, *My Yenan Notebooks*, pp.103, 180-191；前引《延安采访录》，第 216、381—402 页。

[264] 雍桂良等《吴亮平传》，中央文献出版社，2009 年，第 160—164 页。

第七章 《红星照耀中国》在苏联和日本

1.《红星照耀中国》在苏联

本书第二、三章曾介绍，在斯诺出版《红星照耀中国》以前，苏联曾出版和发表数种有关中共活动的书籍、资料集、毛传等；尤其在1935年至翌年，因相继有共产国际第七次大会召开及中国共产党成立十五周年，苏联曾进行较为积极、活跃地宣传。《红星照耀中国》出版前，要获取中共及其领导人的信息，只能依靠莫斯科编纂的此类书刊，连斯诺搜集信息时也唯有如此。[265] 但是，莫斯科生产的刊物无不带有浓重的党派色彩，要引起国际社会的共同关注，性质上存在巨大

---

[265] 斯诺在《红星照耀中国》中引用的中共的过往资料（即在撰写《红星照耀中国》前获得的材料）有以下几类：*China at Bay*, London: Modern Books, Jan. 1936, 共产国际发行的英文小册子，所依据的是 *Communist International*, Vol.13, Special Number, Feb. 1936 所收之 **Heroic Trek**（施平《英勇的西征》），以及毛泽东、朱德、方志敏的传记（作者均为哈马丹）等；*Red China: being the report on the progress and achievements of the Chinese Soviet Republic / delivered by the president, Mao Tse-tung, At the second Chinese national Soviet congress, at Juikin, Kiangsi, January 22, 1934*, London: M. Lawrence Ltd., Sep. 1934（1934年1月第二届全国苏维埃代表大会相关文献集）。

的局限。

因此，对苏联、共产国际而言，斯诺的采访及其《红星照耀中国》的出版，意味着在宣传方面出现了强有力的竞争者。更何况，斯诺前往陕北采访，本就是在苏联即共产国际毫不知情的情况下实现的，斯诺的政治立场也与苏联式社会主义相去甚远。[266] 正因如此，对苏联和共产国际而言，斯诺的报道不见得恰如所愿。斯诺含有对苏联和斯大林的讥刺，亦即带有"托派"倾向的文章，不可能在苏联原文照译。

苏联最早报道斯诺的采访，是 1937 年 12 月 15 日发行的《国外》杂志刊载的《毛泽东》（Мао Цзе-дун）。《国外》是国际时事评论杂志，曾刊载过爱伦堡撰写的毛传（1934 年）。此次刊载的《毛泽东》，摘译自 1937 年出版的戈兰茨版《红星照耀中国》第三篇第一章（《苏维埃掌权人物》）和第四篇（《一个共产党员的由来》，即毛泽东自述），篇幅仅 2 页，未附照片。译文的简单注释为"每日先驱报上海特约记者的新著选粹"，既未注明"新著"的书名、出版地等，似乎更无意介绍斯诺采访的经过。

该文内容，毛泽东的生年、籍贯、成长等基本事实照译斯诺文章，但毛加入共产党后的具体活动多有省略，尤其党内问题、领导人错误（陈独秀、李立三）的部分，几乎未作翻译；涉及共产国际对中国革命的指导正确与否的论述，当然也被完全删除。从结果看，这篇

---

[266] 美国学者彼得·兰德认为，中共是在得到莫斯科的指示后才同意外国记者进入根据地的（Peter Rand, *China Hands: The Adventures and Ordeals of the American Journalists Who Joined Forces with the Great Chinese Revolution*, New York: Simon & Schuster, 1995, p.157），但他并未说明依据何在。

第七章　《红星照耀中国》在苏联和日本　——　215

苏联最早的翻译，不愧为苏联特有的"摘译"。[267]顺带说一下，苏联当时正举全国之力编纂、出版《苏维埃大百科全书》，1938 年刊行的第 38 卷"毛泽东"条（第 90—91 页），就是依据《国外》刊载的这篇《毛泽东》记述的。

苏联刊行的《红星照耀中国》俄文单行本，也可以看到苏联式摘译的痕迹。俄文单行本 1938 年出版于莫斯科，米尔采娃（Л. Мирцева）译，书

图 67　《中国的英勇人民》封面

名作《中国的英勇人民》（*Героический народ Китая*）（图 67）。斯诺并未授权出版该俄文版，他多年后叹道："过了好久，那里〔莫斯科〕才背着我出版了《红星照耀中国》的删改版本，把书中所有有关西安事变、共产国际、俄国以及其他一切'有争论'的问题统统删掉了。"[268] 对于所谓"有争论"的问题，俄文版是以下述方式处理的。

首先，《红星照耀中国》原书 450 多页，但译成俄文版后被压缩至仅剩 100 余页，章节结构等也大幅改变，并一味强调"统一战线"的

---

[267]　关于毛泽东的自述部分，苏联的《国际文学》杂志几乎与《国外》在同一时间发表过《我的半生》（«Моя жизнь», *Интернациональная литература*, 1937, № 11-12）。请参阅前引 Pantsov, Levine, *Mao: the Real Story*, p.324（林添贵译《毛泽东：真实的故事》，台北：联经出版公司，2015 年，第 347 页），前引 Панцов, *Мао Цзэдун*, Москва, 2012, стр. 465（中译本：卿文辉等译《毛泽东传》下，中国人民大学出版社，2015 年，第 482 页）。

[268]　Snow, *Random Notes on Red China, 1936-1945*, p.3（前引《红色中华散记》，第 5 页）.

重要性；原著最吸引人的部分毛泽东自述不但被大幅压缩，而且被推后至终章《中国人民的儿子》，与对红军指战员——具有俄国人最喜欢的"钢铁般的意志"——的介绍放在一起；毛泽东作为共产党员所从事的活动仅余不足 1 页，同时却增加了引自斯大林著作的内容。修改到这种程度，俄文版已经不再是原著译本，而完全是另编的读物；其书名不用《红星照耀中国》的俄文译名，也就不足为奇。

关于这部问题多多的俄文版，《冒险的岁月——埃德加·斯诺在中国》的著者托马斯，根据苏联的新书导读刊物《新书消息》（Книжные новости）1938 年的报道指出，除这部删减修改版外，苏联也曾计划出版完整的俄文版。[269] 该计划最终未能实现，其后的半个世纪，不仅《红星照耀中国》，斯诺的其他著作在苏联也完全未见刊行。但在 1938 年阻止翻译、出版的，很可能是上文探讨英文版时提到的美国共产党。1938 年 9 月，负责遴选英文翻译书目的苏联国家出版社（列宁格勒）的负责人列出斯诺等人著作，并就著者的政治立场征询"美国共产党驻共产国际代表"；美国共产党代表回复称，在具有"托派倾向"的斯诺被证明已经放弃其立场之前，"他的著作一册也不应该翻译"。[270] 又是那张"托派"标签在作祟。显然，既然被打上这样的烙印，斯诺的著作在苏联不会有得见天日、公开出版之日。

---

[269]　Thomas, *Season of High Adventure*, p.183（前引《冒险的岁月》，第 226 页）.

[270]　《玛丽·里德（Mary Reed）给美国共产党驻共产国际代表的信》（1938 年 9 月 6 日）、《美国共产党驻共产国际代表给国家出版社（Gosizdat）的信》（1938 年 9 月 6 日以后），收于 Harvey Klehr, et al. eds., *The Soviet World of American Communism*, Yale University Press, 1998, pp.342–344。

那之后，苏联给斯诺贴的标签，1940年代末以后是"企图离间中苏关系"，中苏开始对立后又变成"毛泽东主义者"。但是，无论标签怎样改变，斯诺的著作都无法在苏联翻译出版。苏联解体后，俄国不再关心中国革命；且不说此事应如何评价，《红星照耀中国》俄文版的确至今没有出版。

需要明确的是，在《红星照耀中国》原著刊行的1930年代末，苏联和共产国际的不满针对的是斯诺，而绝非毛泽东。非但如此，苏联一直视毛泽东为忠诚于共产国际的中共领导人、带领中国人民抵抗日本侵略的领袖，并积极宣传毛泽东；事实上，《红星照耀中国》出版后，苏联仍刊行过几部俄文版毛传。

不过，尴尬的是，要撰述准确的毛传，仍需以斯诺的采访为根据。例如，1939年，莫斯科的国家政治图书出版社曾刊行毛传，书名是《毛泽东——略传》（*Мао Цзе-дун, Биографический очерк*），与爱伦堡的毛传相近，但内容不同。该传共101页，随处使用共产党的宣传刊物特有的赞美之辞称赞毛泽东，如"杰出的革命领导者、天才的战略家""全心全意为了人民的人"等等。似乎是为了与夸张的赞颂相匹配，书籍本身的装帧也尽显豪华，蓝色精装封面上，以红底白字印汉字"毛泽东"三字；书内收入多帧毛泽东的肖像、照片，不少也采自《红星照耀中国》（图68）。不用说，形成该传核心的毛泽东前半生的记录——并按莫斯科的意图进行了加工——依据的也是《红星照耀中国》。当然，如前所述，当时，斯诺的名字和《红星照耀中国》的详细内容是不可泄露的，所以，该书序言只解释说，本传是"在1936年一位美国记者所记录的毛泽东谈话的基础上完成的"。

该传出版后，苏联仍有各种形式的毛传发表，但其依据斯诺采访

图 68　苏联版《毛泽东——略传》封面及所载毛泽东肖像

的部分,其出处多不明确,或根本不注明出处,或仅说"据毛泽东自己所述","据曾和毛泽东共同生活一段时间的一位美国记者所述"。[271] 曾与毛泽东一同在湖南第一师范求学、后来成为中共文化部门干部的作家萧三,也曾于 1938—1939 年间在莫斯科撰写过毛传;该传虽引用《红星照耀中国》记述的毛的逸事,但也避开了斯诺的名字和

---

[271] 例如,共产国际机关杂志《共产国际》于 1939 年发表的传记《毛泽东》(Чуан Сюн, «Мао Цзе-дун», *Коммунистический Интернационал*, 1939, № 6. 作者署名为 Чуан Сюн [音"闯雄"],真名不详,中译本请参阅前引苏扬编《中国出了个毛泽东》,第 392—398 页),虽然没有提到斯诺和《红星照耀中国》,但也是援用该书信息完成的。

《红星照耀中国》的书名。[272]附言之,萧三的这篇毛传,除《红星照耀中国》外,还参考了本书已经介绍的爱伦堡及哈马丹的毛传,并同样突出了毛泽东手拿雨伞的革命家形象。

就这样,苏联刊行、发表的毛传无不依据《红星照耀中国》来记述毛泽东前半生的经历,却又都刻意隐去《红星照耀中国》的存在,同时大量使用"拥有钢铁般的意志""真正的布尔什维克""中国人民忠诚的儿子"等刻板语句来形容毛泽东。这就是共产国际亦即苏联所需要的理想的毛泽东形象。对于苏联连正常引用都不允许的体制,斯诺当然无法承认和接受;而他的抵制,也只能招致苏联更大的警惕和防备。早在1939年,共产国际就曾提醒中共,斯诺似与"托派"有勾连,其报道是对共产国际的挑衅,并警告不可过于相信斯诺。[273]值得注意的是,中共在接到警告后,也曾以斯诺的报道有时会带来危害为由,指示其下级组织切断与斯诺的关系。[274]后来,中共与斯诺的关系出现裂痕,其源头或正在此。

---

[272] 萧三在1939年回国前在莫斯科执笔的毛传,在1939—1940年间被分别收入埃弥·萧(即萧三)《毛泽东与朱德:中国人民的领袖》(Эми Сяо, *Мао Цзэ-дун. Чжу Дэ* [*Вожди китайского народа*],俄文,青年近卫军出版社)和埃弥·萧《不可征服的中国》(Эми Сяо, *Китай непобедим*,俄义,苏联国立军事出版社)。关于后者,中译本及解说(李捷《一篇生动反映毛泽东生平的珍贵史料——读萧三〈毛泽东〉》)载于《党的文献》,1993年第3、4期。

[273] 《中国小组会议第一号记录》(1939年7月8日)、《季米特洛夫给毛泽东的电报》(1939年11月10日),收于中共中央党史研究室第一研究部编译:《共产国际、联共(布)与中国革命档案资料丛书》(18),中共党史出版社,2012年,第224、291页。

[274] 《中共中央给季米特洛夫的电报》(1939年11月21日),同前,第295页。

2.《红星照耀中国》在战前和战时的日本

在日本,《红星照耀中国》全译本的出版不得不等到战争结束之后。当然,战争结束前也有人读过《红星照耀中国》原著。《贫乏物语》的作者、曾对马克思主义在中国的传播发挥过重要影响的著名学者河上肇(1879—1946)就是其中之一。河上在1920年代末辞去京都大学教职,不久后参与日本共产党的活动,因此被控违反"治安维持法"而入狱三年(其间转变立场),1937年出狱;翌年读《红星照耀中国》原著,大为感动。他为表达当时的心情,留下其擅长的七绝一首如下:

> 秋风就缚度荒川,
> 寒雨潇潇五载前。
> 如今把得奇书坐,
> 尽日魂飞万里天。[275]

诗中"奇书"即《红星照耀中国》。河上感动之余,思绪飞向陕北的中共根据地,所以才说"魂飞万里天"。《红星照耀中国》没有提及的是,实际上,毛泽东也是通过河上的著作学习马克思主义的。[276] 毛泽东直到战争结束后才说到此事,那时河上已经去世;假如河上读《红星照耀中国》时知道该书主人公竟曾欣赏自己的著作,还不知要有怎样的

---

[275] 《河上肇全集》,第21卷,岩波书店,1984年,第65—66页(中文介绍见于一海知义《河上肇与中国革命》,《国外社会科学》,1980年第8期)。诗中"荒川"为河上服刑时曾渡过的东京的河流名。

[276] 关于河上肇对中国的影响,三田刚史曾作综合研究,就其对毛泽东的影响也有详细论述。请参阅三田刚史《甦る河上肇》,藤原书店,2003年。

感慨。送《红星照耀中国》英文原著给河上的,是他的高足、经济学家堀江邑一。也就是说,原书在日本也能买得到。[277] 只不过,当时像河上那样有能力阅读斯诺原著的日本人很少。

战后的 1946 年,斯诺为姗姗来迟的《红星照耀中国》日文版撰写《日文版序》,回顾《红星照耀中国》在日本的翻译状况时说:"1937 年,日本的一份杂志(指《中央公论》[日文版译者宇佐美诚次郎注])曾开始连载该书,但仅刊数次,立即被禁止发表。"[278] 斯诺和宇佐美所说的连载,应指《中央公论》1937 年 11 月号刊载的毛泽东《自叙传》和斯诺《两万五千里长征》,以及该杂志临时增刊(1937 年 12 月)载斯诺《中国共产政府根据地探访》。斯诺称"立即被禁止发表",但这三篇文章都是单篇,虽敏感字眼处理成空白,但并无连载被禁之事。

因斯诺本人曾强调其文章被禁止发表,人们往往认为斯诺著作的翻译出版遭遇了阻碍;但是,实际上,仅 1937 年(即《红星照耀中国》原著出版前后),日本杂志就曾译载过不少斯诺的文章。本书第四章探讨"胖子"毛泽东和波多野乾一的中共研究时,已观察过其中一例;而该年各杂志的译载状况,列为表 3:

---

[277] 对《红星照耀中国》的书评有武藤洁《エドガー・スノウの西行漫记に就て》,《書香》,第 108 号,1938 年 8 月。

[278] 《日文版序》,《中国的红星》(《中国の赤い星》),上卷,永美书房,1946 年。

表3　1937年日本杂志译载斯诺文章

时间	杂志名、期号	文章题目	原　　载
1937.1	《上海》，965号	斯诺《毛泽东访谈记 中国应走哪条道路》（《毛沢東会見記／中国の進むべき道は就れか》，寺内登译）	Snow, Interviews with Mao Tse-tung, Communist Leader, *China Weekly Review*, Vol.78, No.11–12, Nov. 11, 14, 1936
1937.1	《グラフィック》（画刊），2卷2号	《在保安中国共产党军营采访毛泽东》（《保安の中国共産党軍営に毛沢東と語る》）	Snow, Interviews with Mao Tse-tung, Communist Leader, *China Weekly Review*, Vol.78, No.11–12, Nov. 11, 14, 1936
1937.2	《"支那"情报》，2卷4号	斯诺《西北苏维埃区考察报告》（《西北ソビエット区の踏査報告》，山崎寿比古译）	Snow, The Reds and the Northwest, *Shanghai Evening Post & Mercury*, Feb. 3–5, 1937
1937.2	《外事警察报》，175号	《抗日及统一战线问题——英国记者与毛泽东会见记》（《抗日並に統一戦線問題に関する英人記者と毛沢東の会見記》）	据称为斯诺于1936年11月5日在北平发表的毛泽东会见记（中文《抗日问题、统一战线问题》），原载刊物不详
1937.3	《上海》，967号	斯诺《西北苏维埃地区探访》（《西北ソヴェート区域を探る》，儿岛博抄译）	Snow, The Reds and the Northwest, *Shanghai Evening Post & Mercury*, Feb. 3–5, 1937
1937.6	《改造》，6月号	斯诺《中国共产党领袖毛泽东会见记／中国共产党的对日政策》（《中国共産党領袖毛沢東会見記／中国共産党の対日政策》）	Snow, Interviews with Mao Tse-tung, Communist Leader, *China Weekly Review*, Vol.78, No.11–12, Nov. 11, 14, 1936

(续表)

时间	杂志名、期号	文章题目	原　载
1937.7	《世界知识》，7月号	斯诺《中国共产党军队根据地探访》(《"支那"共産軍の本拠を衝く》，芦田多宁抄译*)	抄译自 Snow, The Truth about "Red China", Daily Herald, Dec. 31, 1936 – Mar. 17, 1937；照片据 Life, Vol.2, No.4, Jan. 1937 复制
1937.10	《日本与世界》(《日本と世界》)，132号	斯诺《探访苏维埃中国》(《ソヴイエット"支那"を訪れて》)	Snow, Soviet China, New Republic, No.1184-1187, Aug.–Sep. 1937
1937.11	《中央公论》，11月号	毛泽东《自叙传》(《自叙伝》)	The Autobiography of Mao Tse-tung, Asia, Jul.1937
1937.11	《中央公论》，11月号	斯诺《两万五千里长征》(《行程二万五千"支里"》，永井直二译)	Snow, Soviet China, New Republic, No.1184-1185, Aug. 1937
1937.11	《改造》，11月号	斯诺笔记《毛泽东自叙传》(《毛沢東自叙伝》，長谷川了译)	The Autobiography of Mao Tse-tung, Asia, Jul.1937
1937.12	《中央公论》，临时增刊	斯诺《中国共产党政府根据地探访》(《中国共産政府の基地を衝く，大江专一译*)	Snow, I Went to Red China, Saturday Evening Post, Nov. 6, 1937
1937.12	《情报部资料》，531号	斯诺《中国共产党西迁》(《中国共産党ノ西遷》)	The Red Army in Action, Asia, Oct. 1937; The Long March, Asia, Nov. 1937
1937.12	《外国报刊》(《外国の新聞と雑誌》)，391号	斯诺《赤色中国观察》(《赤色"支那"にありて》，小田译)	Snow, I Went to Red China, Saturday Evening Post, Nov. 6, 1937

* 芦田多宁和大江专一为同一人。

表3所列,虽部分杂志为内部发行资料(外务省情报部编《情报部资料》)及在外国发行的日文杂志(《上海》《"支那"情报》,上海),但仍能反映出斯诺进入中共管辖地区、成功地专访毛泽东受到广泛关注。不过,知识界也有人持有异议,例如,有名的"中国通"、作家村松梢风(1881—1961)即曾言辞激烈地评道:

> 前日读日本两大杂志〔《中央公论》《改造》〕载毛泽东自传……此类内容,有心者读之,一看便知是捏造。……要之,朱德也好,毛泽东也罢,都不是部分日本人想象的那种优秀、杰出的人物。……真担心我国知识界不辨真相……而被蒙蔽。[279]

看吧,早在1937年,日本就已经有"中国通"视陆续见诸报刊的斯诺的报道为"捏造",并"敲响了警钟"——而无须等到2005年张戎发表《故事》。在村松眼中,毛、朱或许就应该是上述《周报》所载照片呈现的形象。总之,村松的态度也许并不典型,但仅读毛泽东自述就对斯诺的报道皱起眉头、深表怀疑的知识分子,在当时的日本绝非个例。

那么,斯诺陕北报道的集大成之作《红星照耀中国》在日本的译刊情况如何?的确,在战前乃至战争期间,日本没有出版《红星照耀中国》全译本,但经确认,至少曾有过两种译本。其一是四方归一译、《日本读书协会会报》连载(第214、215号,1938年8、9月)的《赤

---

[279] 村松梢风《宋美龄——续南京梦物语》,《中央公论》,临时增刊号,1937年12月。

色中国探访》(《赤色"支那"を探る》)。《日本读书协会会报》是译载欧美新书的杂志,采会员制,每期250—300页;其第3、4册刊载欧美新书抄译。[280]《赤色中国探访》抄译自兰登版第一版,其篇幅合《会报》130余页,虽经相当程度压缩,但重要部分没有遗漏(且无文字空白),中国人名、地名好像也曾借助专家查对和确认。[281] 但照片等完全没有收录,原著最后一篇《又是白色世界》(全面展望西安事变及共产党活动部分)未译。

《日本读书协会会报》译载《赤色中国探访》时所附评介也值得关注。评介者介绍著者斯诺是"排日记者"、反国民政府而亲共产党,但同时说:

> 尽管如此,斯诺好像既非共产主义者,也非马克思主义者,更不是托洛茨基主义者,而应该说是其同情者;但据闻,苏联、美国的左翼同伴们也认为他带有纪德倾向,对他的评价并不太好。

评介还指出书中随处可见"对苏联及共产国际的'讥刺'"作为证据。所谓"纪德倾向"之"纪德",指法国作家安德烈·纪德(Andre Gide,1869—1951)。纪德曾被视为同情共产党,但1936年访问苏联

---

[280] 关于《日本读书协会会报》,请参阅宫里立士《〈日本读书协会会报〉与战时海外情报》(《『日本読書協会会報』と戦時下の海外情報》),《战时外国文献解说——〈日本读书协会会报〉》(《戦時下における外国文献解説——『日本読書協会会報』》),别卷,ゆまに書房,2008年。

[281] 译者四方归一(或为笔名)的生平不详,但他屡屡在《会报》发表译作,观其内容,应非研究中国的专家。

后发表《访苏归来》，表明反对斯大林体制的态度，因而受到左翼党派和左翼文化人士的猛烈抨击。评介者说，斯诺也有同样倾向。

如前文所述，"对苏联及共产国际的'讥刺'"招致左翼党派对《红星照耀中国》的声讨，斯诺因此不得不再出修订版以平息批判。评介者并未把《红星照耀中国》单纯看作冒险采访记录和对中国共产党的称颂，而试图将其置于左翼党派背景中加以分析，反映了其深刻的洞察力；从这点讲，《赤色中国探访》虽称"抄译"，但充分汲取了《红星照耀中国》的精华；而这部最早的日译本只能在发行范围有限的会员制杂志上刊载，却又是日本的不幸。

抗日战争时期《红星照耀中国》的另一译本，其读者范围更加狭窄。那就是日森虎雄译《中国共产党研究资料 西行漫记》（第1卷，参谋本部，1940年）。[282] 战后重译《红星照耀中国》时，译者宇佐美诚次郎曾提到日军参谋本部似曾出版过《红星照耀中国》译本，即指这部日森译本。日森虎雄（1899—1945）是中国共产党问题专家，战前曾在上海等地活动，用现在的说法，是中共观察家兼情报贩子。

日森是应影佐祯昭领导的日本陆军的情报机构，即所谓"影佐机关"的委托而翻译《红星照耀中国》的。"影佐机关"又被称作"梅机关"，因开展所谓"对华和平工作"、笼络汪精卫而闻名。该机关构建了庞大的情报网络，以全面收集中国政治形势的情报；而委托日森翻译《红星照耀中国》，应该也是为收集中共的情报。翻译的底本是中文版《西行漫记》，而非英文原著；但1940年底刊行的第一卷，则是原著第一

---

[282] 藏于东京大学东洋文化研究所图书室。

至四篇，即毛泽东自述部分的全译。[283] 曾有计划续刊第二、三卷，但实际是否刊行（或未及刊行）则不得而知。

本书反复提及的波多野乾一说，日森是"游侠"，但"感觉十分敏锐，凭直觉判断中国共产党将来不得了"，所以"为翻译中共资料奉献了一生"；因此，应陆军情报机关委托翻译《红星照耀中国》，应该就是其翻译工作之一部分。[284] 不过，日森译本纯粹是陆军处理侵华战争问题的参考资料，按规定须"注意保管，因其思想性质而不对一般社会公开"。封面即有"绝密"二字的该书，自始就是秘不外传的内部资料，日本战败后几乎被人遗忘。日森本人也未及看到他的预言——"中国共产党将来不得了"——成为现实，而殒命于1945年的东京大轰炸。

如上所述，在抗日战争爆发前后，斯诺的著作本身在日本并未遭到禁售。当时的中共为抵抗日本而正在加强与国民党的合作，其领袖却仍不为外界充分了解；而斯诺对中共及其领袖的采访，放在全世界都是极具轰动性的重大新闻，在日本也引起了很大关注。不过，在日本越来越深陷战争泥潭、不断加强思想钳制的形势下，日本的出版界逐渐失去了出版《红星照耀中国》全译本的宽松环境。在1938年，《红星照耀中国》尚能在发行范围有限的《日本读书协会会报》上刊载抄译，但两年后的日森译本即被规定"不对一般社会公开"——尽管其直接

---

[283] 此处对日森译本的介绍，依据该书所收参谋本部《写在前面的话》(1940年11月)、影佐祯昭《序》及日森虎雄的《前言》。

[284] 波多野乾一《专门采访中国的记者及其成就》(《中国専門記者とその業績》)，《新聞研究》，第72号，1957年；须田祯一《"上海的怪杰"：记者日森虎雄》(《"上海の奇傑"ジャーナリスト日森虎雄》)，《潮》，第145号，1971年。

原因是发行者为参谋本部这一特殊机构。

毋须赘言，从《红星照耀中国》在日本的翻译经过看，不妨说，日本在与中国的长期战争中，一直没有弄清敌人是谁。当然，日本在多大程度上视中共为真正敌人？以八路军为代表的共产党领导的部队对日本形成了多大威胁？对这些问题，看法和观点或许并不一致。

3.《红星照耀中国》在战后日本

战争结束后的日本，就政治主流而言，敌视中共的状况仍未改变。因为，被军事占领的日本，秉承美国的意向，对善意地介绍中共动向、中共历史的文章和书籍都施加了各种限制和压力。《红星照耀中国》的翻译也不例外。战后开始翻译《红星照耀中国》的，是在战争期间就读过原著的社会经济学家宇佐美诚次郎（1915—1997）。当时生活无着的宇佐美，在战争结束后即与友人杉本俊朗着手翻译《红星照耀中国》，1946 年底由东京的永美书房出版了日文版《红星照耀中国》上卷。该译本的底本是 1944 年英文版，翻译时参照了《西行漫记》，斯诺为之写了《日本版序言》。但是，上卷出版后马上就受到 GHQ（联合国军最高司令官总司令部）的审查和管制，故下卷虽已校毕，最终却没有获得出版许可。[285]《红星照耀中国》在美国出版没有遇到问题，但在日本共产党加强政治攻势、GHQ 对其百般戒备的日本，却被划入

---

[285] 《译者后记》，宇佐美诚次郎译《中国的红星》(《中国の赤い星》)，筑摩书房，1952 年，第 371 页。因下卷终止出版，上卷也遭查禁。请参阅《学问的形成与对中国的认识》[《学問形成と中国認識（野澤豊、安藤実を・き手とした宇佐美誠次郎の語り）》]，花原二郎等编《学人　宇佐美诚次郎》(《学問の人　宇佐美誠次郎》)，青木书店，2000 年，第 69 页。

不宜出版之列。

不过，已完成译校的下卷，似曾非正式出版。此即以"中国文艺爱好会"名义刊行的《红星照耀中国》。该书封底仅注"非卖品　会员价 180 日元"，而译者、出版社、刊行日期等概无标记。军事占领结束后的 1952 年，由筑摩书房出版了宇佐美的《红星照耀中国》全译本，其后半部分的译文与"中国文艺爱好会"的《红星照耀中国》完全一致。显然，后者出版的非卖品《红星照耀中国》，就是宇佐美和杉本曾译校完毕而未得出版的《红星照耀中国》下卷。

对 1946 年出版的日文版《红星照耀中国》，日本著名的中国问题专家岩村三千夫曾在学术杂志《历史评论》1947 年 5 月号发表书评；但该评也经 GHQ 审查而被删除了部分内容。[286] 据说，出版社永美书房也因禁售而破产。[287] 这就是《红星照耀中国》在战争结束后日本的遭遇。后来，军事占领结束后的 1952 年，在英文原著出版十五年后，《红星照耀中国》终于有日文全译本正式出版。此即筑摩书房版宇佐美诚次郎译《红星照耀中国》。其底本与永美书房版一样，都是 1944 年英文版，内容也与永美书房版、"中国文艺爱好会"版相同。1964 年，筑摩书房再版宇佐美译本，书名改作《新版　中国的红星》，但并非采用其他底本重译，不过订正了旧译本的部分误译而已。当时，中国革命深受向往和憧憬，《红星照耀中国》也就成了日本许多知识分子、学

---

[286]　该书评删除之前与之后的对比，作为资料刊登在《历史评论》第 155 号，1963 年。

[287]　前引《学问的形成与对中国的认识》，前引花原二郎等编《学人　宇佐美诚次郎》，第 69 页。

生了解中国和毛泽东的必读书。[288]

英文版《红星照耀中国》的扩充修订版于1968年出版后，日本也随之出版了改译版。此即1972年由筑摩书房出版的《埃德加·斯诺著作集》之第二卷《红星照耀中国》（增补改订版）。该"增补改订版"，出版社虽仍是筑摩书房，但本应仍是宇佐美的译者，却换成松冈洋子。宇佐美被松冈所取代，无疑是"文化大革命"以来日中友好运动发生分裂的结果之一。运动分裂后，出版界、文化界的气氛为之改变，越来越多的人认为，毛泽东的著作、斯诺的名著等，应由立场更接近中国（即支持"文革"）的译者来翻译。[289]其结果，曾翻译过斯诺的《复始之旅》及《大河彼岸》（一名《今日的红色中国》）等著作，且曾协助过斯诺的松冈，就作为"更接近中国"的友好人士而成为《红星照耀中国》的译者。

宇佐美对此当然十分不满。他认为，把他替换下来，就因为他不是"正统总部"即日中友好协会（正统）的人。多年后，他在接受采访时说："有关人会说，哪能让不属于'正统总部'的人翻译斯诺呢！但我直到现在仍然完全不能理解。"[290]日本的日中友好团体围绕如何看待"文化大革命"而发生分裂后，支持"文革"的一派自称"日中友

---

[288] 另，《红星照耀中国》为"必读书"时期的评介，有栃木利夫《エドガー・スノー『中国の赤い星』》，历史科学协议会编《歴史の名著（外国人編）》，校倉書房，1971年。

[289] 关于战后日本知识分子对中国的认识及"文革观"，以下著作可做参考。马场公彦《戦後日本人の中国像——日本敗戦から"文化大革命"・日中復交まで》，新曜社，2010年。

[290] 前引《学问的形成与对中国的认识》，前引花原二郎等编《学人　宇佐美诚次郎》，第70页。

好协会（正统）"。筑摩书房版《埃德加·斯诺著作集》，是在斯诺去世的第二年，即中日恢复邦交的1972年，也是"中国热"达到高潮的时候策划、出版的，当时"文化大革命"尚未结束。因此，在考虑谁有资格译介名著《红星照耀中国》而分享赞誉时，充分理解"红色中国"且长年从事日中友好运动，就成了选择和判断的标准。在"正统总部"看来，中国革命仍在以"文革"的形式持续，而《红星照耀中国》则必须有助于读者理解中国革命的现状。[291]

以当时最新的英文版即1968年版为底本翻译的《红星照耀中国》（增补改订版，筑摩书房），后来经过小幅修改，定名《中国的红星（最终增补版）》，于1975年被列入"筑摩丛书"而出版了单行本；1995年又被收入"筑摩学艺文库"，出版了文库本，直至现在。被收入"学艺文库"，意味着该书在直接面对读者的书店，也已经获得了经典名著的地位。

文库本出版两个多月后，《每日新闻》读书栏目"我选择的一本书"刊载了纪录片导演时枝俊江的来稿。时枝在中国采访、拍摄影片时目睹"文革"开始，后来将其见闻制作成纪录片《黎明国度》（夜明けの国）。来稿说，《红星照耀中国》一书，她在20世纪50年代就读过，"文革"结束后又重读该书，对她以传达事实为目的的工作影响很大。[292]或者，到了这个时期，除试图理解中国外，阅读《红星照耀中国》似乎越来越多地是为了帮助思考如何制作纪录片、如何报道；而尽人皆

---

[291] 松冈洋子《译者后记》（1972年12月），《中国的红星》（增补改订版），《埃德加·斯诺著作集》，第2卷，筑摩书房，1972年，第422页。

[292] 《每日新闻》，1995年6月28日。

知的是，现实的中国，在毛泽东逝世后实施"改革开放"政策，屡经波折而不断向大国目标迈进，因而已经与《红星照耀中国》描述和展望的世界相去甚远。

现在，日本的报纸、杂志仍偶尔可见涉及《红星照耀中国》的报道。但据出版日文版的筑摩书房称，《红星照耀中国》的丛书本和文库本，早已长期脱销而未重印。

结　语

　　作为来自革命发生现场的经典性报道，斯诺的《红星照耀中国》曾与里德（John Reed，1887—1920）的《震撼世界的十天》合称双璧；但现在还有多少人知道这一点？《红星照耀中国》曾在1937年轰动一时，彻底颠覆了人们对中国共产党的认知和印象，现在仍是了解中国革命最重要的资料之一，这一切都未曾也无法改变；但作为经典性名著，其价值在近三十多年间大大降低。实际上，无论在中国还是在外国，人们近年来已经很少阅读这部名著；本书作者于2015年在北京大学就毛泽东做学术报告时，曾就此询问到场的学生，结果几乎没有人读过《红星照耀中国》。在上海及日本的大学里，情况也大同小异。

　　曾经称《红星照耀中国》为"经典"的，是美国的汉学大家费正清（J. K. Fairbank，1907—1991）。关于《红星照耀中国》何以为经典，他在1961年曾这样说：

　　　　《红星照耀中国》一书，不仅首次介绍了毛泽东与他的同事们的有关历史及其出身，而且还指出了这一鲜为人知的运动的未来前景。更难能可贵的是，埃德加·斯诺的这部书，作为历史的记录和一种大趋势的预示，都经得起时间的检验。[293]

此评在 1961 年或言之成理。但半个多世纪过去后，加加美光行（爱知大学名誉教授）在为《红星照耀中国》筑摩学艺文库版撰写的题解中说，直至战后某个时期，"假如年轻人关心亚洲的局势、走向，则《红星照耀中国》是不可忽略的必读书"；但经过了毛泽东去世、"文革"结束、改革开放，20 世纪 90 年代以后的读者再读此书，必会发现"当时没有过的全然不同的困惑"和疑念已在自己心中扎根。[294] 中国女作家宗璞也在 1990 年发表的随笔中这样写道：

斯诺的名著《西行漫记》曾风行全世界。三四十年代在沦陷区的青年因看这书被捕入狱，大后方的青年读这书而更坚定追求的信心。他们追求理想社会，没有人剥削人，没有人压迫人，献身的热情十分可贵，只是太简单了。……如果他〔斯诺〕活到现在，不知会不会再写一部比较曲折复杂的书。[295]

加加美和宗璞都是在说，《红星照耀中国》没能经受住其后半个世

---

[293]　John K. Fairbank, Introduction, in: *Red Star over China*, p. 13; 李方准、梁民译《红星照耀中国》，河北人民出版社，1992 年，第 3 页。

[294]　加加美光行《解说》，松冈洋子译《中国的红星（红星照耀中国）》，筑摩学艺文库版（下），筑摩书房，1995 年，第 406 页。

[295]　宗璞《燕园墓寻》，《随笔》，1990 年第 6 期。

纪时光的考验。不过，如果要说未能经受住"考验"的责任应由谁来负，恐怕要牵出更根本性的问题，亦即其原因是在《红星照耀中国》，还是在已经发生巨变的中国。但是，不管答案如何，那些曾经阅读该书而被深深感动的人也好，将该书当作了解中国的知识性读物的人也罢，恐怕都不会为了理解已发生巨变，甚至被视为"威胁"的当今中国，而再度翻阅该书。既然如此，就更加不用期待那些原本就不关心毛泽东及中国革命的年轻人，会为获得有关中国或世界未来趋势的某种启发和展望而阅读《红星照耀中国》。换言之，现在的时代，要求人们以不同的态度面对这部名著。

本书作者读《红星照耀中国》是上大学（1982年）之后，具体何时记不清了。1984年9月，我为学习中国近现代史而求学北京大学历史学系，1986年夏回国。阅读《红星照耀中国》好像是在留学前，但又不敢肯定。记得在1983年，我在大阪参加中文讲座，同学中有位主妇，对我说《红星照耀中国》如何令人着迷，于是我就买了一本（松冈译"最终增补版"）；但当时读了没有已记不清了。或许不如想象的那样有趣，因而对这部名著也就没有深刻印象。说实话，能吸引我的，也就是毛泽东自述部分，其他的都不记得；斯诺采访时感受到的惊异、兴奋，对我也几乎没有什么影响。当时，连我这样打算到中国留学的大学生，也已不再通过《红星照耀中国》来了解其有关中国和世界的启示与展望，思考自己应对中国采取怎样的态度。

但是，开始研究中国近现代史、中共党史之后，把《红星照耀中国》当作教材再次阅读，却感到有趣得多。吸引我的，除书中内容外，还有更加现实层面的东西。那就是，《红星照耀中国》是经过怎样的采访形成的？共产党、毛泽东是出于怎样的目的答应斯诺前来采访的？

而将其当作那个时代的记录加以审视时,也就懂得了纪实性报道的引人入胜之处。

斯诺在1936年夏前往陕北采访神秘的共产党根据地时,没人能预料到共产党及其领袖毛泽东后来会如何。而在卢沟桥事变后写完《红星照耀中国》时,斯诺恐怕也想不到抗日战争会继续九年之久,并且最终取得胜利的是中国。我当时认识到,同时代人的纪实性报道之所以有趣,就是因为连作者本人也不知道结局将会如何。于是我想,仅仅因为已经知道共产党、毛泽东在"比赛"中胜出就对《红星照耀中国》敬而远之,未免太过浅薄。

我感到,现在已经有条件以不同方法阅读《红星照耀中国》,即对斯诺生前未能公开的采访者、受访者所处境况等加以考察,以探究人们对毛泽东、中国革命的印象和认识是如何形成的。也就是说,应将《红星照耀中国》视作研究中国现代史、中国共产党史、毛泽东的直接资料,并将其重新置于斯诺采访和撰写、出版《红星照耀中国》的现场加以思考。费正清曾说,该书的内容自不必说,斯诺的采访和该书的出版本身,就是中国现代史上的一大事件。[296] 既然如此,就更值得对《红星照耀中国》本身进行深入挖掘和探究。本书就是出于这一动机而构思的。

在对《红星照耀中国》成书前的采访和执笔经过进行梳理的过程中,我越来越想知道,在《红星照耀中国》出版前,毛泽东在人们心目中是怎样的形象,并感到有必要站在斯诺前往"红色中国"前的立

---

[296] John K. Fairbank, Foreword, in: Snow, *Random Notes on Red China, 1936-1945*(前引《红色中华散记》,第35页).

场进行思考。经过对《红星照耀中国》形成前的"地层"进行发掘，所发现的就是本书前半部分所示毛泽东的肖像和照片。虽然没期待能得到什么"宝贝"，但也未曾预料到挖出的"瓦片""石块"如此不同寻常。从某个角度看，本书前半部分可以说是"玉石"和"瓦片""石块"的混合展示。将"展品"不加整理地随意摆放，应与斯诺1936年前往陕北采访前所看到的情景近似。而同样的情景，或许也曾展现在日本的中共问题专家波多野乾一面前。

面对相同情景，波多野一点点地捡拾碎片，试图将其拼成毛泽东的清晰图像；而斯诺则要亲眼看到毛泽东的真容，于是带上相机和胶卷去了陕北。1936年8月，波多野前往上海收集资料；而斯诺在同一时间已进入中共根据地，与毛泽东相对而谈。在那之前，若论有关中国及共产党的知识、情报，或许波多野掌握的比斯诺要多。本书介绍1936年以前的毛泽东肖像等时，曾称之为"不为人知的毛泽东"；但波多野或许会说，其中的相当部分他早就知道。

但是，最终，发现毛泽东的是斯诺，而不是波多野。这种区别，在记者的世界里具有决定性意义。斯诺的《红星照耀中国》，现在虽然作为经典的地位有所摇动，但仍是纪实报道的巅峰之作。而波多野的中共研究，在《红星照耀中国》的光芒照射下，顶多只能得个"鼓励奖"。人们想要了解毛泽东，会读《红星照耀中国》，而不会想到去读波多野的《"赤豹"毛泽东传》，就说明了一切。简而言之，在记者这一行当中，依靠双腿搜寻情报、亲眼确认事实如何的是胜者、成功者，而做不到这一点、做了错误报道的，则马上会遭到抛弃。

自然，成功的记者不可能一劳永逸。如上文所述，现在就有人质疑和批判说，斯诺或许是发现了毛泽东、共产党，但他看到的不是毛泽东等人的"真正面目"。那么,所谓准确的报道是怎样的?可供发现、报道的"真正面目"又是怎样的?根据采访而撰写的纪实性报道需要经受多长"时间的检验"?在报道的对象改变了面目、较之报道所描述已经似是而非的时候,记者应该承担多大的责任,或者说是否应该承担责任?……就《红星照耀中国》而言,正因为它仍是名著、仍是经典,需要思考的问题还有很多。

而前述"胖子毛泽东"的照片,应该说还谈不上是否经受过"时间的检验"。客观地说,仅就了解毛泽东、中国共产党而言,这张照片几乎没有任何意义,顶多匪夷所思而让人感到意外而已。不过,因尚未扬名——或名气不大——而被人揣测臆度,此类人物历史上比比皆是,而绝不限于《红星照耀中国》中的人物。所以,我们也不能简单地下定论,把波多野当作失败者或者反面典型。

说实话,我对波多野毫无责备之意。假如以研究中共历史的晚辈的立场为之辩护,话虽不中听,但应该说他运气不佳。他遇到的对手既然是奇迹般地占尽了天时、地利、人和的斯诺,那么,即便是日本最有名的中共问题专家,也注定只能落败。

然而,事情并非如此简单。在日本从外务省领取俸禄而研究中共的波多野,既然在明知斯诺已发表其报道的情况下,仍能够出于"宣传"而"姑且"将其秘而不宣,而且这种处理又在其正当"业务"范围之内,则波多野无论如何也不可能像斯诺那样跨越不同世界之间的界线。要从位于东京世田谷、塞满中国研究书籍的书斋前往毛泽东栖身的陕北,波多野需要跨越的迢迢险途绝不止数千公里之遥。

本书最后介绍一则逸闻。日本在战后重译《红星照耀中国》时,译者宇佐美诚次郎遇到的问题之一,是如何把原文中中国的人名、地名准确地转换为汉字。要解决这个问题，上海出版的中文版《西行漫记》是最好的参考。但当时战争结束不久，该书在日本极难寻觅，后来还是从波多野那里借到的。为表示感谢，宇佐美在《译者后记》中曾特意提到此事。[297] 到底是波多野，他早就收藏了《西行漫记》。

波多野收藏的《西行漫记》载有毛泽东的照片。如上文所介绍，英文版《红星照耀中国》收入的，是不修边幅的毛泽东照片（图5）；而中文版《西行漫记》中的毛泽东照片（图6），则头戴红军帽，显得精明强干。波多野既然已经持有《西行漫记》，也就肯定看到过这张照片，甚至也已发现其与英文版照片不一样。波多野那时想到了什么？他的脑海里，是否闪现过《周报》刊载的那张"胖子毛泽东"的照片？

继《"赤豹"毛泽东传》之后，波多野还写过几篇毛泽东传，如《延安水浒传》（1940年，把毛比作宋江）、《毛泽东与中国的红星》（1946年）等[298]；但这些文章都再也没有提及那张"胖子"照片。他肯定从未弄清照片的主人到底是谁。反过来说，正因为他也不知道毛长什么样，人们才毫不怀疑接受了"胖子"就是毛泽东的立场；也正因如此，我们也很难确定照片上的人物是谁。本书行文至此，最后拜托中国读者，对于该照片，"发现线索者，请即举报"。

---

[297] 《译者后记》，宇佐美诚次郎译《中国的红星》（《中国の赤い星》），筑摩书房，1952年，第372页。

[298] 波多野乾一《延安水浒传》，《大陆》，1940年9月号；波多野乾一《毛泽东与中国的红星》（《毛沢東と中国の紅星》），帝国书院，1946年。

【附录1】
《现代史料》所收文章与《文化日报》《社会新闻》的对应关系表

《现代史料》卷,页数	作者署名	篇 名	《文化日报》/《社会新闻》之期号、发行日期、作者署名、标题(与《现代史料》版不同时标注)	备 考
第一集上 2	王唯廉	第一任国府主席的人选	45,1932.08.04	
5	王唯廉	汪精卫——自马赛到武汉	60,1932.08.19,唯廉	末尾有省略
8	王唯廉	汪精卫反共记	61,1932.08.20	
11	王唯廉	汪精卫与广州暴动	63,1932.08.22	末尾有修改
15	王唯廉	武汉时代的孙科	32,1932.07.22	
19	白 山	北伐以前的唐生智	64,1932.08.23	
23	白 山	武汉时代的唐生智	66—68,1932.08.25—27	
32	白 山	宁汉分裂与唐生智	65,1932.08.24	
36	白 山	自反共到东征的唐生智	69,1932.08.28	

[附录1] 《现代史料》所收文章与《文化日报》《社会新闻》的对应关系表

(续表)

《现代史料》卷，页数	作者署名	篇　名	《文化日报》/《社会新闻》之期号、发行日期、作者署名、标题（与《现代史料》版不同时标注）	备　考
40	王唯廉	武汉政府与冯玉祥	44, 1932.08.03	
44	唯廉	张发奎的成功与失败	55, 1932.08.14	
48	黄森	张发奎与第四军	90, 1932.09.18	
51	王唯廉	张发奎的成功与失败	56—57, 1932.08.15—16, 唯廉	
58	云林	九江英租界的收回	90, 1932.09.18	
62	文叔	陈公博反正记	78, 1932.09.06	
64	文叔	陈公博与共产党	49, 1932.08.08, 大德,《公博与共产党》	
68	胡叠	顾孟余与国民党	58, 1932.08.17	
72	王唯廉	小党员的悲愤——改组同志内讧的一幕	24, 1932.07.14	
77	克刚	改组派与大陆大学	88, 1932.09.16	
79	定生	风流才子周佛海	27, 1932.07.17	
82	王唯廉	沈玄庐记	59, 1932.08.18, 唯廉	
86	力士	国民党清党以前的左派组织	38, 1932.07.28	
90	大德	上海执行部小史	47, 1932.08.06	
94	王唯廉	二次大会的中委人选	50, 1932.08.09	

(续表)

《现代史料》卷,页数	作者署名	篇 名	《文化日报》/《社会新闻》之期号、发行日期、作者署名、标题（与《现代史料》版不同时标注）	备 考
98	大可	江苏党务的历史观	33—34,1932.07.23—24	自镇江寄
105	空明	浙江党派情形	88—89,1932.09.16—17	
111	刘镜元	国难会议逸闻追记	11—12,1932.07.01—02	
第一集中 122	王唯廉	关于陈独秀	2,1932.06.22	
127	王唯廉	陈独秀与共产党	8,1932.06.28	
133	王唯廉	毛泽东	25,1932.07.15,孙席珍《共党主席——毛泽东》	
137	王唯廉	朱德的回忆	34,1932.07.12	
141	王唯廉	"朱毛"的起源	62,1932.08.21,唯廉	
144	宋小青	周恩来小传	53,1932.08.12,小青	
148	王唯廉	贺龙记	28,1932.07.18,少游	
151	谈一中	李立三的故事	18,1932.07.08,坐谈	
156	江流	二沈记	12,1932.07.02	
159	林述平	郭沫若会见记	5,1932.06.25	

【附录1】 《现代史料》所收文章与《文化日报》《社会新闻》的对应关系表 — 243

(续表)

《现代史料》卷，页数	作者署名	篇　　名	《文化日报》/《社会新闻》之期号、发行日期、作者署名、标题（与《现代史料》版不同时标注）	备　考
165	元　林	邵力子与共产党	26, 1932.07.16	
168	初　茅	张国焘回国记	84, 1932.09.12	
170	双　秋	施存统失妻记	75—77, 1932.09.03—05	
176	王唯廉	武汉时代的共党人物	51—52, 1932.08.10—11, 唯廉	
183	伯　新	共产党死去的重要人物	41, 1932.07.31	
187	王唯廉	南昌暴动史	39—40, 1932.07.29—30, 赵速	
196	王唯廉	南昌暴动外史	54, 1932.08.13, 赵速	
200	王唯廉	叶贺军失败的经过	42, 1932.08.01, 赵速	
204	王唯廉	广州暴动史		
204		暴动前的一般情形	73—74, 1932.09.01—02	
211		暴动的发动	75, 1932.09.03	
214		恐怖的开始	76, 1932.09.04	
218		赤色恐怖下	77, 1932.09.05	
221	徐善辅	共产党分裂史		

(续表)

《现代史料》卷，页数	作者署名	篇 名	《文化日报》/《社会新闻》之期号、发行日期、作者署名、标题（与《现代史料》版不同时标注）	备 考
221		十六年前的分裂史	78—79, 1932.09.06—07	
227		失败后的分裂	80, 1932.09.08	
230		谭平山派的脱党	81, 1932.09.09	
233		取消派的形成	82—84, 1932.09.10—12	
242		立三路线与反立三路线	85, 1932.09.13	
245		共产党的新反动派	86, 1932.09.14	
248		干部派与实力派	87, 1932.09.15	
252	蔡正均	取消派的过去与现在	14, 1932.07.04	
第一集下 258	王唯廉	第三党的故事	3, 1932.06.23	
263	王实甫	第三党的创始及没落	36, 1932.07.26	
267	王唯廉	武汉时代的邓演达	48, 1932.08.07, 唯廉	
271	王唯廉	谭平山印象记	23, 1932.07.13	
275	燕祖	谭平山失恋去国记	82, 1932.09.10	
277	罗球	四个半社会民主党	31, 1932.07.21	
281	王唯廉	陈启修组织新党	30, 1932.07.20	
285	小杜	于右任与上海大学	70—72, 1932.08.29—31	

(续表)

《现代史料》卷,页数	作者署名	篇 名	《文化日报》/《社会新闻》之期号、发行日期、作者署名、标题(与《现代史料》版不同时标注)	备 考
295	伯新	上海工会运动野史	14—16,1932.07.04—06	
306	康德	五卅惨案的前夜	46,1932.08.05	
第二集上 1	何甫	三中全会前之国民党各派系	1-25,1932.12.15,《三中全会前国民党各派系之史的分析》	
33	谭松	中山先生北上经过	1-14,1932.11.12	
40	邹翠芬女士	广州时代的中央党部	1-5,1932.10.16,刘翠芬女士	
48	邹翠芬	迁都武汉的经过	1-4,1932.10.13	
52	杨新华	迁都旅程记	1-9,1932.10.28	
60	姜维垣	扩大会议中之琐碎	2-20,1933.02.28	
65	仕廉	传非常会议	2-1、2、3,1933.01.01—07	1932.12.20寄自广州
75	易仁	广州的四全大会	2-22,1933.03.06	
80	俨然	上海的四全大会	2-17、18、19,1933.02.19—25	
94	黄鹄	商团事变的经过	1-3,1932.10.10	
98	黄豪	中山舰事件的真相	2-4、5,1933.01.10—13	
108	瑞苏	张黄护党记	2-27,1933.03.21	

(续表)

《现代史料》卷，页数	作者署名	篇 名	《文化日报》/《社会新闻》之期号、发行日期、作者署名、标题（与《现代史料》版不同时标注）	备 考
113		济南惨案发生的真相	1-6, 1932.10.19	
116	翠薇	济南惨案目击记	1-24、27, 1932.12.12、21, 翠芬	
130	传英	山西各派势力分合记	1-14, 1932.11.12	
134	邹翠芬	总政治部野史	1-14、15, 1932.11.12—15	
144	元伯	宋庆龄"左倾"记	2-19, 1933.02.25	
151	伯矢	胡汉民政治生涯之一页	2-26, 1933.03.18	
158	杨新华	廖仲恺与胡汉民	1-1, 1932.10.04	
163	诗伦	谭延闿的一生	1-26, 1932.12.18	
168	于旭	何应钦武功之一斑	1-30, 1932.12.30,《何应钦之武功》	
180	杨新华	武汉反共与孙哲生	1-29, 1932.12.27	
185	思铭	北伐军中的贺耀组	1-10, 1932.10.31	
193	黄起	广州事变前后之唐生智	1-4, 1932.10.13	
196	杨新华	伍朝枢与香港政府	1-2, 1932.10.07	
200	汉云	古应芬逝世之前后	1-29, 1932.12.27	
206	翠芬	关于叶楚伧	1-22, 1932.12.06	
215	骆驼	孙良诚在山东	1-23, 1932.12.09	
221	黄华	萧佛成史略	2-15、16, 1933.02.13—16	

【附录1】 《现代史料》所收文章与《文化日报》《社会新闻》的对应关系表

(续表)

《现代史料》卷，页数	作者署名	篇　名	《文化日报》/《社会新闻》之期号、发行日期、作者署名、标题（与《现代史料》版不同时标注）	备　考
235	华　然	易培基成功史	1-19, 1932.11.27	
239	汉　云	林翼中成功史	1-27, 1932.12.21	
244	汉　云	黄季陆历史一页	1-26, 1932.12.18	
248	汉　云	陈孚木荣枯录	2-7、8, 1932.01.19—22,《陈孚木荣枯史》	
第二集下 255	迪　人	史大林夺取中共领导的经过	2-29、30, 1933.03.27—30	
264	我　闻	传共党非常委员会	2-4, 1933.01.10	
269	黑　素	共党的清党运动	1-28, 1932.12.24	
274		立三路线失败后之共党分裂状况	1-20, 1932.11.30, 黄琮	
279	豫　人	河南共产党底起源	1-15, 1932.11.15, 一豫人	
286	豫　人	河南共产党底初步运动	1-17、18, 1932.11.21—24, 一豫人	
298	豫　人	河南共产党底全盛时代	1-19, 1932.11.27, 一豫人	
309	周福珍	广东区委的黄金时代	1-12, 1932.11.06	
316	时　花	广西共产党之过去及现在	1-11, 1932.11.03	

(续表)

《现代史料》卷，页数	作者署名	篇　名	《文化日报》/《社会新闻》之期号、发行日期、作者署名、标题（与《现代史料》版不同时标注）	备　考
322	袁学黄	江西共产党的历史观	1-6、7、8、9，1932.10.19—28	
344	半生	琼崖共党之过去及现在	1-20，1932.11.30	
353	炎火	宁波共产党小史	1-13，1932.11.09，《宁波共党小史》	
367	明远	取消派的形成及其没落	2-23、24，1932.03.09—12	
388	刘珊	共党取消派的过去	2-9、10，1933.01.25	
397	黎守一	湘省马日事变之经过	2-6，1933.01.16	
401	翠芬	广州暴动目击记	2-1，1933.01.01	
第三集上　2	福生	国共联合史略	3-10，1933.04.30	
7	平子	记广州商团之变	3-17，1933.05.21	
14	范石生	读"记广州商团之变"后	3-30，1933.06.30	
20	省三	革命军东江战役	4-20，1933.08.30	
26	离	北伐军到浙江	3-6，1933.04.18	
34	张军	非常会议轶事	3-2，1933.04.06	
41	季子	非常时代之广州惨案	3-14，1933.05.12	
48	雷啸岑	十六年南昌政变杂记	4-14，1933.08.12	

【附录1】 《现代史料》所收文章与《文化日报》《社会新闻》的对应关系表

(续表)

《现代史料》卷，页数	作者署名	篇　名	《文化日报》/《社会新闻》之期号、发行日期、作者署名、标题（与《现代史料》版不同时标注）	备　考
56	昌 人	冯玉祥的转变	3-25，1933.06.15，无署名《冯玉祥：从"抗日救国"的新花样说到他的过去——三大转变》	
78	云 天	邵力子轶事	3-1，1933.04.03	
85	雅 言	李济深治粤史	3-27，1933.06.21	
91	桂 客	李宗仁史略	3-22，1933.06.06	
97	白 丁	唐绍仪的晚年	4-11，1933.08.03	
102	友 直	记邹海滨轶事	4-5，1933.07.15	
107		邹海滨轶事订正	4-10，1933.07.30	
112	谢 野	传潘云超	3-19，1933.05.27	
123	扬 声	古应芬的几件轶事	3-24，1933.06.12	
128	白 丁	南粤王下的武胆李扬敬	3-26，1933.06.18，《南粤王下的武胆李杨敬》	
135	白 丁	刘纪文小史	3-5，1933.04.15	
142	广 中	记范其务轶事	4-6，1933.07.18	
147	高 风	桂崇基小史	3-18，1933.05.24	
154	戎 仁	黄季陆生平之另一报告	3-19，1933.05.27	

(续表)

《现代史料》卷，页数	作者署名	篇　名	《文化日报》/《社会新闻》之期号、发行日期、作者署名、标题（与《现代史料》版不同时标注）	备　考
161	扬声	区芳浦小史	3-12，1933.05.06	
第三集下 170	荷生	上海共产党三次暴动史	3-9、10、11，1933.4.27—05.03	
186	无怀	清党以后的上海共党	3-6、7、8，1933.04.18—24	
197	王露布	南昌暴动史补遗	4-15，1933.08.15	
202	乘舆	长沙陷落记	4-17，1933.08.21	
208	蔓公	中共"伪四中全会"追记	4-9，1933.07.27	
213	石头	取消派统一大会追记	3-3、4、5，1933.04.09—15	
232	铁心	毛泽东"落草"井岗山	4-25、26、27、28，1933.09.15—24	
253	克诚	毛泽东的"专横"录	4-12，1933.08.06	
261	成圣昌	富田事变与赤党内部分化	4-1、2、3、4、5，1933.07.03—15	
296	少离	邝纪勋争夺军权的经过	3-1，1933.04.03	
301	禹铭	"匪区""赤卡"史的发展	4-30，1933.09.30	
307	贡牛	季黄倒戈之经过谈	3-23，1933.06.09	
314	夏越	"伪十三军"之消灭	4-15、16，1933.08.15—18，《"伪十三军"之幻灭》	

【附录1】 《现代史料》所收文章与《文化日报》《社会新闻》的对应关系表

(续表)

《现代史料》卷,页数	作者署名	篇 名	《文化日报》/《社会新闻》之期号、发行日期、作者署名、标题(与《现代史料》版不同时标注)	备 考
325	庐祥	刘英"就戮"记	4-16,1933.08.18	
332	竞华	记"赤匪"健将黄公略	4-19,1933.08.27	
338	离骚	项英遇刺记	3-12,1933.05.06	
343	陆揭守	周恩来"逃入"赤区记	4-3,1933.07.09,陆遏守	
348	少离	周恩来与邓颖超	3-28,1933.06.24	
353	廖远晨	刘伯承轶事	4 8,1933.07.24	
359	王谷泉	关于刘伯承	4-9,1933.07.27	
365	蝎子	方志敏失意史	4-10,1933.07.30	
372	矩方	邵式平赤化史	4-7,1933.07.21,方矩	
377	少离	段德昌小史	3-13,1933.05.09	
383	望善	叶剑英小史	3-18,1933.05.24	
388	子材	记共党汪寿华之生平	4-8,1933.07.24	
394	季秋	邓中夏之共党生活史	4-25,1933.09.15,《邓仲夏之共党生活史》	

注:第一集录自《文化日报》,第二、三集全部录自《社会新闻》。据《社会新闻》广告推断,第一集似刊于1933年2月。

【附录2】
毛泽东——略传*

爱伦堡

1919年,湖南省长沙——革命派学生团体的会议上——中国的进步知识分子与年轻的学生代表们,对凡尔赛会议上中国政府的背叛政策表示了愤慨。

参加世界大战有助于中国成为独立国家,曾经如此预测的中国政治家们的希望被粉碎。从西方,即俄国吹来了十月的革命热风。俄国劳动人民和农民的胜利,强力推动了中国的革命势力。广泛的民族解放运动开始了。

湖南社会主义学生组织的会议

手持油纸伞、农民风貌的瘦高个年轻人走了进来。他在角落里坐

---

* Мао Цзе-дун—Очерк,《国外》(*За рубежом*),第31期,1934年11月。加〔〕的内容为本书作者补注。

下，开始关于自己开办的袜子手工作坊的讲话：

> 为了自由中国，与收取贿赂的军阀而斗争的我们这些学生，绝不能坐以待毙。必须建立学生和劳动人民的工厂。我们必须在街上开设对革命运动有益的书店。资金怎么办呢？为了得到钱，我们必须利用所有的可能性。如果对我们的斗争有益，连谭延闿将军的援助也不要拒绝。为了革命斗争，必须有巧妙的战略，利用所有的可能性，也有必要不排斥临时伙伴。[2]

手拿油纸伞、农民风貌的这位青年，正是现在反革命势力悬赏十万美金要其人头、后来的中华苏维埃共和国中央执行委员会主席——毛泽东同志。

1921年7月，上海举行了小型团体会议。那是中国共产党的第一次代表大会。

毛泽东同志发言，湖南省组成了革命派学生与进步工人的共产主义组织。会议中选举出了中国共产党的第一届中央委员，毛泽东本人也是其成员。[3] 大会后，毛泽东返回湖南故乡。

毛泽东担任首任湖南省委书记的同时，也是革命报刊《新湖南》周刊的编辑。[4] 不久，毛泽东就开始了人生中作为"革命家"的生涯，也就是说，当局下令逮捕他。

他逃往北平〔北京〕，在那里被逮捕，但警察没有认出他而释放

---

[2] 此处引用的毛泽东讲话，未见原文。"袜子手工作坊"故事的来源不详。

[3] 此处与史实不符，毛泽东在中共一大上没有被选为中央委员会委员。

[4] 毛泽东协助编辑《新湖南》，是在1919年秋天。

了,他转往武昌。[5]

1925年,中国革命浪潮进一步高涨。在中国南部的广州,孙逸仙的国民政府向帝国主义与反动军阀宣战。中国国民党改组,中国共产党也加入其中。

毛泽东是国民党中央执行委员会成员、[6]中央宣传部代理部长。同时他还关心农业问题,指导农民协会的组织工作。

北伐

国民革命军击破了反动将军的部队。国民政府的权力不仅限于华南,甚至扩大到了华中。国民政府从广州转到了武汉。

这一时期,毛泽东是湖南与湖北农民运动的领袖。各地农民从地主手中夺取土地,在地主家放火,在当地建立自己的权力。

反帝斗争中临时的同盟者民族资产阶级背叛了革命,蒋介石将军占领上海之后,于1927年4月12日开始对劳工运动进行血腥镇压。

蒋介石背叛后,继续与共产党合作的国民党将领们更加动摇了。汪精卫开始带领部队镇压农民。

毛泽东在农民中间。他与农民一起站在斗争的中心。

以陈独秀为首的中共领导层,实际上,对反动将领镇压农民的状况置之不理。陈独秀没有执行共产国际的指示。毛泽东是与陈独秀以及当时共产党高层多数派的政策做斗争的早期党内活动家之一。

---

[5]　毛泽东在北京被捕,是否属实,无法确认。毛泽东1925年9月从湖南出发,目的地不是北京,而是广州。

[6]　实为候补中央执行委员。

> 目前农运的兴起是一个极大的问题。因为很短的时间内，将有几万万农民从中国其他地方起来。……他们将冲决一切束缚他们的罗网，朝着解放的路上迅跑。〔……〕一切革命的党，革命的同志，都将在他们面前受他们的检验而决定弃取。[7]

当时，毛泽东在光辉著作《湖南的农民运动》〔《湖南农民运动考察报告》〕中有以上记述。

中国革命，如果没有谋求土地的农民斗争的展开就不可能胜利，与帝国主义的一贯战斗总是伴随着农民革命的发展，而中国共产党的大部分领导人都不能理解这些，也不想理解。毛泽东写下如下文字：

> 一切革命同志须知，国民革命需要一个大的农村变动。辛亥革命没有这个变动，所以失败了。〔《湖南农民运动考察报告》〕

1925—1927年革命的失败

国民党左派背叛了。汪精卫投向了蒋介石。陈独秀与共产党中央委员会的多数派破产了。共产党员被大量处刑的白色恐怖时期开始了。

毛泽东没有屈服。

1927年8月1日，在共产党员叶挺与贺龙的指挥下，[8] 南昌数支国民革命军部队起义。革命军向南昌的资产阶级征收赔偿金，从银行

---

[7] 当引自《湖南农民运动考察报告》，但或非中文直译。此处是参考中文原文，由俄语译回中文，与原文略有不同。同一出处的其他引文，则径用中文原文。

[8] 南昌起义之时，贺龙还不是共产党员，他是在起义后加入中国共产党的。

没收了大约 100 万美元，然后南下广东。

这个时期，在江西北部的毛泽东，潜入拥有很多共产党员的张发奎师卢德铭将军的警卫团，组织共产党员将整支部队带走，并在不断的战斗中实现了大转移。[9] 终于到达湖南、江西边界。

1927 年 12 月，广州公社燃起革命运动的火焰，虽然流血甚多，但高举了苏维埃的战斗红旗。

组织红四军

毛泽东的部队在 1928 年年中，与老资历的中国革命家、布尔什维克、苦力出身的朱德同志的部队会合，江西未来的中国红军主力——红四军诞生了。

苏维埃斗争中红四军的英勇岁月开始了。击败敌人、诱敌入山后歼灭，毛泽东和朱德的第四军得到了不朽的声望。

1929—1930 年中国革命运动新的高涨

城市中的罢工运动增加了，共产党组织也强大了。

江西省创立了强有力的苏区。毛泽东是苏维埃运动的著名领导人之一。

尽管健康状况不佳，毛泽东依然是前敌委员会的领导。他开设进行各种宣传活动的学校，特别是对俘虏士兵的短期教育，就是由他主导进行的。

毛泽东指导解决农业问题，并实际指导地主土地的没收和分配。

---

[9] 此处所述"秋收起义"的经过，与实际略有出入。

1930年秋，国民党开始对中国苏区的"围剿"。蒋介石最初的"围剿"以失败而告终。第2次、第3次"围剿"也都完全失败。

1931年11月7日，在江西中央苏区的首都、过去是府的瑞金，召开中华苏维埃第一次代表大会。通过了宪法以及土地、劳动等相关的主要法律。向全世界宣告中华苏维埃共和国的存在。选举产生了中央政府。毛泽东是中央执行委员会主席，也是中华苏维埃共和国的第一任主席。

蒋介石的第4次和第5次两次"围剿"都以失败告终。1933年8—9月，开始了第6次"围剿"，[10] 当时帝国主义者们也直接参与了。

1933年9月6日，毛泽东对全世界的劳动者发表宣言，呼吁支援正与国民党及帝国主义进行战斗的中国革命。

年轻的中华苏维埃共和国，被蒋介石和德国顾问冯·塞克特将军的部队所包围，被迫进行残酷的战斗。尽管如此，1934年1月中华苏维埃政府成功召开第二次全国代表大会，毛泽东当场做了长篇活动报告（1934年9月25日《国外》第27号载）：

> 中国苏维埃革命的胜利，不仅是四万万中国民众的解放，而且是整个东方被压迫民族脱离帝国主义锁链的先导，〔……〕是使日本和其他帝国主义从东方战线上进攻苏联的计划受到摧毁，是

---

[10] 当时的中共文献记述，蒋介石对中共苏区的"围剿"有如下6次：1930年末至翌年初、1931年春、1931年夏秋、1932年春、1932年夏至翌年春、1933年秋至翌年秋。而依现在的历史叙述，1932年春国民党对中华苏维埃的军事行动并不被视为单独一次"围剿"。

使世界无产阶级革命胜利的时期大大地缩短逼近。[11]

毛泽东在苏维埃第二次大会上作了上述发言。

然而,革命的胜利绝不会简单得来,毛泽东也十分清楚。所以在七年前,前面引用过的小册子〔《湖南农民运动考察报告》〕中,他写下如下话语:

> 革命不是请客吃饭,不是做文章,不是绘画绣花。不能那样雅致,那样从容不迫,文质彬彬,那样温良恭俭让。

苏维埃中国的这位领袖,是穿着中国农民的服装,手持大油纸伞的革命家。

---

[11] 《中华苏维埃共和国中央执行委员会与人民委员会对第二次全国苏维埃代表大会的报告(毛泽东同志作)》,收于《苏维埃中国》,中国现代史资料编辑委员会翻印,1957年出版,第303页。

参考文献

斯诺著作（以出版时间排序）

"The Strength of Communism in China", *Current History*, Vol.33, No.4, 1931.

Random Notes on Red China, 1936-1945, Harvard University Press, 1957.

Journey to the Beginning, Random House, 1958.

The Other Side of the River, Red China Today, Random House, 1962.

Red Star over China, first revised and enlarged edition, New York: Grove Press, 1968.

中译本

王厂青等译：《西行漫记》，上海：复社，1938 年（三联书店再版，1960 年）。

陈云翩译：《西行漫记：新译本》，两卷，南粤出版社，1975—1977 年。

董乐山译：《西行漫记（原名：红星照耀中国）》，生活·读书·新知三联书店，1979 年。

吴黎平译：《毛泽东1936年同斯诺的谈话》，人民出版社，1979 年。

宋久等译《斯诺文集 I 复始之旅》，新华出版社，1984 年。

新民节译《斯诺文集 IV 大河彼岸（又名：今日的红色中国）》，新华出版社，1984 年。

奚博铨译《红色中华散记》，江苏人民出版社，1991 年。

李方准、梁民译：《红星照耀中国》，河北人民出版社，1992 年。

董乐山译：《西行漫记 / Red Star over China》，外语教育与研究出版社，2005 年。

汪衡译：《毛泽东自传——中英文插图影印典藏版》，中国青年出版社，2009 年。

日译本

日森虎雄訳:《中国共産党研究資料 西行漫記》第 1 卷,参謀本部,1940 年。

宇佐美誠次郎訳:《中国の赤い星》,筑摩書房,1952 年。

松岡洋子訳:《目覚めへの旅》,紀伊國屋書店,1963 年。

松岡洋子訳:《今日の中国——もう一つの世界》,筑摩書房,1963 年。

宇佐美誠次郎訳:《新版 中国の赤い星》,筑摩書房,1964 年。

小野田三郎、都留信夫共訳《中共雑記》,未来社,1964 年。

松岡洋子訳:《中国の赤い星(増補決定版)》,筑摩叢書,1975 年;筑摩書房,1995 年。

《エドガー・スノー著作集》,6 卷,筑摩書房,1972 年。

中文著作(以作者姓氏或书名拼音排序)

蔡和森:《关于中国共产党的组织和党内生活向共产国际的报告(1926 年 2 月 10 日)》,《中央档案馆丛刊》,1987 年第 2—3 期。

程宸编:《毛泽东自传珍稀书影图录》,国家图书馆出版社,2009 年。

程中原:《在斯诺"西行"之前》,《党的文献》,1992 年第 1 期。

——《张闻天传》(修订版),当代中国出版社,2006 年。

丁晓平:《解谜〈毛泽东自传〉》,中国青年出版社,2008 年。

——编校《毛泽东自传——中英文插图影印典藏版》(汪衡译),中国青年出版社,2009 年。

——《世界是这样知道长征的》,中国青年出版社,2016 年。

——《埃德加·斯诺》,中国青年出版社,2013 年。

董乐山著,李辉编:《董乐山文集》,4 卷,河北教育出版社,2001 年

董霞飞、董云飞:《神秘的红色牧师董健吾》,北京出版社,2001 年。

冯雪峰著:《冯雪峰全集》,12 卷,人民文学出版社,2016 年。

海天出版社编辑:《现代史料》,海天出版社,1933—1935 年。

何:《中国人民底领袖毛泽东》,《共产国际》中文版,1936 年第 1、2 期合刊。

胡乔木:《胡乔木回忆毛泽东》,增订本,人民出版社,2003 年。

黄华:《随斯诺访问陕北和目击红军大会师》,《百年潮》,2006 年第 10 期。

——《亲历与见闻——黄华回忆录》，世界知识出版社，2007年。

黄式国、黄爱国：《〈毛主席去安源〉的幕后风波与历史真实》，《南方周末》，2006年4月20日。

江西省民政厅编：《不朽的革命战士》，第1集，江西人民出版社，1960年。

金冲及主编：《周恩来传》，共4卷，中央文献出版社，1998年。

黎辛、朱鸿召主编：《博古，39岁的辉煌与悲壮》，学林出版社，2005年。

李海文、熊经浴：《张浩传》，当代中国出版社，2001年。

李捷：《一篇生动反映毛泽东生平的珍贵史料——读萧三〈毛泽东〉》，《党的文献》，1993年第3、4期。

李颖：《共产国际负责中国问题的组织机构的历史演变（1920—1935）》，《中共党史研究》，2008年第6期。

李永春：《〈中国苏维埃运动的七年〉的报告人是周和生不是蔡和森》，《上海党史与党建》，2009年第11期。

李永昌：《中共中央与共产国际电讯联系》，《百年潮》，2003年第11期。

《烈士传》第1辑，莫斯科：外国工人出版社，1936年。

林克：《我所知道的毛泽东——林克谈话录》，中央文献出版社，2000年。

刘春华：《也谈〈毛主席去安源〉的幕后风波与历史真实》，《南方周末》，2006年7月27日。

刘东社：《赤都瓦窑堡失陷史事钩沉——西安事变纵横考之六》，《陕西教育学院学报》，2004年第2期。

刘凤仁、廖怀志、石成柱编：《李杜将军画传》，中国文史出版社，2011年。

刘力群主编：《纪念埃德加·斯诺》，新华出版社，1984年。

刘仁静：《回忆我参加共产国际第四次代表大会的情况》，《党史研究资料》，1981年第4期。

刘小莉：《二十世纪三十年代的两份英文刊物与中国苏维埃革命信息的传播》，《中共党史研究》，2009年第4期。

——《〈今日中国〉与中共抗日民族统一战线思想的海外传播》，《党史研究与教学》，2011年第1期。

——《史沫特莱与中国左翼文化》，浙江大学出版社，2012年。

柳百琪：《二十八个半布尔什维克称号的由来》，《炎黄春秋》，1999年第12期。

毛泽东：《只有苏维埃能够救中国》，莫斯科：外国工人出版社，1934年。

——《经济建设与查田运动》，莫斯科：外国工人出版社，1934 年。

《毛泽东传略》，《党的文献》，1992 年第 2 期。

裘克安编集：《斯诺在中国》，生活·读书·新知三联书店，1982 年。

任建树编：《陈独秀著作选编》，6 卷，上海人民出版社，2009 年。

申长友：《毛泽东与共产国际》，党建读物出版社，1994 年。

石川祯浩著，袁广泉译：《中国共产党成立史》，中国社会科学出版社，2006 年。

——编译《苏联〈国外〉杂志刊登的毛泽东略传》，《中共党史研究》，2013 年第 12 期。

——《中国近代历史的表与里》，北京大学出版社，2015 年。

——《〈毛泽东传略〉作者考——兼论莫斯科出版的几种早期毛泽东传记》，《党的文献》，2016 年第 2 期。

石之瑜等编：《战后日本的中国研究：口述知识史》，3 册，台湾大学政治学系大陆暨两岸关系教学与研究中心，2011—2013 年。

史纪辛：《对鲁迅先生送礼物慰问中共领导人一事考》，《北京党史》，2001 年第 5 期。

——《再谈鲁迅与中国共产党关系的一则史实》，《鲁迅研究月刊》，2001 年第 7 期。

——《鲁迅托送金华火腿慰问中共领导人史实再考》，《鲁迅研究月刊》，2003 年第 10 期。

——《李杜入党问题考》，《党的文献》，2004 年第 3 期。

宋任穷：《宋任穷回忆录》，解放军出版社，2007 年。

苏扬编：《中国出了个毛泽东》，解放军出版社，1991 年。

孙华主编：《斯诺研究丛书》，第 1、2 卷，北京大学出版社、湖南师范大学出版社，2011—2012 年。

孙席珍遗著，吕苹整理：《悠悠往事》，百花文艺出版社，1992 年。

唐宝林：《官越做越小的吴亮平》，《炎黄春秋》，2011 年第 9 期。

《滕代远传》写作组：《滕代远传》，解放军出版社，2004 年。

童小鹏：《军中日记》，解放军出版社，1986 年。

王金昌：《冯雪峰忆 1936 年毛岸英兄弟赴苏经过》，《百年潮》，2010 年第 2 期。

王奇生：《党员、党权与党争——1924—1949 年中国国民党的组织形态》（修订增补本），华文出版社，2010 年。

王姝：《孙席珍评传》，浙江大学出版社，2013 年。

王希亮：《李杜将军传》，黑龙江人民出版社，1985 年。

王新生：《红军长征前后中共中央与共产国际的电讯联系考述》，《党的文献》，2010 年第 2 期。

王政明：《萧三传》，北京图书馆出版社，1996 年。

《"我热爱中国！"——马海德谈斯诺》，《新闻战线》，1982 年第 2 期。

吴殿尧：《刘鼎传》，中央文献出版社，2012 年。

——《刘鼎与〈西行漫记〉》，《百年潮》，2013 年第 7 期。

吴明：《〈西行漫记〉版本评介》，《北京党史》，1997 年第 4 期。

武际良：《斯诺与中国》，中国社会出版社，2005 年。

——《埃德加·斯诺》，解放军出版社，2015 年。

邬国义：《毛泽东与无政府主义——从〈西行漫记〉的一处误译谈起》，《史林》，2007 年第 2 期。

萧三：《毛泽东同志的青少年时代和初期革命活动》，中国青年出版社，1980 年。

——《毛泽东同志的青少年时代》，新华书店，1949 年。

——《窑洞城——献给党的六十周年诞辰》，《时代的报告》，1981 年第 2 期。

谢觉哉：《谢觉哉日记》，人民出版社，1984 年。

熊向晖：《毛泽东是否说过"我就像一个手执雨伞云游四方的孤僧"?》，《党的文献》，1994 年第 5 期。

徐苏：《杨家骆目录学成就评述》，《江苏图书馆学报》，1997 年第 4 期。

阳鲲：《三联书店版、董乐山译〈西行漫记〉——Red Star over China 汉译史上的经典译本》，《湘潭大学学报（哲学社会科学版）》，2015 年第 2 期。

杨昊成：《毛泽东图像研究》，香港：时代国际出版有限公司，2009 年。

杨家骆编：《民国名人图鉴》第 1、2 卷，辞典馆，1937 年。

杨奎松：《共产国际为中共提供财政援助情况之考察》，《社会科学论坛》，2004 年第 4 期。

——《民国人物过眼录》，广东人民出版社，2009 年。

——《国民党的"联共"与"反共"》，社会科学文献出版社，2008 年。

——《西安事变新探》（《杨奎松著作集 革命》四），广西师范大学出版社，

2012年。

杨瑞松:《病夫、黄祸与睡狮:"西方"视野的中国形象与近代中国国族论述想像》,增订版,政治大学出版社,2016年。

杨尚昆:《杨尚昆回忆录》,中央文献出版社,2001年。

杨姿:《"同路人"的定义域有多大?——论长堀祐造近作〈鲁迅与托洛茨基——《文学与革命》在中国〉》,《鲁迅研究月刊》,2016年第7期。

一海知义:《河上肇与中国革命》,《国外社会科学》,1980年第8期。

雍桂良等:《吴亮平传》,中央文献出版社,2009年。

张国柱等编:《尘封的红色经典:早期毛泽东传记版本图录》,陕西人民出版社,2008年。

张小鼎:《一次长达"几小时"的重要会晤考》,《鲁迅研究动态》,1987年第6期。

——《〈西行漫记〉在中国——〈红星照耀中国〉几个重要中译本的流传和影响》,《出版史料》,2006年第1期。

中共中央党史研究室第一研究部编译:《共产国际、联共(布)与中国革命档案资料丛书》(1),北京图书馆出版社,1997年。

中共中央党史研究室第一研究部编译:《共产国际、联共(布)与中国革命档案资料丛书》(4),北京图书馆出版社,1998年。

中共中央党史研究室第一研究部编译:《共产国际、联共(布)与中国革命档案资料丛书》(14)、(15),中共党史出版社,2007年。

中共中央党史研究室第一研究部编译:《共产国际、联共(布)与中国革命档案资料丛书》(18),中共党史出版社,2012年。

中共中央文献研究室编:《毛泽东年谱(1893—1949)》,3卷,人民出版社、中央文献出版社,1993年;修订本,中央文献出版社,2013年。

中共中央文献研究室编:《毛泽东年谱(1949—1976)》,6卷,中央文献出版社,2013年。

中共中央文献研究室编:《毛泽东传》,6册,中央文献出版社,2013年。

中国社会科学院近代史研究所翻译室编译:《共产国际有关中国革命的文献资料》,第2辑(1929—1936),中国社会科学出版社,1982年。

中国社会科学院近代史研究所翻译室编译:《共产国际有关中国革命的文献资料》,第3辑(1936—1643、1921—1936补编),中国社会科学出版社,1990年。

周蕙:《董健吾》,《中共党史人物传》,第68卷,中央文献出版社,2000年。

周一平：《毛泽东生平研究史》，中共党史出版社，2006年。

祝均宙：《上海小报的历史沿革（中）》，《新闻研究资料》，1988年第3期。

宗璞：《燕园墓寻》，《随笔》，1990年第6期。

中文期刊

《长江日报》（武汉）

《共产国际》（中文版，莫斯科）

《国民公报》（成都）

《国民日报》（长沙）

《红旗》（上海）

《救国时报》（巴黎）

《社会新闻》（上海）

《文化日报》（上海）

日文著作（以作者姓氏拼音排序）

波多野乾一：《現代"支那"の政治と人物》，改造社，1937年。

——《毛沢東と中国の紅星》，帝国書院，1946年。

——《中国専門記者とその業績》，《新聞研究》，第72号，1957年。

——編《資料集成 中国共産党史》，共7巻，時事通信社，1961年。

波多野真矢：《民国初期の北京における日本人京劇通：波多野乾一を中心として》，《人文研紀要（中央大学人文科学研究所）》，第69号，2010年。

長堀祐造：《魯迅とトロツキー——中国における『文学と革命』》，平凡社，2011年。

——《陳独秀》，山川出版社，2015年。

池原麻里子：《スノー未亡人の激白／夫、エドガー・スノーは毛沢東に騙されていた》，《諸君》，2006年6月号。

村松梢風：《宋美齢——続南京夢物語》，《中央公論》，臨時増刊号，1937年12月。

村田忠禧：《1929年の毛沢東——紅四軍からの離脱と復帰をめぐって》，《外

国語科研究紀要（東京大学教養学部外国語科）》，第 34 卷第 5 号，1987 年。

大塚令三：《"支那"ソウェート地区踏破記》，《中央公論》，1936 年 10 月号。

宮里立士：《〈日本読書協会会報〉と戦時下の海外情報》，《戦時下における外国文献解説——〈日本読書協会会報〉》，別卷，ゆまに書房，2008 年。

河上肇：《河上肇全集》，第 21 卷，岩波書店，1984 年。

花原二郎等編：《学問の人 宇佐美誠次郎》，青木書店，2000 年。

江田憲治：《エドガー・スノー》，《講座 東アジアの知識人》，第 5 卷，有志舎，2014 年。

今村与志雄：《毛沢東の顔）》，《中国》，第 49 号，1967 年。

馬場公彦：《戦後日本人の中国像——日本敗戦から文化大革命・日中復交まで》，新曜社，2010 年。

三田剛史：《甦る河上肇》，藤原書店，2003 年。

山本實彦：《"支那"》，改造社，1936 年。

山本文雄：《中国研究の第一人者 波多野乾一》，《月刊 官界》，第 16 卷第 10 号，1990 年。

石川禎浩：《〈中国の赤い星〉再読》，石川禎浩編《現代中国文化の深層構造》，京都大学人文科学研究所，2015 年。

譚璐美：《毛沢東とエドガー・スノー》，《外交》第 24 号，2014 年。

外務省情報部編：《現代中華民国・"満洲国"人名鑑》，東亞同文會調査編纂部，1932 年。

——編《"支那"共産党史》，外務省情報部，1932 年。

——編《国際時事解説》，三笠書房，1937 年。

須田禎一：《"上海の奇傑" ジャーナリスト日森虎雄》，《潮》，第 145 号，1971 年。

衛藤瀋吉：《中共史研究ノート》，《東洋學報》，第 43 卷第 2 号，1961 年。

岩村三千夫：《書評 中国の赤い星》，《歴史評論》，1947 年 5 月号。

——《書評》，《歴史評論》，第 155 号，1963 年。

遠藤誉：《毛沢東——日本軍と共謀した男》，新潮社，2016 年。

澤村幸夫、植田捷雄共編：《"支那"人士録》，大阪毎日新聞社，1929 年。

榛原茂樹（波多野乾一）：《"支那"共産党略史》，《日本読書協会会報》，第 129 号，1931 年。

——《中国共产党概観》,東亞研究會,1932 年。

竹内実:《増補 毛沢東ノート》,新泉社,1978 年。

日文期刊

《大阪朝日新聞》(大阪)

《大陸》(東京)

《東京日日新聞》(東京)

《読売新聞》(東京)

《改造》(東京)

《グラフィック(画刊)》(東京)

《毎日新聞》(東京)

《日本読書協会会報》(東京)

《日本と世界》(東京)

《上海》(上海)

《世界知識》(東京)

《時事新報》(東京)

《書香》(大连)

《外国の新聞と雑誌》(東京)

《外事警察報》(東京)

《憲友》(東京)

《アサヒグラフ(朝日画报)》(東京)

《朝日新聞》(東京)

《"支那"情報》(上海)

《中央公論》(東京)

《週報》(政府公報附録,東京)

西文著作

Chang, Jung(张戎)and Halliday, Jon, *Mao: The Unknown Story*, Jonathan Cape, 2005.(日译本:土屋京子訳《マオ——誰も知らなかった毛沢東》,講談社,

2005 年。)

Chiang Shan, Edgar Snow and His "Red Star Over China", *Peking Review*, Apr. 21, 1978.

China at Bay, London: Modern Books, Jan. 1936.

Dimond, E. Grey, *Inside China Today: A Western View*, Norton, 1983.

Drei Helden des chinesischen Volkes, Introduction by P. Mif, Moscow, 1936.

Fleming, Peter, *One's Company: A Journey to China*, Jonathan Cape, 1934. H., Mao Tse-dun—der Führer des werktätigen chinesischen Volkes, *Kommunistische Internationale*, 1936, Jg. 17.

Hamilton, J. M., *Edgar Snow: A Biography*, Indiana University Press, 1988.(中译本：柯为民、萧耀先等译《埃德加·斯诺传》，辽宁大学出版社，1990 年；沈蓁等译《埃德加·斯诺传》，学苑出版社，1990 年。)

Klehr H., et al. eds., *The Soviet World of American Communism*, Yale University Press, 1998.

Ma Haide, "Fifty Years of Medicine", *Beijing Review*, Nov. 17, 1984.

Nathan, Andrew, "Jade and Plastic", *The London Review of Books*, Vol. 27, No. 22, 17 November 2005.

Pantsov A., Levine S., *Mao: the Real Story*, New York: Simon & Schuster, 2012. (中译本：林添贵译《毛泽东：真实的故事》，联经出版事业公司，2015 年。)

Porter, Edgar A., *The People's Doctor: George Hatem and China's Revolution*, University of Hawaii Press, 1997. (日译本：菅田絢子等訳《毛沢東の同志馬海徳先生　アメリカ人医師ジョージ·ハテム》，海竜社，2010 年。)

Rand, Peter, *China Hands: The Adventures and Ordeals of the American Journalists Who Joined Forces with the Great Chinese Revolution*, New York: Simon & Schuster, 1995.

Red China: being the report on the progress and achievements of the Chinese Soviet Republic / delivered by the president, Mao Tse-tung, At the second Chinese national Soviet congress, at Juikin, Kiangsi, January 22, 1934, London: M. Lawrence Ltd., Sep. 1934.

Schwartz, Benjamin, *Chinese Communism and the Rise of Mao*, Cambridge: Cambridge University Press, 1951.

Snow, Helen F., (Nym Wales), *My China Years: A Memoir*, New York: William Morrow and Co., 1984. (中译本：华谊译《旅华岁月——海伦斯诺回忆录》，世界知识出版社，1985年；日译本：春名徹、入江曜子共訳《中国に賭けた青春——エドガー・スノウとともに》，岩波書店，1991年。)

Thomas B., *Season of High Adventure: Edgar Snow in China*, University of California Press, 1996. (中译本：吴乃华等译《冒险的岁月——埃德加·斯诺在中国》，世界知识出版社，1999年。)

Van Min, Kang Hsin, *La Chine révolutionnaire d'aujourd'hui* (《今日之革命中国》), Paris, 1934.

Wakeman Jr., Frederic, *Policing Shanghai, 1927-1937*, Berkeley: University of California Press, 1995. (中译本：章红等译《上海警察，1927—1937》，上海古籍出版社，2004年。)

Wales Nym., *Inside Red China*, New York: Doubleday, Doran, 1939. (中译本：胡仲持等译《续西行漫记》，复社，1939年；陶宜、徐复译《续西行漫记》，解放军文艺出版社，2002年；日译本：高田爾郎訳《中国革命の内部：続·西行漫記》，三一書房，1976年。)

—— *My Yenan Notebooks*, Helen F. Snow, 1961. (中译本：安危译《延安采访录》，贵州人民出版社，1989年。)

Wang Ming, Kang Hsing, *Das Revolutionäre China von Heute* (《今日之革命中国》), Moskau; Leningrad: Verlagsgenossenschaft ausländischer Arbeiter in der UdSSR, 1934.

Who's who in China, 3rd ed. -5th ed., Shanghai: The China Weekly Review, 1925-1940.

Wu, Hung（巫鸿）, *Remaking Beijing: Tiananmen Square and the Creation of a Politic Space*, Chicago: The University of Chicago Press, 2005.

西文期刊

Amerasia（New York）

China Today（New York）

Daily Herald（London）

Joplin Globe（Kansas City, Missouri）

Shanghai Evening Post & Mercury（《大美晚报》，上海）
China Weekly Review（《密勒氏评论报》，上海）
Communist International（英文版，Moscow）
International Press Correspondence（德文版，Moscow）
Life（New York）

俄文著作

Ван Мин, *Полвека КПК и предательство Мао Цзэ-дуна*, Москва: Изд-во полит. лит-ры, 1975.（中译本：徐小英等译《中共 50 年》，东方出版社，2004 年；英译版：V. Schneierson trans., *Mao's Betrayal*, Mosocow, Progress Publisher, 1979。）

Второй Съезд китайских советов（《中华苏维埃第二次代表大会》），Москва, 1935.

Лян Чэн и Ян Дин-Хуа, *Западный поход Китайской красной армии*（《红军长征记》），Москва: Госполитиздат, 1938.

Мао Цзе-дун, Биографический очерк（《毛泽东——略传》），Москва, 1939.

«Моя жизнь», *Интернациональная литература*,（《我的半生》，载《国际文学》）1937, № 11-12.

Панцова, А. В., *Мао Цзэдун*, Москва, 2012.（中译本：卿文辉等译《毛泽东传》，中国人民大学出版社，2015 年。）

Сотников, И. Н., *Китайский сектор Коминтерна: организационные структуры, кадровая и финансовая политика, 1919-1943 гг.*（索特尼科娃《共产国际中国部门：组织结构、人事与财政政策，1919—1943 年》），Москва, 2015.

Юрьев, М. Ф., Панцов, А. В., «Учитель Китаеведов Г. Б. Эренбург (1902-1967)», *Словооб Учителях - Московские востоковеды 30-60-х годов*,（尤里耶夫、潘佐夫《中国学之师 爱伦堡（1902—1967）》，收于《师的语言：莫斯科的东方学者们 1930—1960 年代》）Москва, 1988.

Сноу, перевод с Л. Мирцева, *Героический народ Китая*（《中国的英勇人民》），Москва, 1939.

Советы в Китае: сборник материалов и документов（《苏维埃在中国——资料文献集》），Москва, 1934.

X., «Мао Цзэ дун – вождь китайского трудового народа» (《毛泽东——中国劳动人民的领袖》), *Коммунистический Интернационал*, № 33-34, 1935.

Хамадан, А., *Вожди и герои китайского народа* (《中国人民的英勇领袖》), Москва, 1936.

Хамадан, А., «Вождь китайского народа – Мао Цзе-дун» (《中国人民的领袖——毛泽东》), *Правда*, 1935. 13 декабря.

Эми Сяо, *Мао Цзэ-дун. Чжу Дэ (Вожди китайского народа)* (《毛泽东与朱德：中国人民的领袖》), Москва, 1939.

Эми Сяо, *Китай непобедим* (《不可征服的中国》), Москва, 1940.

Эренбург, Г. Б., *Советский Китай* (《苏维埃中国》), Москва, 1934.

俄文期刊

Большевик (《布尔什维克》，莫斯科)

Коммунистический Интернационал (《共产国际》俄文版，莫斯科)

Национально-колониальные проблемы (《民族及殖民地问题》，莫斯科)

Правда (《真理报》，莫斯科)

Революционный Восток (《革命的东方》，莫斯科)

За рубежом (《国外》，莫斯科)

图片出处

图 1　《周报》载"毛泽东"照片：《週報》，第 44 号，1937 年 8 月。
图 2　《周报》载"朱德"照片：《週報》，第 44 号，1937 年 8 月。
图 3　1937 年的朱德：中国革命博物馆编《朱德文集》，文物出版社，1986 年。
图 4　在陕北采访时的斯诺：*Bridging: A Photo Essay on the Life of Helen Foster Snow*, 2011。
图 5　斯诺拍摄的毛泽东①：Snow, *Red Star over China*, Grove Press, 1968。
图 6　斯诺拍摄的毛泽东②：*Bridging: A Photo Essay on the Life of Helen Foster Snow*, 2011。
图 7　《文化日报》载《共党主席——毛泽东》：《文化日报》，1932 年 7 月 15 日。
图 8　《社会新闻》：《社会新闻》，第 1 卷第 14 期，1932 年 11 月 12 日。
图 9　根据地发行的纸币：Советский Китай, Москва, 1934。
图 10　《革命画册》载毛泽东素描画像：杨昊成《毛泽东图像研究》，香港：时代国际出版有限公司，2009 年。
图 11　陈独秀出席共产国际第四次大会（1922 年）时的合影：McKnight, *Espionage and the Roots of the Cold War*, 2001。
图 12　共产国际档案中的毛泽东履历表（1935 年）：俄国国立社会政治史档案馆（莫斯科）藏档案。
图 13　《今日中国》封面：*China Today*, 1934 年 10 月。
图 14　1934 年《今日中国》载毛泽东素描画像：*China Today*：1934 年 5 月。

图 15　《今日之革命中国》封面：*La Chine révolutionnaire d'aujourd'hui*, Paris, 1934。

图 16　《今日之革命中国》载毛泽东照片：*La Chine révolutionnaire d'aujourd'hui*, Paris, 1934。

图 17　《今日之革命中国》载朱德照片：*La Chine révolutionnaire d'aujourd'hui*, Paris, 1934。

图 18　英文版《国际新闻通讯》载毛泽东"讣告"：*International Press orrespondence*, 1930 年 3 月 20 日。

图 19　《苏维埃中国》载毛泽东照片：*Советский Китай*, Москва, 1934。

图 20　《苏维埃在中国——资料文献集》载毛泽东肖像：*Советы в Китае. сборник материалов и документов*, Москва, 1934。

图 21　国民党干部纪念合影：《毛泽东》，中央文献出版社，1993 年。

图 22　合影放大后之毛泽东像：《毛泽东画册》，中央文献出版社，1993 年。

图 23　由合影调整而来的毛泽东像：《毛主席　摄影卷》，人民美术出版社，2015 年。

图 24　《中华苏维埃第二次代表大会》载毛泽东肖像：*Второй Съезд китайских советов*, Москва, 1935。

图 25　《民族及殖民地问题》载毛泽东肖像：*Национально-колониальные проблемы*, No.38, 1937 年 6 月。

图 26　《国外》载毛泽东肖像：*За рубежом*, No.31, 1934 年 11 月。

图 27　《共产国际》载毛泽东肖像：*Коммунистический Интернационал*, 1935 年 12 月。

图 28　哈马丹《中国人民的英勇领袖》所附毛泽东肖像：Хамадан, *Вожди и герои китайского народа*, Москва, 1936。

图 29　1935 年《今日中国》载毛泽东肖像：*China Today*, 1936 年 4 月。

图 30　爱伦堡：*Словооб Учителях — Московские востоковеды 30-60-х годов*, Москва, 1988。

图 31　《国外》第 31 期载《毛泽东　略传》：*За рубежом*, No.31, 1934 年 11 月。

图 32　《毛主席去安源》：《毛主席　美术卷》，人民美术出版社，2015 年。

图 33a　身背雨伞行军的中国士兵：http://humus.livejournal.com/2630801.html。

图 33b　红军士兵集体合唱：E. Snow, *Red Star over China*, Random House, 1938。

图 34　《只有苏维埃能够救中国》之封面：《艰难与辉煌》，国家图书馆出版社，2012 年。

图 35　高自立：Китайские революционеры в советской России *(1920—1930-е годы)*, Москва, 2015。

图 36　"井冈山干部"1938 年合影：中国革命博物馆编《纪念毛泽东》，文物出版社，1986 年。

图 37　山本实彦著《"支那"》载"毛泽东"照片：山本实彦著《"支那"》，改造社，1936 年。

图 38　山本实彦著《"支那"》载朱德照片：山本实彦著《"支那"》，改造社，1936 年。

图 39　《苏维埃在中国——资料文献集》载朱德肖像：*Советы в Китае: сборник материалов и документов*, Москва, 1934。

图 40　1922 年的朱德：http://dangshi.people.com.cn/n/2015/0427/c85037-26908885 html。

图 41　《今日之革命中国》载朱德肖像：*La Chine révolutionnaire d'aujourd'hui*, Paris, 1934。

图 42　《中华苏维埃第二次代表大会》载朱德肖像：*Второй Съезд китайских советов*, Москва, 1935。

图 43　《共产国际》载朱德肖像：*оммунистический Интернационал*, 1935 年 12 月。

图 44　《今日中国》载朱德肖像：*China Today*, 1934 年 11 月。

图 45　1933 年 9 月 4 日《时事新报》载毛泽东肖像：《时事新报》，1933 年 9 月 4 日。

图 46　1937 年 1 月 16 日《东京日日新闻》载毛泽东照片：《东京日日新闻》，1937 年 1 月 16 日。

图 47　1936 年 4 月《朝日画报》载毛泽东肖像：《アサヒグラフ》，1936 年 4 月。

图 48　1936 年 6 月《世界知识》载毛泽东肖像：《世界知识》，1936 年 6 月。

图 49　进士槙一郎 "赤豹"毛泽东传：进士槙一郎『赤豹』毛沢東伝，《世界知识》，1936 年 6 月。

图 50　家中的波多野乾一（1930 年代中期）：波多野真矢提供。

图 51　《周报》载 "红军炮兵"照片：《週報》，第 44 号，1937 年 8 月。

图 52　《救国时报》载 "红军炮兵之一部"照片：《救国时报》，1937 年 4 月 15 日。

图 53　《生活》杂志载斯诺拍摄的红军炮兵照片：*Life*, 1937 年 2 月 1 日。

图 54　毛泽东照片和信息的传播 a：本书作者绘制。

图 55　《世界知识》1937 年 7 月号载译文：《世界知识》，1937 年 7 月号。
图 56　《改造》1937 年 6 月号译载斯诺采访记：《改造》，1937 年 6 月号。
图 57　毛泽东照片和信息的传播 b：本书作者绘制。
图 58　冯玉祥：清水安三著《"支那"当代新人物》，大阪屋号书店，1924 年。
图 59　李杜：《李杜将军画传：1880—1956》，中国文史出版社，2011 年。
图 60　海德姆（马海德）：Edgar Porter, *The People's Doctor: George Hatem and China's Revolution*, 1997。
图 61　刘鼎：吴殿尧著《刘鼎传》，中央文献出版社，2012 年。
图 62　鲁迅一家与冯雪峰（前排左）家人合影（1931 年）：北京鲁迅博物馆编《鲁迅》，文物出版社，1976 年。
图 63　尼姆·韦尔斯在陕北采访：*Bridging: A Photo Essay on the Life of Helen Foster Snow*, 2011。
图 64　上海复社版《西行漫记》封面：爱特伽·斯诺著《西行漫记》，上海：复社，1938 年。
图 65　《外国记者西北印象记》封面：丁晓平著《解谜〈毛泽东自传〉》，中国青年出版社，2008 年。
图 66　《毛泽东自传》封面：丁晓平著《解谜〈毛泽东自传〉》，中国青年出版社，2008 年。
图 67　《中国的英勇人民》封面：Э. Сноу, *Героический народ Китая*, Москва, 1938。
图 68　苏联版《毛泽东——略传》封面及所载毛泽东肖像：*Мао Цзе-дун, Биографический очерк*, Москва, 1939。

索 引（以汉语拼音排序）

A

《阿里郎之歌》（*The Song of Ariran*） 161

爱伦堡（Эренбург） 54, 60, 61, 63–65, 67, 69, 72, 75, 80–83, 90–92, 214, 217, 219, 252

B

八路军 14, 228

八七会议 25

《八一宣言》 79, 96, 99, 101, 142, 143

白劳德（Earl Browder） 184, 186

白鸟敏夫 119, 121

鲍罗廷（Mikhail Borodin） 36

波多野乾一（笔名：进士槇一郎，榛原茂树） 114–130, 132–135, 139, 221, 227, 237–239

《布尔什维克》（Большевик） 99

布哈林（Bukharin） 32, 63, 64

布劳恩，奥托（Otto Braun，中文名：李德） 142, 196

C

蔡和森 36, 97

长 征 5, 14, 15, 29, 30, 38, 39, 77, 78, 79, 110, 122, 143, 144, 156, 169, 172–174, 189, 192, 199, 203, 209, 221, 223

陈赓 165, 166

《"赤豹"毛泽东传》（进士槇一郎） 114–119, 123, 237, 239

村松梢风 224

D

《大美晚报》（*Shanghai Evening Post & Mercury*） 130, 133, 176

《答托洛茨基派的信》（鲁迅） 157, 181

大塚令三 116, 122, 132

董健吾 137, 158—160
董乐山 159, 206—208

E

"二十八个半布尔什维克" 93, 94

F

范长江 173, 174
《访苏归来》（纪德） 226
方志敏 83, 97, 213, 251
费正清（John Fairbank） 233, 236
冯雪峰 136, 137, 143, 146, 149, 151—158, 160, 181
冯玉祥 135, 136, 241, 249
《复始之旅》（Journey to the Beginning） 188, 201, 230
福特（Gerald Ford） 206

G

GHQ(联合国军最高司令官总司令部) 228, 229
《改造》 104, 120, 122, 129, 130, 133, 222—224
高自立 85—93, 95—102, 117
格罗夫出版社（Grove Press） 189
《革命画册》 29, 30
《共产国际》 59, 63, 64, 79, 81, 91, 92, 97, 99, 108, 218
共产国际（第三国际） 13, 15, 17 30—44, 47, 49—51, 53, 54, 58, 60, 63—65, 73, 75, 77—82, 84—87, 89, 93, 96, 98, 99, 101, 102, 106—108, 111, 121, 124, 137, 143, 148, 180—185, 187, 196, 197, 200, 212—219, 225, 226, 254
——资助中国共产党 32—33
广州农民运动讲习所 19, 24, 40
国共合作 13, 14, 17, 19, 23, 24, 33, 56, 57, 88, 112, 166, 196
《国际新闻通讯》（International Press Correspondence） 51, 53
《国外》（За рубежом） 58—60, 62, 91, 92, 214, 215, 252, 257

H

哈马丹（Л. Хамадан） 58, 59, 78, 80—85, 87, 89—92, 108, 117, 213, 219
海德姆（George Hatem, 马海德） 146—153, 155, 167, 172, 205
海天出版社 21, 22
韩蔚尔（Norman Hanwell） 192, 193
"和尚打伞" 69—71
河上肇 220
贺龙 45, 242, 255
贺子珍 15, 16, 42, 129
《红色中国内幕》（Inside Red China, 中文版名《续西行漫记》） 88, 160, 161, 183, 208
《红色中华散记》（Random Notes on Red China, 1936-1945） 150, 166, 188, 201
《红星照耀中国》（《西行漫记》）
——戈兰茨版 172, 177, 178, 188,

189, 195, 207, 208, 209, 214
——兰登版 178, 187, 188, 225
——格罗夫版 188, 189
——的书价 174, 198, 199
——的修改 166, 184—190, 196—198
——的照片 124—127, 161, 169, 171, 172, 178, 179, 188, 190, 193, 195—197, 209, 217, 239
胡愈之 195—198
《湖南农民运动考察报告》（毛泽东） 13, 61, 63, 64, 81, 255, 258
湖南省立第一师范学校 13, 26, 88, 91, 218
黄华 144, 209, 210
黄琳（江华） 52, 53

J

季米特洛夫（Dimitrov） 38, 40, 137, 219
纪德（Andre Gide） 225
加加美光行 234
江青 16
蒋介石 3, 13—15, 17, 20—22, 47, 93, 105, 135, 144, 166, 169, 170, 182, 186, 187, 198, 254, 255, 257
《今日之革命中国》（*La Chine révolutionnaire d'aujourd'hui*） 48—49, 50, 55, 107, 124
《今日中国》（*China Today*） 45, 46, 50, 58, 59, 108—111, 120

进士槙一郎，见波多野乾一
井冈山 14, 86, 92, 93, 97, 100
《经济建设与查田运动》 72, 74, 76
《京津泰晤士报》（*Peking and Tientsin Times*） 173, 175, 176
《救国时报》 123—127, 173, 191, 192
"九一八事变" 136, 144

K

卡拉伊瓦诺夫（Караиванов） 38
卡帕（Robert Capa） 174, 175
康生 48—50, 57, 73, 76, 86, 97, 98, 137, 182
克里茨卡娅（А. М. Критская） 61
堀江邑一 221

L

拉铁摩尔（Owen Lattimore） 161
蓝衣社 20, 93
兰登书屋（Random House） 178, 187, 188
黎安友（Andrew Nathan） 9
李卜克内西（Karl Liebknecht） 29
李德，见布劳恩
李杜 135—139, 143
李立三 44, 97, 112, 214, 242
李敏 16
李讷 16
里德（John Reed） 233
利夫（Earl Leaf） 173, 174
列宁（Lenin） 28, 29, 31, 40, 95, 180

《烈士传》 84, 97

林彪 100

林伯渠 99

林育英，见张浩

铃江言一 116

刘春华 65, 67

刘鼎 136, 146, 147, 149–158, 160, 169

刘仁静 34, 35

卢沟桥事迹 2, 3, 41, 128, 177, 236

鲁迅 105, 145, 151–153, 155–158, 181

　　——的火腿 153, 155–158

罗一秀 15

M

马海德，见海德姆

毛岸龙 16, 137

毛岸青 16, 137

毛岸英 16, 137

毛贻昌 12

毛泽东

　　——与雨伞 64, 65, 67, 69, 71, 83, 86, 219

　　——手执雨伞云游四方的孤僧 70, 71

　　——悬赏通缉 47, 48, 253

　　——的外语、外国经验（包括误传） 15, 38, 40, 41

　　——的家属 12, 15, 16, 42, 82, 87, 88, 136–139, 189, 208

　　——的出生年 12, 19, 25, 26, 38, 40, 42, 43, 214

　　——的风貌 19, 64–65, 67, 81, 90, 91, 179, 252, 253, 258

　　——对《红星照耀中国》的评价 184

　　——的"讣告" 50–54, 65

《毛泽东——略传》（爱伦堡） 59–65, 217, 218, 252–258

毛泽民 12, 42, 87, 88, 91

毛泽覃 12

《毛主席去安源》 65–67, 71

美国共产党 45, 47, 180, 184, 186, 216

《每日先驱报》（Daily Herald, London） 129, 140, 166, 173, 176, 192, 214

《密勒氏评论报》（China Weekly Review） 26, 58, 129, 164, 167, 173, 175, 178, 194, 201, 212

莫斯科大审判 96

N

南昌起义 19, 22, 243, 248, 250, 255

尼姆·韦尔斯（Nym Wales），见斯诺，海伦·福斯特

《纽约太阳报》（New York Sun） 140

P

彭德怀 44, 45, 47, 48

Q

《恰尔德·哈罗尔德》（Childe Harold） 165

秦邦宪 73, 93, 94, 183

瞿秋白 21, 25, 35, 36, 97

R

《人类的四分之一》(*One Fourth of Humanity*) 172

《日本读书协会会报》 121, 224, 225, 227

日森虎雄 116, 198, 226, 227

日中友好协会（正统） 230

瑞金 14, 25, 73, 74, 77, 85, 169, 257

S

山本实彦 103–106, 109, 110, 112, 114, 118–120

杉本俊朗 228, 229

邵力子 20, 243, 249

《社会新闻》 20–24, 90, 92–95, 117, 127, 240–251

《生活》(*Life*) 画报 69, 70, 125–127, 129, 172, 174, 176, 178, 179, 191

——买入斯诺照片时的买价 174

《世界知识》 113, 114, 116, 117, 120–122, 129, 133, 223

时枝俊江 231

史沫特莱（Agnes Smedley） 45, 88, 143, 146, 148, 149, 173, 174, 204

斯大林（Stalin） 32, 36, 39, 95, 96, 137, 180–182, 184–186, 197, 200, 214, 216, 226

斯诺，埃德加（Edgar Snow）

——的中文 70, 71, 144, 163, 164

——拍摄的毛泽东照片 4, 6, 7, 58, 65, 126, 127, 129–133, 171, 175, 178, 179, 217, 239

斯诺，海伦·福斯特（Helen Foster Snow，斯诺夫人，笔名：尼姆·韦尔斯 [Nym Wales]） 88, 142, 144, 158, 160–162, 165, 166, 168, 169, 171, 174, 182, 183, 190, 195, 197, 203, 208, 212

斯诺，罗伊斯·惠勒（Lois Wheeler Snow） 167, 168

四方归一 224, 225

松冈洋子 230, 231, 235

宋庆龄 56, 143, 145, 148, 151, 158, 160, 201–203, 205, 246

宋子文 56

苏联国家出版社 184, 216

《苏维埃大百科全书》 215

《苏维埃在中国——资料文献集》（*Советы в Китае: сборник материалов и документов*） 54, 55, 106, 113, 114

《苏维埃中国》（*Советский Китай*） 54, 56, 61, 258

孙科 56, 240

孙席珍 17, 19–23, 242

孙中山 13, 17, 56, 57, 143, 145, 202, 245

T

汤恩伯 196

托马斯（Bernard Thomas） 10, 216

唐闻生 71

滕代远 86, 97

田中忠夫 116

托洛茨基（Trotsky） 157, 180—182, 202

托洛茨基派（托派，托洛茨基主义） 96, 157, 180—184, 186, 187, 212, 214, 216, 219, 225

W

《外国记者西北印象记》 183, 192—196

外务省情报部 1, 25, 26, 47, 104, 105, 110, 114, 119—122, 124—127, 130, 131, 133, 223, 224

汪精卫 17, 22, 226, 240, 254, 255

王厂青 195

王福时 193, 194

王海容 71

王均 196

王明 35, 48—50, 57, 72, 73, 75—77, 79, 86, 94, 97—99, 101, 137, 138, 182

王牧师，见董健吾

王唯廉 22, 23, 240—244

维克多·戈兰茨（Victor Gollancz，戈兰茨公司） 177, 188

尾崎秀实 116

《文化日报》 17, 18, 20 24, 93, 240—251

文素勤 12, 42

《文摘》 194, 199

吴亮平（吴黎平） 163, 183, 206, 209—212

X

西安事变 14, 41, 122, 144, 149, 150, 153, 161, 166, 170, 182, 215, 225

希伯（Hans Shippe） 183, 184

《西行漫记》，见《红星照耀中国》

《现代史料》 21—23, 240—251

萧三 5, 6, 97, 218, 219

小室信介 69

《新青年》 13

徐海东 196

《续西行漫记》（Inside Red China），见《红色中国内幕》

Y

《亚细亚》（Asia） 173, 175, 176, 193, 194, 199

《延安采访录》（My Yenan Notebooks） 165, 166, 182, 212

延安整风 14, 182

岩村三千夫 198, 229

杨昌济 15

杨家骆 27

杨开慧 15, 16, 136, 208

一二·九运动 145, 195

伊罗生（Harold R. Isaacs） 186, 187

影佐祯昭 226, 227

宇佐美诚次郎 221, 226, 228—230, 238, 239

Z

泽村幸夫 25

张国焘 100, 203, 243

张浩 143

张戎（Jung Chang） 9, 162, 163, 224

张太雷 35, 97

张闻天 73, 151, 182, 212

张学良 136, 144, 149, 150, 169, 170

张作霖 41, 136, 144

《真理报》（Правда） 60, 80, 81, 91, 92, 99

榛原茂树，见波多野乾一

植田捷雄 25

《只有苏维埃能够救中国》 72, 74

中国共产党
　　—第一次全国代表大会 13, 40, 82, 91, 121, 253
　　—第七次全国代表大会 15

中国国民党 3, 13-17, 20-25, 27, 30, 33, 38, 44, 55-57, 61, 67, 72, 83, 85, 90, 92-94, 96, 101, 103, 111, 113, 123, 126, 135, 140, 153, 158, 166, 169, 182, 194, 196, 198, 227, 241, 245, 254, 255, 257

"中国人民的美国之友"协会（Friends of the Chinese People） 45, 47

中国文艺爱好会 229

中华苏维埃全国代表大会
　　—第一次 85, 257
　　—第二次 41, 59, 73-75, 85, 86, 107, 213, 257, 258

《中央公论》 122, 132, 201, 221, 223, 224

《周报》 1-4, 103, 104, 106, 109-112, 118-120, 123-125, 127-129, 131, 133, 224, 239

周恩来 15, 17, 48, 126, 129, 150-155, 158, 165, 166, 172, 176, 198, 205, 242, 251

周佛海 20, 241

周和生，见高自立

朱德 3, 4, 14, 22, 25, 29, 44, 45, 47, 49, 50, 53, 83, 88, 103-112, 120, 168, 189, 190, 197, 208, 213, 219, 224, 242, 256

诸桥辙次 27

宗璞 234

遵义会议 14, 78, 96

左翼图书俱乐部（Left Book Club） 177

左翼作家联盟（左联） 19

中文版后记

本书日文版原著出版于 2016 年（临川书店），原著为大众读物，应出版社要求几乎未加注释。但中国读者自然比日本读者掌握更多有关毛泽东的背景知识，故译成中文之时，做了适当改写和增补，分量较原著增加约百分之二十，并追加必要注释，以便专家学者也可参考。就此点而言，较之原著，本书才是其应有的完整形态。

毛泽东研究是高难度领域，中国国内学者或要面对种种制约而感到棘手，殊不知日本等国的学者也需面对多重障碍。首先，毛泽东逝世前形成的相关叙述极多，但其极具意识形态色彩的语言却加大了研究和论述的难度。毛泽东在中国现代史上如何重要不必赘言，但在当下的日本，实际阅读毛泽东著作以探究其所处所思的世界，又令人感到不合时宜。这是从事中国研究的日本学者的真实心境。

中国学者的研究成果数量众多，则是外国学者研究毛泽东时必须面对的另一困难。这些研究是很长时期内在特定历史观框架内形成的，自然有其局限；但无论如何，它们出自中国学者之手，占有绝对优势，且积累深厚。往往，外国学者以为发现了新资料、新事实而兴奋地发表论文，中共党史部门的专家却早有了解，对论文顶多称赞一句"作为外国人，写得还行"。打个比方，外国学者研究毛泽东就好像外国乒乓球选手挑战中国国家队，拼尽全力也占不到便宜，使出奇招也被对方——化解，大比分落败后还不得不握住对方伸过来的手，听对方赞赏自己"打得不错"。

此外还有党史研究、领导人个人研究资料方面的限制。尤其是毛泽东成为国家领导人之后形成的有关档案，包括是否开放的信息在内，都被置于严格管理之下，外国学者无法接触。不过，只盯着中国国内研究的种种禁忌和问题而设定课题，还声称自己的研究本来如此，许多学者却又不屑为之，对那样的研究，唯愿敬而远之。当下毛泽东研究人气不旺，就是这种种原因共同作用的结果。

但是，绕开毛泽东，还能理解现代中国吗？答案显然是否定的。毛泽东研究是绝对需要的。既如此，外国学者的研究需向中国学者看齐，尽量充实内容、提高水准。为此，再次借用上述比方来说，就要摸索中国队未曾见过的发球、削球技术，还须运用崭新的战术战法。经过如此思考，成为著名革命家之前的毛泽东在同时代人们心中的形象如何，就进入了我探索的视野。针对已成著名人物的毛泽东收集再多资料，也很难有新发现；但将目光转向那之前的毛泽东，情况或许有所不同。

比如本书开篇提到的"胖子毛泽东"照片，著者初次看到时笑了出来。太滑稽了！但后来再次端详这张照片时忽然想到："我为什么觉得这张照片滑稽、可笑呢？"进而思考，那时的人们如何看待毛泽东？都说他因斯诺出版《红星照耀中国》而一举闻名于世，那之前他又给人们以怎样的印象？或许，连党史专家也并不清楚毛泽东成为党的头面人物之前的情况，比如曾有过这张滑稽的照片流传。而经过一番调查后，我确信这种推断无误，所需要的是支撑研究的具体史料。

就研究方法而言，本书是对多方收集毛泽东早年的资料并逐步揭示谜底这一过程的记录，而并无意强调贯穿全书的理论或主张等。换言之，支撑本书研究的全部动力不过是追寻谜底的强烈愿望。当然，若说为何要追寻谜底，或可做如下解释，即由于已经知道历史的经过及其结果，我们有时反而无法理解当时人们的日常感受和常识；因为，那个时代的人们对不太可能发生的事情也曾惶恐不安，而对将要发生什么却又无法预知。有时，他们像是生活在按我们的常识无法想象的全然不同的世界。越是知晓后来的历史，就越是为既定概念或观念所束缚，而难以准确理解和把握当时的情况，此即学习和研究历史的悖论。换言之，对于毛泽东，或许中国学者正因十分熟悉而易为先入之见所累；而相对生疏的我们，哪怕掌握资料不见得充分，反倒能够理解缺乏可靠信息之时的状况。就毛泽东形象而言，相关信息在国外也为数不多，而且错误信息相互纠缠、冲突形成各种衍射，因而在国外从事研究的学者处理那种虚实相间的局面或许更具优势。

把不熟悉当作优势去探究当时的人们也同样不熟悉的时代——本书就是基于这种态度而写成的。至于内容，但愿不止于"作为外国人，写得还行"的水准；而采用侦探小说般的叙述方式，则是为使平时不太关心中共党史的读者也能对本书发生兴趣。不过，结果是否如此，还请读者评判。

本书曾得到许多帮助。首先需对协助收集资料的各位学者表示感谢。搜求俄文书刊尤其不易，而潘佐夫先生（Alexander Pantsov，美国俄亥俄州首都大学教授）和索特尼科娃女士（I. N. Sotnikova，俄罗斯科学院远东研究所研究员）在这方面提供了莫大帮助，尤须深致谢意。实际上，也曾撰写毛泽东传的潘佐夫先生，是本书介绍的苏联中国问题专家爱伦堡（国外最早的毛传作者）的外孙。潘佐夫教授将其外祖父写于1934年的俄文毛传赠予著者，并惠允公开。日本方面，则有本书曾介绍的波多野乾一（"胖子毛泽东"照片的介绍者）的孙女、京剧研究家波多野真矢女士应著者请求调查史料，并惠赠乾一照片。本书执笔过程中，著者得知爱伦堡和波多野乾一这两位先驱学者的孙辈竟也都在从事中国研究，曾大发因缘轮回之叹。再次对潘佐夫先生、波多野女士表示感谢。

为查阅斯诺采访陕北的资料、他和韦尔斯所拍照片及其底片，著者曾在2013年至翌年前往美国密苏里大学堪萨斯分校档案馆、犹他州杨百翰大学档案馆及加利福尼亚州斯坦福大学胡佛研究所档案馆。各馆都积极开放藏件，允许拍照复制。此番经历使著者认识到，运用众多影像、照片等资料撰写论著，离不开档案馆、图书馆的鼎力协助。在中国和美国搜寻资料时，也分别得到南开大学张思教授、京都产业大学泷田豪教授的协助，深表感谢。

承蒙译者袁广泉先生的热情与努力，本书译稿在2018年5月即已完成。之后由于种种缘故，到如今出版面世，已等待了三年之久。令我抱愧难当的是，在等待的过程中，袁先生已于2020年5月因心肌梗死骤然辞世。迄今为止，著者所有作品的中文版翻译均委托袁广泉先生，他是我最信赖的译者。袁先生在完成翻译后，曾经很期待本书的刊行。正因为此，如今他未能见到此书面世，竟已离开，真令人怅恨无已。切望通过本书的出版，可以向中国读者呈现袁先生卓绝精妙的翻译才华。

石川祯浩

2021年5月